合并财务报表

（情景案例版）

汪玉梅◎编著

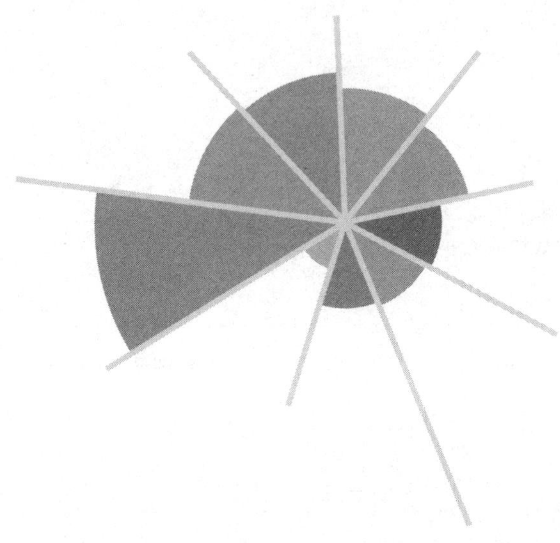

中国铁道出版社有限公司
CHINA RAILWAY PUBLISHING HOUSE CO., LTD.
·北京·

图书在版编目(CIP)数据

合并财务报表:情景案例版/汪玉梅编著. —北京:中国铁道出版社有限公司,2024.2

ISBN 978-7-113-30959-6

Ⅰ.①合… Ⅱ.①汪… Ⅲ.①企业合并-会计报表-案例 Ⅳ.①F275.2

中国国家版本馆 CIP 数据核字(2024)第 007284 号

书　　名: **合并财务报表**(情景案例版)
HEBING CAIWU BAOBIAO(QINGJING ANLI BAN)
作　　者: 汪玉梅

责任编辑: 王淑艳　**编辑部电话:** (010)51873022　**电子邮箱:** 554890432@qq.com
封面设计: 末末美书
责任校对: 刘　畅
责任印制: 赵星辰

出版发行: 中国铁道出版社有限公司(100054,北京市西城区右安门西街 8 号)
网　　址: http://www.tdpress.com
印　　刷: 北京联兴盛业印刷股份有限公司
版　　次: 2024 年 2 月第 1 版　2024 年 2 月第 1 次印刷
开　　本: 710 mm×1 000 mm 1/16　**印张:** 21.5　**字数:** 351 千
书　　号: ISBN 978-7-113-30959-6
定　　价: 88.00 元

前 言

一、为什么要读这本书

很多会计人提起合并财务报表都感到头疼、难懂。合并财务报表综合性强、知识点繁多、难度高，需要考虑的问题五花八门，非常考验学习和应用者的综合能力。

如果我们换一个角度，会发现其实合并财务报表的学习很像密室逃脱游戏。在游戏过程中，我们破解一系列的难题，考验的是我们的思维、逻辑、观察力等。进入其中，仿佛是进入了一座思维迷宫，而我们在学习过程中参透其中的奥秘，可谓是真正的高智商脑力游戏。

本书着力于让合并财务报表尽可能变得简单有趣，从初学者的角度出发，从合并财务报表的底层逻辑入手，通过答疑解惑的对话方式逐一讲解合并财务报表的相关知识，使读者能够系统掌握合并财务报表编制的理论和实务。

二、这本书有什么特点

• 采用对话形式。从初学者角度出发，以一个初学者学习合并财务报表的故事开始，直击初学者学习中的难点和痛点。

• 内容通俗易懂、有趣有温度。这本书不是一本严肃的教科书，语言生动活泼、简单通俗，用形象的比喻，让枯燥的理论更通俗易懂。书中的老师亦师亦友，学生活泼好学，二人对话温暖有趣。

• 引入大量简单丰富的图表和案例。书中有大量图表和案例，包括 64 个帮助理解具体章节内容的针对性案例和 1 个结合各个章节知识点的综合案例。每个案例都尽可能简单，最大限度地降低读者的学习难度。

• 理论和实务结合。注重每一知识点背后的逻辑分析，力求最大限度地把合并财务报表的理论知识难点讲透。同时，以综合案例的形式模拟真实合并财务报表编制场景，可操作性强，帮助实务工作者轻松上手。

•注重知识巩固：由于合并财务报表知识点多、难度高，考虑到读者学过的内容后面可能遗忘或混淆，因此在每章学习结束后都采用思维导图的形式进行总结回顾。在学习新知识时，将与其相关的、容易混淆的已有知识点进行对照学习，便于读者更加牢固地掌握。

三、这本书包括什么内容

本书的主线为：为什么编制合并财务报表→谁来编制→将谁纳入编制范围→编制合并财务报表密切相关的重要知识点→编制什么样的合并财务报表→怎么编制→编制的重点和难点是什么→如何进入合并财务报表实战（综合案例）。

全书分为九章。第1～2章，主要介绍合并财务报表的基础理论和重要相关知识，解决为什么编制合并财务报表、谁来编制和把谁纳入编制范围及重要相关知识；第3～8章，介绍合并财务报表的类型、编制程序和编制中的调整抵销事项，解决怎么编，以及编制的重点和难点问题；第9章，模拟企业集团合并财务报表真实场景，结合综合案例，详细重现了合并财务报表编制的准备工作、编制程序、调整抵销和最终形成合并财务报表的全过程，解决合并财务报表实战问题。

四、这本书适合哪些读者

•会计职称考试、注册会计师考试的备考人员；

•集团企业的合并财务报表编制人员；

•各大院校会计及相关专业学生；

•想要提升会计能力的学生、会计及其他人员。

特别鸣谢

首都经济贸易大学刘红梅博士编写了本书第7章内部长期资产交易的合并处理，且对全书进行了校审。特此感谢！

目　录

第 1 章　编制合并财务报表前需具备的基本认知

第 2 章　搞清与合并财务报表密切相关的两个关系

第4章　长期股权投资与所有者权益的合并处理

第5章　内部债权债务的合并处理

第6章 内部商品交易的合并处理

第7章 内部长期资产交易的合并处理

第 1 章 编制合并财务报表前需具备的基本认知

如果说财务报表是反映一家公司财务状况和经营成果的报表，那么合并财务报表就是反映一个家族（企业集团）财务状况和经营成果的报表。

合并财务报表在会计职称考试、注册会计师考试中都是常考的内容，对于各大院校会计及相关专业学生的学习有着举足轻重的地位。在实务中，合并财务报表相关工作是反映企业集团整体财务状况、经营业绩和未来前景的一项非常必要和重要的财务工作。

合并财务报表如此重要，可是很多会计人提起合并财务报表都感到头疼，甚至被它的难度吓退。因为合并财务报表综合性强、知识点繁多、需要考虑的问题五花八门，非常考验会计学习和应用者的综合能力。

如果我们能用更简单通俗的方法帮助大家厘清思路，明白为什么要做这项工作、要达到什么样的目标、大体路径是怎样的，带着清晰的逻辑思考去学习具体内容，就会发现仿佛是进入了一座思维迷宫，而我们将用这段时间来参透其中的奥秘，这不也是一场有趣的高智商脑力游戏吗?

1.1　10 分钟认识合并财务报表

我们为什么要编制合并财务报表？因为一些公司存在控制关系，需要作为一个整体报送财务报表，才能体现企业集团真实的财务数据。怎样才算是控制，哪些公司需要纳入合并？确定了合并范围后要编哪些财务报表，它们长什么样？

我们先来搞清这些基本问题。

1.1.1　为什么要学习合并财务报表

风妈集团公司的会计李可可今天格外兴奋，因为，她明天就要跟报表会计汪姐学习合并财务报表了！

风妈集团是一家从事风力发电相关业务的集团公司，业务遍布全国，有几十家子公司。李可可大学毕业后就应聘到风妈集团总部担任税务会计，已经有四个年头了。

汪姐在集团做报表会计多年，经验非常丰富。由于工作出色，她即将调往集团子公司风一公司做财务总监。因为可可工作认真，积极努力，所以集团决定让她接替汪姐的工作。接下来汪姐有几天时间可以对可可进行指导并进行报表工作交接。

这个大好机会让可可为之一振。她做税务会计四年了，已经非常熟练，但她还想进一步提升自己，成为报表会计。因为，报表是会计们平时忙忙碌碌、一笔一笔记账后的最终成果，就像把所有汽车零件组装成一辆崭新的汽车一样。

而合并财务报表更是要把风妈集团公司那么多家子公司的财务报表进行整合，简直就是会计的金字塔顶峰，这技术含量，怎么能让人不心生向往呢？

而且，可可还有个私心，她正在准备注册会计师考试，将来还准备考高级会计师，在这些考试中，合并财务报表都是非常重要的内容。

现在，竟然能有一个经验丰富、学识过人的好老师来指导她，真是天赐良机！

第二天，可可早早地到了单位，汪姐也到了。寒暄了几句，汪姐开始切入正题。

汪姐：说真的，你喜欢做报表会计吗？

可可：我很喜欢！

汪姐：为什么？这个工作难度不小，而且挺辛苦的，到了出合并财务报表的日子，时间短任务重，可能还要熬夜。你受得住吗？

可可：受得住！我觉得这项工作很有挑战性，我想成为和您一样厉害的会计。

汪姐笑了：说得好，有志气。

可可：汪姐，个别财务报表我也算熟悉了，就是合并财务报表还是觉得挺难的，我现在对这部分业务还是挺陌生的，请汪姐多多指教。

汪姐：嗯，那咱们就主要解决合并财务报表的问题。

可可：其实，我有点担心合并财务报表太难自己学不会，怕辜负您的指导和公司的重托呢。

汪姐：的确，学习合并财务报表不容易，很多会计都会被它看起来复杂的外表吓住，望而却步。但只要肯下功夫，找对方法，理解底层逻辑，再加强实践，我相信你一定能成为合并财务报表高手的。

汪姐：在注册会计师考试中，合并会计报表这部分考点一般要占 10 多分呢。

可可想，汪姐莫不是看透了自己想要参加考试的心思吧？于是赶紧答应着：嗯嗯。

1.1.2 10 分钟搞懂合并财务报表

汪姐把可可带到她的电脑前，笑着对可可说：那咱这就开始？

可可：好……其实现在脑子还全是懵的。

汪姐：以前没怎么接触过合并财务报表，是吗？

可可：是的。我以前的主要工作都是和风妈集团本部的税务会计相关的，接触合并财务报表的机会挺少的。汪姐，您能不能先用一个好懂一点的方法，让我对合并财务报表有个大概的认识呢？我不想一上来就听一大堆理论，那样我肯定就蒙圈了。我现在就像盲人摸象一样，就算摸到了大象的鼻子、眼睛，那也都是各种细节，对我来说还是很抽象。如果您能给我大概描述一下大象整体看起来什么样，什么样的轮廓，什么样的特点，让我心里有个总体印象，您再介绍其他细节时我就知道您介绍的是大象的哪一部分了。得心中先有个大象的草图，然后让这个大象的每个部分一步步地更清晰起来，这样是不是更好呢？哦……是不是要求太高啦？

汪姐：你想快速地了解合并财务报表学习的整体思路，知道合并财务报表大概都有哪些内容，心里有个整体印象，这样咱们后面再讲具体细节，你的思路就是全局性的，不会被细节困扰。是这样吗？

可可：对，就是这个意思。我想先听您简单介绍一下：为什么要编制合并财务报表，编制的重要性是什么，怎么编制，编制的程序、内容是什么等问题，把咱们学习的框架在我脑海里搭建起来。

汪姐：其实就是为什么、是什么、怎么样的问题，对吧？那我们就先用十分钟时间，了解合并财务报表的整体学习框架，讲讲为什么编制合并财务报表——谁来编制、把谁纳入编制范围；有哪些与编制合并财务报表密切相关的重要知识点；编制什么样的合并财务报表；怎么编制；编制的重点和难点是什么，最后，进行合并财务报表实战（综合案例）。

可可：好的，正合我意。

汪姐：为了让讲解不太抽象枯燥，咱们举个简单的例子。假设咱风妈集团投资了两家公司：一家是风一公司，风妈集团占80%的股权；一家是风某公司，风妈集团占20%的股权。风妈集团本部、风一公司、风某公司三家公司各自是独立的法人，分别都要编制自己公司的个别财务报表，这能理解吧？

可可：这当然了，每个公司都要编制自己的财务报表嘛。

汪姐：如果我们只是看风妈集团公司本部的财务报表，肯定无法看出整个风妈集团的财务情况，所以这时候就需要编制合并财务报表，也就是母公司为首的整个企业集团的总体财务报表，这样，就能反映企业集团的整体财务状况、经营成果和现金流量情况，帮助财务报告的使用者们对企业集团的财务情况作出更准确的判断和决策，也能防止一些母公司利用控制关系，人为粉饰财务报表的情况发生。

可可：为什么编制合并财务报表可以避免企业集团粉饰财务报表呢？

汪姐：比如企业集团内母子公司之间可能有很多内部交易，这些内部交易可能运用内部转移价格等手段，低价向子公司提供原材料、高价收购子公司产品；或者向子公司高价销售产品，低价购买子公司的原材料，转移亏损。我们编制合并财务报表的时候，会把内部交易进行抵销，这样就能避免企业集团内部操控、粉饰报表了。

可可：哦，明白了。

汪姐：好，现在你知道了为什么编制合并财务报表。接下来我们说，谁来编合并财务报表，又有谁应该纳入合并范围呢？

可可：这个我知道，肯定是母公司编制合并财务报表，子公司纳入合并范围呗。

汪姐：通常是这样。那么如何判断被投资方是不是子公司呢？这就要看投资方是不是能控制被投资方。也就是说，风妈集团能控制的被投资方，就是子公司，应该纳入合并范围；不能控制的，就不是子公司，不纳入合并范围。（这里有个假设前提，即：风妈集团不是投资性主体。如果母公司是投资性主体，则还要根据其他条件进一步判断子公司是否需要纳入合并范围。）

可可：那就是说，风妈集团是否将风一公司和风某公司纳入合并范围，不一定取决于持股比例，而是取决于能否“控制”，是这样吗？

汪姐：是的。控制可能取决于持股比例，也可能不是。至于具体怎样才算“控制”，后面咱们再详说。现在，我们先假设风妈集团能控制风一公司，因此需要将风一公司纳入合并范围，不能控制风某公司，因此不能将风某公司纳入合并范围。接下来我们就要考虑，风一公司该怎么纳入合并呢？是将风妈集团持有的那80%的股权纳入合并范围，还是将风一公司整体纳入合并范围呢？

可可：我觉得应该是80%吧！那20%也不是咱们的呀？

汪姐：不对，按照《国际财务报告准则》和我国《企业会计准则》的要求，应该按照合并财务报表的实体理论，将风一公司100%的股权都纳入合并范围。

可可：为什么？什么是实体理论？

汪姐：实体理论是合并的三大理论之一。三大理论是母公司理论、实体理论和所有权理论。这三大理论咱们会在后面详细解释。现在咱们只需要知道，应该按照实体理论把母公司控制的子公司全部纳入合并范围。

可可：好吧！您成功地调动了我的求知欲，我现在想知道的越来越多了。

汪姐：哈哈！确定了编制范围后，就准备开始编制合并财务报表了。编制哪些财务报表呢？合并财务报表的类型和个别财务报表的类型基本相同，即：合并资产负债表、合并利润表、合并现金流量表和合并所有者权益变动表四种。

可可：这个好理解。

汪姐：嗯，接下来我们就要考虑，如何编制这四张合并财务报表呢？既然是“合并”财务报表，自然是把纳入合并范围的所有报表数据进行合并。但是“合并”并不是简单相加就可以，还要考虑一些调整或抵销事项。

可可：调整或抵销事项又是什么？

汪姐：就是调整事项和抵销事项。先举个例子说明一下调整事项：比如风一公司是风妈集团的子公司，风妈集团本部的某项会计政策和风一公司不同，比如折旧政策不一样。编制合并财务报表时，就需要按风妈集团的会计政策调整风一公司的个别财务报表，让母公司和子公司的会计政策保持一致。

可可：哦，明白了。

汪姐：合并财务报表涉及的调整事项主要有四类，见表 1-1。

表 1-1　合并财务报表调整事项

序号	调整事项	调整目的
1	会计政策、会计期间的调整	子公司与母公司会计政策、会计期间不一致的，调整为与母公司一致
2	成本法到权益法的调整	母公司个别财务报表按照成本法计算长期股权投资，在合并财务报表中需要调整为权益法
3	子公司净资产价值的调整	非同一控制下企业合并中，子公司的可辨认净资产需要由账面价值调整到合并日的公允价值
4	子公司留存收益的调整	同一控制下企业合并中，抵销的子公司合并前留存收益中母公司享有的份额需要调回

汪姐：再说说抵销事项。比如风一公司和风二公司都是风妈集团的子公司，风一公司应收风二公司一笔 100 万元货款，风一公司的个别财务报表中反映了应收账款 100 万元，风二公司个别财务报表反映了应付账款 100 万元，但是对于风妈集团来说，大家是同一个实体，都是一家人，风一公司到风二公司的钱相当于左口袋挪到了右口袋，不应该有应收应付款。所以，是不是应该把风一公司个别财务报表中确认的 100 万元应收账款和风二公司个别财务报表确认的 100 万元应付账款进行抵销呢？

可可：是应该抵销。

汪姐：所以就有了抵销事项。需要进行合并抵销的事项主要有五类，见表 1-2。

表 1-2　合并财务报表抵销事项

序号	需要抵销的事项	抵销事项可能涉及的项目	备　注
1	母公司长期股权投资与子公司所有者权益抵销	母公司长期股权投资与子公司所有者权益项目抵销；母公司投资收益与子公司利润分配抵销	同一控制下和非同一控制下的处理有所不同
2	内部商品交易抵销	全部对外销售时抵销收入、成本项目，全部未对外销售或部分对外销售时还涉及存货中包含的未实现内部销售损益抵销、存货跌价准备抵销等	第一年和以后年度连续编制合并财务报表时会计处理有所不同
3	内部长期资产（固定资产和无形资产等）交易抵销	内部销售方的资产处置收益、营业收入、营业成本；内部交易固定资产及其累计折旧中包含的未实现内部交易损益；内部无形资产及其累计摊销中包含的未实现内部交易损益的抵销等	不同类型内部固定资产交易的合并抵销处理有所区别
4	内部债权债务抵销	应收应付款项及坏账准备的抵销；应付债券与债券投资；长期应收款与长期应付款的抵销等	—
5	内部现金流量的抵销	经营活动产生的现金流量中销售商品、提供劳务收到的现金，购买商品、接受劳务支付的现金等；投资活动产生的现金流量中投资支付的现金，收回投资收到的现金，购买固定资产、无形资产和其他长期资产支付的现金，处置固定资产、无形资产和其他长期资产收回的现金净额等；筹资活动产生的现金流量中分配股利、利润或偿付利息支付的现金等	包含 1-4 项中相关现金流量的抵销

可可：看了表 1-1 和表 1-2，我感觉对于整个企业集团来说，合并抵销事项就是去掉不应该记的、虚拟的、左右口袋互转的记录，调整事项则是用相同的尺子把原来标准不一样的地方统一起来。

汪姐：说得好。除此之外，合并财务报表和长期投资、企业合并的关系非常密切，所以咱们还得把长期投资和企业合并的相关知识也讲明白，这样有利于我们更好地理解合并财务报表。你看，合并财务报表要学的全部知识大体就是这些，难吗？

可可：好像也不是很难。哈哈！

汪姐：那我们再来捋一下合并财务报表的整体脉络，如图 1-1 所示。

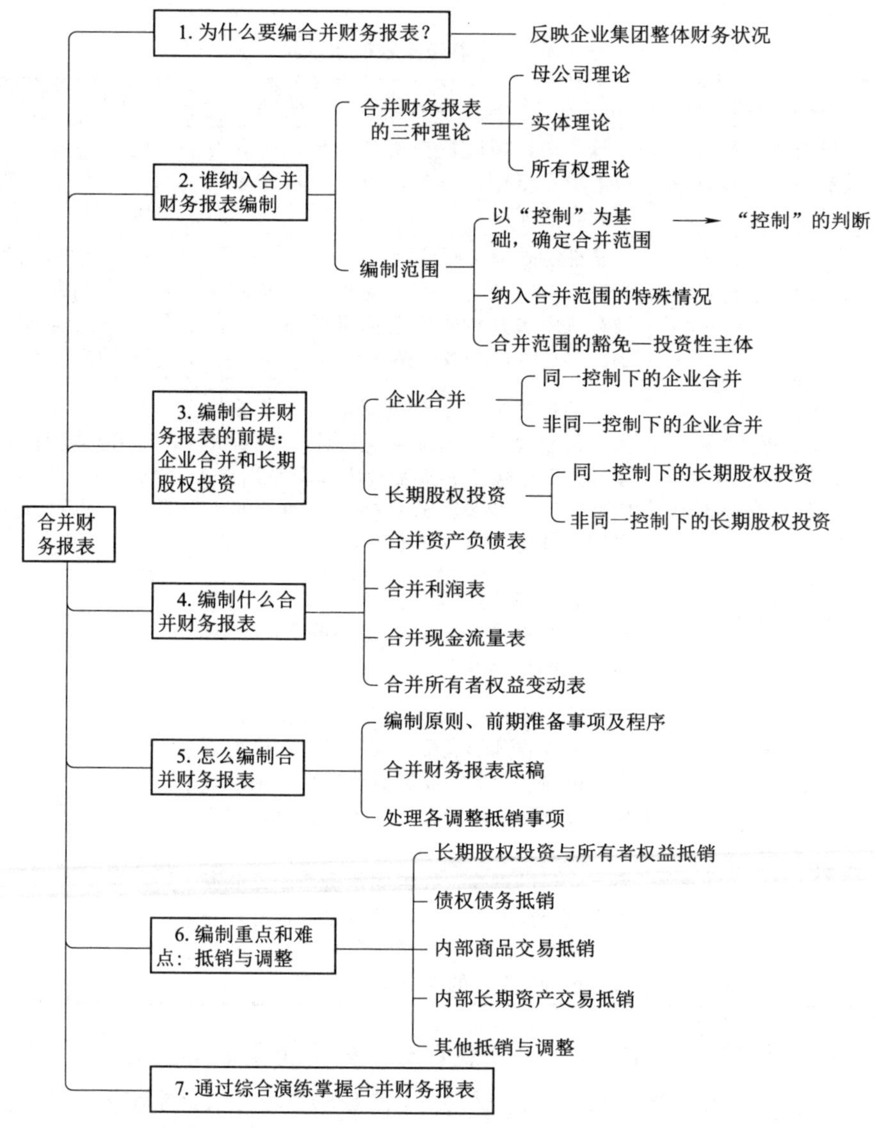

图 1-1　合并财务报表学习思路思维导图

首先，我们要知道为什么要编合并财务报表——因为我们把整个企业集团看作同一个实体（实体理论）。

其次，我们要知道谁来编制合并财务报表，编的时候需要把谁纳入合并范围，这个问题很关键，因为要不要把一个被投资方纳入合并范围，对整体财务报表的影响是非常大的。通常是母公司控制的被投资方纳入合并财务报表。但什么是“控制”呢？后面详细说。

确定了编制合并财务报表的范围之后，我们还要学习两个和合并财务报表密切相关的知识：企业合并和长期股权投资。这关系到我们对合并财务报表的理解。如果没有这两部分知识，我们在学习合并财务报表时就会感觉困惑特别多，很难理解。

再次，我们就要学习到底怎么编合并财务报表了，包括编制的原则、程序、步骤等，最重要的是编制方法，就是怎么进行合并，什么情况下是需要抵销或调整，等等。调整事项主要有表 1-1 列示的四种情况；抵销事项主要有表 1-2 列示的五种情况，这也是合并财务报表的重点和难点。当然理论知识咱们也要掌握，这样才能把握大方向不出错。

等所有知识点都学完了，就要干吗了？

可可：实操！

汪姐：对了。所有理论都是为了实践。所以我们需要模拟合并财务报表真实场景，编制一份合并财务报表。等到编制完成后，相信你就能较好地掌握合并财务报表了。

可可：听了您这 10 分钟的讲解，我心里已经有了合并财务报表的大致轮廓。原来我还担心合并财务报表太难学不会，现在我忽然有信心了！

1.2　将谁纳入合并财务报表

了解了合并财务报表的整体框架后，我们接下来学习谁编制合并财务报表、哪些被投资方应该纳入合并范围的问题。

1.2.1　合并财务报表的合并理论

汪姐：想要明确哪些公司需要纳入合并范围，采用什么样的方法进行合并，我们需要知道纳入合并范围的理论依据是什么。也就是说，我们根据什么样的合并理论，决定了我们如何确定合并范围和选择合并方法。

目前主要有三种合并理论，就是咱们前面提到的母公司理论、实体理论和所有权理论三种，如图 1-2 所示。

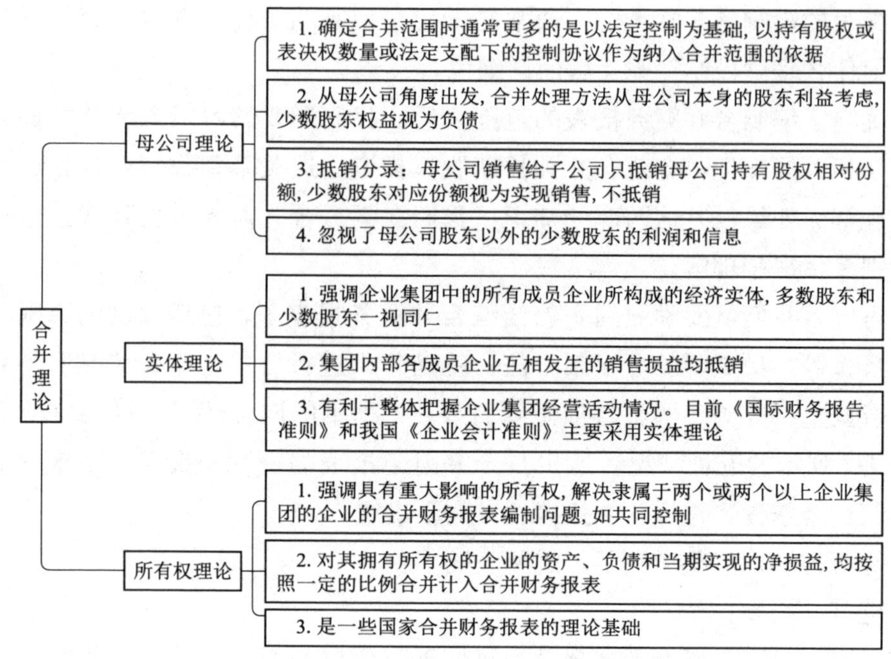

图 1-2　合并财务报表的合并理论

母公司理论是从母公司的角度考虑合并财务报表的范围、选择合并处理方法。在母公司理论下，确定合并范围时通常更多的是以法定控制为基础，以持有股权或表决权数量或法定支配下的控制协议作为纳入合并范围的依据，所采用的合并处理方法都是从母公司本身的股东利益来考虑的，如对于子公司少数股东的权益，在合并财务报表中通常视为一项负债来处理。

可可：少数股东权益变成了负债？

汪姐：是啊，所以这一理论忽视了母公司股东以外的少数股东的利润和信息需要。

由于母公司理论是从母公司的角度出发的，所以在合并抵销内部销售收入时，对于母公司将商品给子公司的顺销，只抵销母公司持有股权相对的份额，对于少数股东股权份额，就认为已经实现了对外销售，不需要抵销处理。

可可：所以母公司理论认为少数股东权益并不属于母公司，相当于“外人”，视同外部交易处理，对吧？

汪姐：是的，再看实体理论。实体理论认为合并财务报表是企业集团各成员企业构成的经济联合体的财务报表，强调的是企业集团中所有成员企业构成的经济实体。对构成企业集团的持有多数股权的股东和拥有少数股权的股东一视同仁、同等对待，认为只要是企业集团成员股东，无论是拥有多数股权，还是拥有少数股权，都是共同组成的经济实体的股东。

因为是同一个经济联合体，就像一个大家庭，所以企业集团内部各成员发生的销售实现的损益都要抵销。

可可：就还是左口袋和右口袋的问题。左口袋的东西挪到右口袋，右口袋的钱挪到左口袋，对企业集团来说啥也没增加，啥也没减少，就是挪了个位置而已。

汪姐：没错。目前《国际财务报告》准则和我国《企业会计准则》主要采用的就是实体理论。

可可：那所有权理论又是什么呢?

汪姐：所有权理论运用于合并财务报表编制时不强调企业集团中存在的法定控制关系，也不强调企业集团各成员企业所构成的经济实体，而是强调编制合并财务报表的企业对另一个企业的经济活动和财务决算具有重大影响的所有权。所有权理论认为，母公司理论和实体理论都不能解决隶属于两个或两个以上企业集团的企业合并财务报表编制问题。

假设风妈集团和云妈集团共同控制风某公司。按照实体理论，两个集团都不能控制风某公司，所以风某公司不需要纳入任何一个集团的合并财务报表，但它同时隶属于这两个企业集团，这个问题怎么解决呢? 所以有些国家就会在编制合并财务报表时用所有权理论解决共同控制下的合并财务报表的编制问题。

在采用所有权理论的情况下，对于其拥有所有权的企业的资产、负债和当期实现的净损益，均按照一定的比例合并计入合并财务报表（无论是否控制)。这也是一些国家合并财务报表相关准则规定比例合并法的理论基础。

可可：这么看来，不同的合并理论下，合并范围可能不一样，编制合并财务报表的方法也会有区别。

汪姐：没错，母公司理论强调“法定控制”，实体理论强调“经济实体”，所有权理论强调“重大影响的所有权”，所以三者对纳入合并范围的理解不完全一样。

可可：是，对于共同控制，在实体理论下是不需要纳入合并范围的，但在所有权理论下就要纳入合并范围。还有母公司理论和实体理论对少数股东权益的处理也完全不同的。汪姐：是的，三种合并理论各有道理，我国目前主要采用的是实体理论。

1.2.2 哪些公司应该纳入合并财务报表

汪姐：了解了财务报表的合并理论，咱们再来看看，在实体理论下，到底哪些公司应该纳入合并财务报表，或者说合并财务报表的范围如何确定。

可可：我记得您说过，要不要纳入合并，主要看是不是“控制”关系。

汪姐点头：根据财政部2014年印发的《企业会计准则第33号——合并财务报表》（以下简称《合并财务报表准则》）规定，合并财务报表应当以控制为基础确定合并范围，也就是说，是不是控制一个公司，通常决定了要不要纳入合并财务报表中。

可可：怎么才算是控制呢？

汪姐：按照《合并财务报表准则》规定，是不是控制，要看是否包含三要素：

（1）投资方拥有被投资方的权力；

（2）因参与被投资方的相关活动而享有可变回报；

（3）有能力运用被投资方的权力影响其回报金额。

这三个条件缺一不可。

可可：这听起来太抽象了，不懂。

汪姐：别着急，咱一个一个说。

1.2.3 控制的三要素之一：投资方拥有被投资方的权力

汪姐：要判断投资方是否拥有被投资方的权力，就看能不能主导被投资方的相关活动。

可可：如何判断能否主导被投资方的相关活动呢？

汪姐：可以从三个方面考虑。

（1）被投资方设立的目的是什么，它的设计安排是怎样的，如果从它的设计安排中表明表决权是判断控制的决定因素，那就可以通过拥有的表决权的比重来判断是不是能控制被投资方，如果它的设计安排表明表决权不是判断控制的决定因素，那就得结合被投资方的设计或者合同安排规定来综合判断。

（2）被投资方的相关活动有哪些，这些相关活动的决策机制是怎样的。相关活动包括商品或劳务的销售和购买、金融资产的管理、资产的购买和处置、研究与开发、融资等活动。我们要研究被投资方相关活动是如何做决策的，比如决策权可能是在董事会、股东会或者是其他专门设置的管理委员会等。

（3）“权力”指的是一种实质性权力，而不是保护性权力。

可可：也就是说，我们要看被投资方设立目的是什么，被投资方是怎么设计安排的，它的相关活动有哪些，这些相关活动是如何做决策的，投资方在参与被投资方的相关活动决策时拥有的权力是不是实质性权力，通过这些来判断投资方能不能主导被投资方的相关活动、拥有被投资方的权力，是这样吗？

汪姐：完全正确。

1. 被投资方设立目的和设计

汪姐：首先咱们要知道被投资方设立的目的是什么，它的设计安排是怎样的。这样我们才能知道被投资方的相关活动有哪些，它对相关活动进行决策的机制是怎样的，谁拥有现实能力主导这些活动，谁从这些活动中获得可变回报。

可可：就是为什么要成立这个公司，然后这个公司内部是怎么设计、怎么安排的，是吧？

汪姐：是的，对被投资方设立目的和设计的分析，贯穿于判断控制的始终，也是分析其他事实和情况的基础。具体来说，了解被投资方的设立目的和设计有助于确定以下方面。

（1）被投资方存在哪些风险？

（2）相关活动是指哪些活动？

（3）被投资方相关活动的决策机制是怎样的？

（4）哪个投资方有能力主导被投资方的相关活动？

（5）哪些投资方能够通过参与被投资方相关活动而享有其可变回报？

（6）被投资方相关活动如何影响投资方的回报？

（7）如果投资方拥有被投资方的权力、享有其可变回报，那么它是否有能力运用其对被投资方的权力而影响其回报金额？

可可：不同的被投资方的设立目的和设计会有很大的区别吗？

汪姐：有些公司的设立目的比较相似，比如咱们风妈集团的大多数子公司，像风一公司、风二公司，它们设立的目的就是在不同地区经营风电业务，这种设立目的是经营某项业务或某个项目的情况是比较常见的。

但是有些公司的设立目的就完全不同。比如咱们集团下属的财务公司，它成立的目的是集团内的资金统筹调度。还有一些被投资方可能是信托基金，通过契约或公司的形式，借助发行基金的方式，将投资者的资金集中起来，形成信托资产，交由专门的投资机构按资产组合原理进行分散投资，获得的收益由投资者按出资比例分享，并承担相应风险的一种集合投资信托制度。

可可：哦！不同设立目的的公司，决定了您刚才所说的相关活动的区别。

汪姐：对，而不同的设计，决定了相关活动的决策机制不同。

比如被投资方的设计是通过持有被投资方权益工具而获得一定比例的表决权或是潜在表决权的方式来实现控制，在不存在其他改变决策机制的安排时，控制的判断，主要着重于判断哪一方能够通过行使表决权来决定被投资方的财务和经营政策。

可可：您这话的意思是不是说：如果没有特殊设计安排，那持股比例加起来超过50%，拥有了半数以上的表决权，就表示能控制被投资方？

汪姐：如果表决权是判断控制的决定因素，那么通常持有半数以上表决权的投资方控制被投资方。但如果章程或其他协议有特殊规定，例如被投资方相关活动的决策需要2/3以上表决权比例通过，那这时候超过半数以上表决权也不一定就能判断为控制；

如果被投资方的设计安排中，不是用表决权来判断控制的决定因素，比如被投资方的章程有其他规定，或者投资和被投资双方签订了其他的合同，那就不能用表决权判断控制了。

可可：所以先得判断被投资方设计安排中表决权是不是控制的决定因素。

汪姐：对，比如风一公司章程里规定按持股比例来决定表决权，而风妈集团持股51%，那么通常风妈集团能控制风一公司。

但如果风一公司章程里有特殊规定，比如规定相关活动需要2/3以上表决权比例通过，持有51%表决权就不能算是控制。

再比如，风一公司的设计安排是表决权仅与日常行政管理有关，风一公司的相关活动是由别的合同安排规定的，那就得考虑风一公司的设立带来了哪些风险和收益，风一公司将哪些风险和收益转移给了风妈集团，以及参与其活动的各方。

可可：也就是说，有可能控制的决定因素不是表决权，而是合同约定，这时候就要考虑被投资方的设立产生了什么样的风险和收益，这些风险和收益由谁来承担，从而帮助我们判断是不是控制，是这个意思吗？

汪姐：对，举个例子。

【案例 1-1】风某公司需要 4 年时间进行建设，建成之后可进行一个风力发电。目前已经建了 2 年。此时云妈集团对风某公司增资，增资后云妈集团拥有风某公司 60％股票及表决权，风妈集团拥有风某公司 40％股票及表决权。风妈集团和云妈集团通过协议约定 2 年后风妈集团以固定价格回购云妈集团持有的风某公司股权。

请问，云妈集团是否控制风某公司呢？

可可：我感觉应该不能控制。

汪姐：为什么？

可可：过两年风妈集团就以“固定价格”回购风某公司的股票了，感觉云妈集团只是暂时参与进来解决一下资金问题，然后人家两年后拿着固定回报就走了，怎么看也不像是要控制风某公司。

汪姐：没错。云妈集团虽然有多数股票及表决权，但是现在风某公司已经建了 2 年，很可能许多与建造事项有关的重要事项的决策已完成。等风某公司建成时，云妈集团就会获得固定的回报，不参与风某公司的经营回报，所以也不能控制风某公司。

可可：也就是说，风某公司的设计安排中，控制的决定因素并不是表决权。根据合同安排，虽然云妈集团拥有 60％的表决权，但是并不能控制风某公司。

汪姐：现在明白了？

可可：明白了明白了，哈哈。

2. 相关活动及其决策机制

汪姐：判断投资方是否拥有被投资方权力的第二条，是看被投资方的相关活动有哪些，这些相关活动是如何被决策的，从而判断投资方在决策中是否拥有权力。

可可：“相关活动”一般指的是哪些活动呢？

汪姐：所谓的“相关活动”指的是对被投资方的回报产生重大影响的活动。对许多企业来说，经营和财务活动通常对其回报产生重大影响。但是，不同企业的相关活动可能并不相同，这要看企业的行业特征、业务特点、发展阶段、市场环境等具体情况。按《合并会计报表准则》规定，相关活动包括但不限于下列活动：商品或劳务的销售和购买、金融资产的管理、资产的购买和处置、研究与开发及融资活动。

比如经营活动中日常管理谁说了算；销售和采购活动中由谁来主导怎么买卖、买卖谁家、定价机制；投资活动中谁主导企业给谁投资、投多少、什么方式投等；筹资活动中谁主导企业的筹资决策机制、找哪个银行贷款、贷款多少或者找谁借钱、利息怎么算；谁主导研发、研发预算多少、怎么组织，等等，这些通常都是企业的相关活动。

需要注意的是：即使是同一个企业，在不同环境和情况下，相关活动也可能有所不同。

比如刚才咱们列举的建设期的风某公司和运营期的风某公司，其相关活动肯定不一样。建设期的相关活动是与项目建设有关投资、筹资、项目管理等，建成后的相关活动就是日常运营管理、资金管理、资产管理，等等。

可可：哦，明白了。

汪姐：识别相关活动后，咱们接下来就要看被投资方相关活动的决策机制。

可可：知道了被投资方相关活动的决策机制，才能进一步判断投资方在该决策机制下是否拥有对相关活动的主导权，对吧？

汪姐：对，一般企业是由企业章程、协议约定的权力机构，比如股东会、董事会来决策，也有可能根据合同协议约定等由其他主体决策，比如专门设置的管理委员会等。如果被投资方是有限合伙企业，相关活动可能由合伙人大会决策，或者普通合伙人或投资管理公司等决策。

可可：不同企业的决策机制是不一样的。

汪姐：嗯，“相关活动”并不只是一个活动，可能是很多相关活动同时进行的。比如风一公司可能有采购活动、销售活动、融资活动、研发活动等相关活动。这时就可能被投资方不同的相关活动被不同投资方主导的情况。

比如，风妈集团单方面主导风某公司的经营活动，云妈集团单方面主导风某公司的融资活动，这时候到底谁才算是拥有风某公司的权力呢？

可可：额……这还真不好说呀！

汪姐：这种情况下，就得判断经营活动和融资活动到底哪一个才是目前风某公司的最相关活动。

《合并会计报表准则》第十条规定，当两个或两个以上的投资方能够分别单方面主导被投资方的不同相关活动时，能够主导被投资方回报产生最重大影响活动的投资方拥有被投资方的权力。

通常，确定什么才是最重大影响的活动，要考虑以下因素：

（1）被投资方的设立目的和设计；

（2）影响被投资方利润率、收入和企业价值的决定因素；

（3）投资方有关上述因素的决策职权范围及其对被投资方回报的影响程度；

（4）投资方承担可变回报风险的大小。

可可：反正就是综合各个方面进行 PK（比赛），看谁才是最大幕后 boss（老板）就对了。

汪姐：哈哈，可以这么说。假如说风某公司资金稳定，在正常运营中，融资难度很小，融资不是最相关活动，而经营活动才是最相关活动，那么能够主导经营活动的风妈集团就更有可能拥有风某公司的权力。

3. 确定投资方拥有的被投资方的权力

知道了被投资方为什么设立，它的设计是怎样的，相关活动及其决策机制如何，接下来就要确定投资方是否拥有对被投资方的权力了。

可可：怎样才算是拥有权力呢？

汪姐：投资方能够主导被投资方的相关活动时，我们就说投资方对被投资方享有“权力”。

可可：那怎么判断投资方是不是能够主导被投资方的相关活动呢？

汪姐：要判断投资方是不是能主导被投资方的相关活动，我们要注意这几点：①权力是一种现时能力，并不要求投资方实际行使其权力。也就是说，我拥有主导被投资方相关活动的现时能力，但是我不一定要实际执行；②所谓的权力应该是实质性权力而不是保护性权力；③权力是为自己行使的，而不是代其他方行使；④权力通常通过表决权获得的，但有时也可能是其他合同安排。

1）实质性权力和保护性权力。

汪姐：我们在判断投资方是否拥有被投资方的权力时，要区分投资方及其他方享有的权力是实质性权力还是保护性权力，只有实质性权利才有可能让投资方拥有被投资方的权力。

可可：什么是实质性权力呢?

汪姐：实质性权力，就是拥有权力的投资方对相对活动进行决策时，有实际能力行使的可执行权力。保护性权力是说这个权力只是为了保护当事方的权益，但并没有赋予持有人对相关活动决策权。

可可：怎么判断是不是实质性权利呢?

汪姐：判断一项权利是否为实质性权力，要综合考虑所有相关因素，包括行使该项权力是否存在财务、价格、条款、机制、信息、运营、法律法规等方面的障碍；当权力由多方持有或者行权需要多方同意时，是否存在实际可行的机制使得这些权力持有人在其愿意的情况下能够一致行权；权力持有人能否从行权中获利等。

比如，被投资方相关活动被政府、法院、管理人、接管人、清算人或监督人等其他方主导时，投资方就算持有多数表决权，但也无法主导被投资方的相关活动，所以这个表决权就不能算是实质性权力，也就不拥有对被投资方的权力。

某些情况下，其他方享有的实质性权力有可能会阻止投资方对被投资方的控制。这种实质性权力既包括提出议案以供决策的主动性权利，也包括对已提出议案作出决策的被动性权力。这时候就可能导致投资方不能控制被投资方。

可可：总之实质性权力就是实质重于形式，不管我现在是不是行使这个权利，但是我有权行使，在被投资方的相关活动做决策时，我可以决定是否行使权利，是这个意思吧?

汪姐：对，在某些情况下，目前不能行使的权利也可能是实质性权力，比如潜在的表决权。

可可刨根问底：比如什么潜在表决权呢?

汪姐：举个例子。

【案例 1-2】按照某项合同规定，风妈集团在 30 天之后会拥有被投资方的多数表决权。但是被投资方对相关活动的决策发生在 30 天之后。也就是说，虽然 30 天内风妈集团不能行使表决权，但是 30 天后就可以行使了，并且相关活动也是在 30 天之后，所以 30 天内不能行使表决权不会影响我们主导被投资方相关活动的决策。这时我们就有了潜在表决权，也有实质性权利。

可可：哦，明白了。

汪姐：与实质性权力相对的是保护性权力。比如银行贷款，银行可能会有限制借款方进行对其信用风险产生不利影响从而损害银行利益的活动的权力，或者发生违约行为，比如到期不还款，银行可以抵押借款方的资产；再比如，少数股东可能有权对超过正常经营范围的资本性支出或发行权益工具、债务工具行使批准或否决权，也就是说你要有大项资本性支出或者发行股票、债券，少数股东就可以不同意。这些都是保护性权力。

保护性权力通常只能在被投资方发生根本性改变或某些例外情况发生时才能够行使，它既没有赋予其持有人对被投资方拥有权力，也不能阻止其他方对被投资方拥有权力。所以，仅享有保护性权利的投资方不拥有对被投资方的权力。

可可：那我可不可以认为，一般例外情况下才能行使的权力就是保护性权力呢？

汪姐：那可不能。不是所有在例外情况下行使的权力或在不确定事项发生时才行使的权力都是保护性权力。例如，被投资方的活动和回报已被预先设定，只有在发生某些特定事项时才需要进行决策，并且这些决策对被投资方的回报产生重大影响，那么这种特定事项引发的活动就属于相关活动，对相关活动行使的权利就不是保护性权力，而是实质性权力了。

可可：那还真得具体情况具体分析才行。

汪姐：是的，我再考考你。现在很多饭店啊，美容院啊，都有连锁店和加盟店，总店会给这些连锁店特许经营权，那么总店对这些连锁店和加盟店（假设都是独立的公司）的权利是实质性权力还是保护性权力呢？

可可：我觉得连锁店是实质性权力的可能性更大，因为连锁店一般总店都是要管的；但是加盟店很可能是保护性权力，加盟店往往都是自主经营，用总店的品牌，总店一般也就收个相对稳定的加盟费啥的。

汪姐：有道理。所以我们可以这样说，总店（特许人）提供的财务支持越少，面临连锁店或加盟店（被特许人）的回报的变动越小，就越有可能只拥有保护性权力。

可可：那像银行贷款，就只收取固定回报，那贷款银行拥有的很可能就是保护性权力，就保护自己收款别有大的风险就行呗。是这样吧？

汪姐：是的。现在我们知道了只有实质性权力才能让投资方拥有被投资方的权利，接下来我们就看看，这些权利来源于哪里，也就是说投资方的权利是怎么获得的。

2）权力的来源。

汪姐：通常情况下，当被投资方从事一系列对其回报产生显著影响的经营和财务活动中，且需要对这些活动连续地进行实质性决策时，表决权或类似权利本身或者结合其他安排，将赋予投资方拥有权力。但在一些情况下，表决权不能对被投资方回报产生重大影响，比如表决权可能仅与日常行政活动有关，这时候被投资方的相关活动可能由一项或多项合同安排决定。

也就是说，要确定投资方拥有的被投资方的权力，需要分析对被投资方产生重大影响的经营和财务活动的实质性决策中的权力，这个权力可能是四种情况：第一是表决权；第二是类似权利；第三，可能是表决权或类似权利结合其他安排赋予的权力；第四，也可能是由一项或多项合同安排决定的权利。

可可：第三点中的“其他安排”到底是什么安排呀？

汪姐：所谓“其他安排”，可能是委派或罢免有能力主导被投资方相关活动的该被投资方关键管理人员或其他主体的权力、决定被投资方进行某项交易或否决某项交易的权利等。

表决权或类似权利或其他安排，又或者合同安排，这些权利可能是单独的，也可能结合在一起，赋予对被投资方的权利。

（1）权力的一般来源：表决权或类似权力。

首先，表决权是对被投资方的经营计划、投资方案、年度预算方案和决算方案、利润分配方案和弥补亏损方案、内部管理机构设置、聘任或解聘公司经理及确定其报酬、公司的基本管理制度等重大事项进行表决而持有的权利。

可可：那表决权一般应该和持股比例一致吧？

汪姐：通常是这样，但如果被投资方的章程另有规定，就得按章程来。

可可：那是不是可以理解为：大部分情况下，拥有50%以上股权，就有了半数以上表决权，也因此就拥有了被投资方的权力？

汪姐：这只是最常见的一种情况。有多种情况能使投资方拥有被投资方的权力。

一是通过持有被投资方半数以上的表决权而拥有权力。这里的“半数以上表决权”可能是直接持有，也可能是间接持有，或者是“直接＋间接”持有。

二是持有被投资方半数或以下的表决权，但通过与其他表决权持有人之间的协议能够控制半数以上表决权。

三是持有被投资方半数或以下的表决权，但综合考虑一些情况后，可以判断持有的表决权足以使其有能力主导被投资方相关活动。

这些情况包括：①持有的表决权相对于其他投资方持有的表决权份额的大小，以及其他投资方持有表决权的分散程度；②投资方和其他投资方持有的被投资方的潜在表决权，如可转换公司债券、可执行认股权证等；③其他合同安排产生的权利；④被投资方以往的表决权行使情况等其他相关事实和情况。

可可：大概明白了。

汪姐：咱们看几个例子加深一下理解。

【案例 1-3】风妈集团只有风一公司 40％的股权，但是风一公司的总经理、财务总监、采购经理等重要岗位的重要人员都是由风妈集团指派的，所有重要决策都由风妈集团主导，这就表明，风妈集团能够控制风一公司。

【案例 1-4】风妈集团只有风一公司 40％的持股，但是剩下的 60％股份，由上千人持有，但没有持有超过 1％投票权的股东（假如风一公司上市了，这种情况就会出现），没有任何股东与其他股东达成协议或能够做出共同决策。

这就好像你购买一个上市公司的股票，暂且就叫 A 公司吧，其他几千人跟你一样买了 A 公司股票，你和几千人共同持股 60％，但你没办法联合其他几千人作出决定让 A 公司退市吧，但有一个 B 公司他持有 A 公司 40％股份，虽然表决权不到 50％，但是由于其他股权太过分散了，40％的表决权足以让 B 公司有能力主导 A 公司的活动，这就显示是他一方控制了 A 公司。

当然，如果有确凿证据表明投资方不能主导被投资方的相关活动，就还是不能算拥有被投资方的权力。

可可：需要考虑的因素还真不少啊。

汪姐：有时候上面这些因素还是不足以判断投资方是否能控制被投资方，在这种情况下，还要考虑是不是有实际能力以单方面主导被投资方相关活动的证据，从而判断是否拥有对被投资方的权利，包括这几个方面。①能否任命或批准被投资方的关键管理人员；②出于其自身利益能不能决定或否决被投资方的重大交易；③能不能掌控被投资方董事会或类似权力机构成员的任命程序，或者从其他表决权持有人手中获得代理权；④与被投资方的关键管理人员或董事会等类似权力机构中的多数成员是否存在关联方关系等。

如果与被投资方之间存在某种特殊关系的，在确认是否拥有对被投资方的权利时，还要考虑这种特殊关系的影响。

可可：比如什么特殊关系呢？

汪姐：比如被投资方的关键管理人员是投资方的现任或前任职工、被投资方的经营依赖于投资方、被投资方活动的重大部分有投资方参与其中或者是以投资方的名义进行、投资方从被投资方承担可变回报的风险或享有可变回报的收益远超过投资方持有的表决权或其他类似权利的比例等。

可可：真是千头万绪呢。幸好这些事儿不是天天做，不然太“烧脑”了。

汪姐：这些问题决定了是不是能控制被投资方，被投资方要不要作为子公司列入合并财务报表的编制范围，影响重大，自然要考虑全面了。

可可：是的。

汪姐：那咱们再说说权利来自表决权以外的其他权利。

（2）权利来自表决权以外的其他权利——合同安排。

汪姐：通常投资方对被投资方的权利来自表决权。但有时也可能会由一项或多项合同安排决定。比如，证券化产品、资产支持融资工具、部分投资基金等结构化主体。

可可：结构化主体是什么？

汪姐：结构化主体就是指在确定其控制方时没有将表决权或类似权利作为决定因素而设计的主体。这种结构化主体通常在合同约定范围内开展业务活动，表决权或类似权利仅与行政性管理实务有关。

可可：那又是什么意思呢？

汪姐：简单说，就是结构化主体中投资者的权利和投资额往往是分离的，不对等的。比如现在有些公司成立的资金管理服务机构，从用户筹集资金用于银行存款、国债、央行票据、政府或者企业债券等短期产品，其本质是理财。这种机构就属于结构化主体，广大散户是投资者，可就算投资者持股比例很高，它的控制权还是在运营公司手中。也就是说，它的控制方不是通过表决权来决定，而是通过合同被运营公司控制的。

可可：哦，我好像有点懂了。我们在银行购买的基金，也是投资者出钱，但基金的控制权却不在我们手里，实际上我们也不是为了控制它，而是由发行理财产品的银行或其他公司控制。

汪姐：是的，结构化主体不仅包括用于融资的组织主体，也包括专门从事销售服务或者其他特定经营范围的组织主体。这些结构化主体通常有以下特征：

①业务活动范围受限。通常情况下，结构化主体在合同约定的范围内开展业务活动，业务活动范围受到了限制。比如从事信贷资产证券化业务的结构化主体，在发行资产支持证券募集资金和购买信贷资产后，根据相关合同，其业务活动是将来源于信贷资产的现金向资产支持证券投资者分配收益。投资期满后，投资收益在逐级保证受益人本金、预期收益及相关费用后的余额归购买次级的投资者，如果出现投资损失，先由购买次级的投资者承担。

②有具体明确的目的，且目的比较单一。比如企业发起一个结构化主体，把资产转让给这个结构化主体，然后从其他投资者获得资金，这样做的目的可能是收回资金或者改变资产结构，或者专门从事研发活动、租赁业务等。

③结构化主体本身的资金不足以支撑其业务活动，必须依靠别的财务支持，比如债权、担保等。

④通过向投资者发行不同等级的证券（如分级产品）等金融工具进行融资。由于不同等级的证券具有不同的信用风险、利率风险或流动性风险，发行分级产品可以满足不同风险偏好投资者的投资需求。

可可：结构化主体的权利不由决策权确定，那怎么才能确定投资者是否拥有权利呢？

汪姐：如果确定了被投资方是结构化主体，那么投资方在判断是否拥有权利时，需要考虑这四个方面。

①在设立被投资方时所作出的决策及投资方对其设立活动的参与度；

②其他相关合同安排。比如看涨期权、看跌期权、清算权及其他可能为投资方提供权利的合同安排，需要详细评估投资者在这些活动中是否享有决策权；

③仅在特定情况或事项发生时开展的活动；

④投资方对被投资方做出的承诺。这可能会放大投资方可变回报的风险，因而促使投资方更有动机获取足够多的权利，使其获得主导被投资方的权利。

1.2.4 控制的三要素之二：因参与被投资方的相关活动而享有可变回报

汪姐：说完了控制的第一个要素——投资方拥有被投资方的权利，我们再来看第二个要素：因参与被投资方的相关活动而享有可变回报。

可可：可变回报就是说这个回报不是固定的，具有不确定性，可能多，也可能少，对吧？

汪姐：对，还可能没有，甚至可能是负数。《合并财务报表准则》规定："投资方自被投资方取得的回报可能会随着被投资方业绩而变动的，视为享有可变回报。投资方应当基于合同安排的实质而非回报的法律形式对回报的可变性进行评价。"

可可：也就是说，可变回报是和被投资方的业绩相关的，并且不能只看形式，还得看实质上这个回报究竟是固定的还是有可能是可变的。对吧？

汪姐：对的，可变回报的形式主要有这几种。

（1）最常见的是股利，这肯定是随被投资方的业绩变动的回报，还有其他经济利益的分配，比如固定利率的交易性债券产生的利息；还有被投资方业绩变化使投资方的投资价值发生了变化。

可可：固定利率的交易性债券不应该是固定回报吗？

汪姐：虽然利率是固定的，但我们都知道，债券是有风险的，比如违约风险、信用风险，所以这也可能是可变回报。这就是"基于合同安排的实质而非回报的法律形式对回报的可变性进行评价"呀。

可可：哦。

汪姐：咱继续。

（2）投资方向被投资方的资产或负债提供服务而得到的报酬，因提供信用支持或流动性支持收取的费用或承担的损失、被投资公司清算时在其剩余净资产中所享有的权益、税务利益，以及因涉入被投资方而获得的未来流动性。

可可："因涉入被投资方而获得的未来流动性"是什么意思啊？

汪姐：意思是说，你将来可能从被投资方获得现金流量，比如获得某些报酬、资金借贷等。

（3）其他利益持有方无法得到的回报，例如，投资方与被投资方的资产一并使用，以实现规模经济，达到节约成本、为稀缺产品提供资源、获得专有技术或限制某些运营或资产，从而提高投资方其他资产的价值。

咱们举几个例子说明一下。

【案例 1-5】风妈集团投资某公司，收取固定管理费，请问，风妈集团享有可变回报吗？

可可：嗯，不算吧？不是固定管理费吗？

汪姐：不对，或者说不准确。因为只有当被投资方有足够的收益支付这笔管理费时才会获得这笔回报，所以这也是可变回报。

【案例 1-6】风妈集团投资的一家公司不能进行利润分配。请问，风妈集团享有可变回报吗？

可可：这个应该不确定。不能进行利润分配，可能会有其他的方式获取回报，要不然咱干吗投资呀？

汪姐点点头：对，比如风妈集团投资的是一家未上市的信托公司，那盈利可能不是以股利形式分配，而是通过认购信托公司的理财产品，到期进行收益兑付的形式。所以不能进行利润分配并不代表不能获得可变回报，要以投资目的为出发点，综合分析风妈集团能否获得除股利外的其他可变回报。

【案例 1-7】风妈集团和云妈集团均为风某公司的投资方，风妈集团占10%的股权，云妈集团占90%股权，请问，风妈集团享有可变回报吗？

可可：您刚才说，“投资方自被投资方取得的回报可能会随着被投资方业绩而变动的，视为享有可变回报”。根据这个定义，风妈集团虽然股权只有10%，但也会有回报，而且可能随着被投资方业绩而变动，所以风妈集团享有可变回报。

汪姐：不错，即使只有一个投资方控制被投资方，也不能说明只有该投资方才能获取可变回报，因为可能有少数股东分享被投资方的利润。

现在，我们知道了控制的前两个基本要素，你能说说是什么吗？

可可：我想想……第一条是拥有被投资方的权利，第二条是因参与被投资方的相关活动享有可变回报。

汪姐：没错，咱再说说第三条，也是最后一条。

1.2.5　控制的三要素之三：有能力运用对被投资方的权利影响其回报金额

1. 主要责任人和代理人

汪姐：要判断投资方是否有能力运用对被投资方的权利影响其回报金额，

我们得确认，权利是为自己行使的，而不是代其他方行使。也就是说，权利的持有人应该是主要责任人，而不是代理人。

《合并财务报表准则》第十八条规定，“投资方在判断是否控制被投资方时，应当确定其自身是以主要责任人还是代理人的身份行使决策权，在其他方拥有决策权的情况下，还需要确定其他方是否以其代理人的身份代为行使决策权。”

可可：什么是代理人呢？

汪姐：代理人是相对于主要责任人而言的，代表主要责任人行动并服务于该主要责任人的利益。有时主要责任人可能会把对被投资方的某些或全部决策权授予代理人，那就会产生代理人代表主要责任人行使权力的情况。这时候我们不能认为代理人对被投资方拥有控制，而是要把代理人的决策权视为主要责任人持有的，权利属于主要责任人而非代理人。

举个咱们比较熟悉的例子，比如你现在要装修一套房子，但是你不懂装修或者没时间天天盯着这事儿，所以你可能会找个懂装修的人张三，给他一定的费用，让他去找水电工、木匠、砖瓦匠、油漆工，等等，给你装修。你授予张三找人装修的权利，代表他行动并服务于你的利益，和工人们沟通，监督施工质量，他就是你的代理人。

可可：也就是说，主要责任人可能让代理人代表自己去被投资方行使决策行为，这时候代理人的决策就应该看作主要责任人的决策。

汪姐：是的，比如你找张三作为你的代理人，那张三对装修工人的调配就代表你的意思，相当于你自己做的决策。

可可：那怎么才能确定这个在被投资方有决策权的人是不是代理人呢？是不是像我找装修代理一样，我和张三签个合同，就算是代理了？

汪姐：在投资中，情况可能要比这复杂得多。决策者在确定其是否为代理人时，应综合考虑该决策者与被投资方，以及其他投资方之间的关系，尤其需要考虑下列四项——决策者对被投资方的决策权范围；其他方享有的实质性权利；决策者的薪酬水平；决策者因持有被投资方的其他利益而承担可变回报的风险。

可可：这怎么理解呢？

汪姐：咱们一条一条地分析。

（1）决策者对被投资方的决策权范围。

如果决策者相关活动的决策权范围特别广，那说明什么？

可可：说明决策者更有可能拥有权利呗。

汪姐：不错，所以决策者的决策权范围越广，就越有可能是主要负责人。当然这只是判断的一个方面，所以这并不必然意味着决策者一定是主要负责人。

可可：可是怎么才算是决策权范围广呢?

汪姐：那就要看相关协议或法规允许决策者决策的活动，以及决策者对这些活动进行决策时的自主程度了。需要评估的因素包括但不限于：被投资方的设立目的与设计、被投资方面临的风险及转移给其他投资方的风险，以及决策者在设计被投资方过程中的参与程度。比如决策者参与被投资方设计的程度较深（包括确定决策权范围），则可能表明决策者有机会，也有动机获得使其有能力主导相关活动的权利。

可可：也就是说，如果在相关协议或法规的支持下，决策者能通过深入参与被投资方的一些重要的相关活动让他的决策权范围变得很广，那他就越有可能拥有权利，也越有可能是主要负责人。对吧?

汪姐：对。

（2）其他方享有的实质性权力。

可可：其他方享有的实质性权力，意思是说其他方享有一些实质性的权利可能会影响或者是限制决策者的决策吗?

汪姐：是这个意思，比如其他方有实质性罢免权或其他权力。

可可：如果其他方能罢免决策者，那决策者肯定就是代理人了吧？代理人才有可能被罢免呀。

汪姐：那也不一定。当单独一方拥有实质性罢免权并能无理由地罢免决策者时，表明决策者一定是代理人。但当拥有罢免权的超过一方，且不存在未经其他方同意即可罢免决策者一方时，这就不足以表明决策者为其他方的代理人。如果这个罢免权需要多方联合起来行使，那就很难通过罢免权判断决策者是不是代理人了。

除了罢免权，其他方还可能拥有限制决策者决策的实质性权力。这个限制决策者决策的实质性权利的其他方越少，那表明决策者是代理人的可能性越大。

还有一个因素是我们要考虑的，就是投资方的董事会或其他权力机构，也有很大的权力，他们行使权力也可能会对决策权产生影响，所以我们要综合考虑。

（3）决策者的薪酬水平。

可可：如果不是代理人而是主要负责人，那他的薪酬肯定和被投资方的收益更加相关，对吧？就跟开店似的，老板的收入取决于店的盈利。如果是代理人，那至少得有固定的工资吧？

汪姐：确实如此。如果相对于投资方活动的预期回报，决策者薪酬的比重和可变动性越大，决策者越有可能不是代理人。如果决策者的薪酬水平与其所提供服务相关，并且薪酬协议仅包括在公平交易的基础上，有关类似服务和技能水平商定的安排中常见的条款、条件或金额，那决策者就有可能是代理人。相反，如果不满足这两个条件，也就是说，决策者的薪酬和他提供的服务不相配，或者薪酬协议与类似服务和技能水平的薪酬协议不一样，有特殊的规定，那他一定不是代理人。

可可：就是说，如果决策者的收入水平不是和他的劳动挂钩的，这种情况显然不是代理人，因为他的收入可能来自别的方面，比如被投资方的收益情况，对吧？

汪姐：对，但是即便满足上面的条件，也不能完全确定决策者是代理人，还得综合考虑其他因素。

（4）决策者因持有被投资方的其他利益而承担可变回报的风险。

可可：这条是什么意思呢？

汪姐：首先，决策者如果持有被投资方的其他利益，就表明决策者可能是主要责任人。因为代理人一般不会有其他利益，其收入水平更多地应该与他付出的劳动挂钩。其次，如果决策者因持有其他利益承担了更多的可变回报风险，那他也更有可能是主要责任人。

可可：这个“其他利益”到底指的是什么呢？

汪姐：这个要具体情况具体分析，比如决策者对被投资方进行投资啊，或者提供被投资方业绩担保啊，等等。

可可：如何判断决策者是不是承担了更多的风险呢？

汪姐：我们可以从三个方面去判断。第一，决策者的薪酬和其他利益等经济利益的比重和变动性越大，是主要责任人的可能性就越大；第二，决策者的可变回报风险和其他投资人有没有什么区别，比如决策者持有次级权益，或者向被投资方提供其他形式的信用增级，这些方面可能会影响他的行为，因此他是主要责任人的可能性就更大；第三，决策者面临的可变回报风险与投资方总体回报风险相比，程度更高还是更低。风险程度越高，越有可能是主要责任人。

可可：所以要确定决策者是不是代理人，要综合考虑四个因素：包括决策者的决策范围如何，其他方是否享有某种实质性权利影响决策者的决策能力，决策者的薪酬相对于被投资方预期回报的比重和变动性怎么样，还有决策者是不是持有被投资方的其他利益，他因这个其他利益而承担的可变回报风险如何。是这样吧？

汪姐：如果有单独一方对决策者有实质性罢免权并能无理由罢免决策者，就能确定决策者是代理人，除此之外，应当综合考虑这四个因素进行判断。

2. 实质代理人

判断是否有能力运用对被投资方的权利影响其回报金额还要考虑“实质代理人”的问题。

可可：实质代理人又是什么意思？

汪姐：简单说，就是形式上不一定明确，但实际上能代表某一方的利益或者能被某一方主导的代理人。

可可：那这个“实质代理人”有可能是谁呢？

汪姐：可能是投资方和所有其他方。要看他们的关系、他们某一方是否代表另一方行动、如何互动。这些可能不会在合同中列明，当投资方（或有能力主导投资方活动的其他方）能够主导某一方代表其行动时，被主导方为投资方的实质代理人。

可可：这样的话，在判断控制的时候就得把实质代理人也考虑进来了吧？

汪姐：是的，投资者要把实质代理人的决策权，以及通过实质代理人而间接承担（或享有）的可变回报风险（或权利）一并考虑。

可可：但是怎么确定实质代理人呢？

汪姐：可能有这几种情况（包括但不限于）。

（1）投资方的关联方；

（2）因投资方出资或提供贷款而取得在被投资方中权益的一方；

（3）未经投资方同意，不得出售、转让或抵押其持有的被投资方权益的一方（不包括此项限制系通过投资方和其他非关联方之间自愿协商同意的情形）；

（4）没有投资方的财务支持难以获得资金支持其经营的一方；

（5）被投资方权力机构的多数成员或关键管理人员与投资方权力机构的多数成员或关键管理人员相同；

（6）与投资方具有紧密业务往来的一方，如专业服务的提供者与其中一家重要客户的关系。

可可：总之就是和投资方关系密切或者有某些重要的经济利益受投资方影响，对吧？

汪姐：对。

这样我们就基本把控制三要素讲完了。还记得是哪三个要素吗？

可可：第一，投资方拥有被投资方的权利；第二，因参与被投资方的相关活动而享有可变回报；第三，有能力运用对被投资方的权利影响其回报金额。

没错，下面我们要讲讲纳入合并范围的特殊情况，就是投资方对被投资方的可分割部分进行控制的情况。

1.2.6 特殊情况：是否将被投资方的可分割部分单独纳入合并财务报表

汪姐：《合并财务报表准则》第二十条规定："投资方通常应当对是否控制被投资方整体进行判断。但极个别情况下，有确凿证据表明同时满足下列条件并且符合相关法律法规规定的，投资方应当将被投资方的一部分（可分割部分）视为被投资方可分割的部分（单独主体），进而判断是否控制该部分（单独主体）。

（一）该部分的资产是偿付该部分负债或该部分其他权益的唯一来源，不能用于偿还该部分以外的被投资方的其他负债；

（二）除与该部分相关的各方外，其他方不享有与该部分资产相关的权利，也不享有与该部分资产剩余现金流量相关的权利。"

可可：这意思是不是说，这个"可分割部分"是相对独立的，严格区别于被投资方的其他部分，投资方对它的权利、享有的可变回报，以及运用权利影响其回报的情况都是可以独立评估的？

汪姐：是的，可分割部分的所有资产、负债及相关权益都是和被投资方的其他部分相隔离的，也就是说，可分割部分的资产产生的回报不能由该部分以外的被投资方其他部分使用，负债也不能用该部分以外的被投资方资产偿还。

可可：所以需要单独判断可分割部分的控制情况。

汪姐：对，如果投资方控制该可分割部分，则应将其纳入合并范围。

可可：那其他部分呢？也要单独判断控制情况吗？

汪姐：是呀！其他方在考虑是否控制并合并被投资方时，应仅对被投资方的剩余部分进行评估，不包括可分割的这部分。

1.2.7 不需要编制合并财务报表的情况——投资性主体合并范围的豁免

1. 投资性主体的定义

汪姐：《合并财务报表准则》第二十一条，"母公司应当将其全部子公司（包括母公司所控制的单独主体）纳入合并财务报表的合并范围。如果母公司是投资性主体，则母公司应当仅将为其投资活动提供相关服务的子公司（如有）纳入合并范围并编制合并财务报表；其他子公司不应当予以合并，母公司对其他子公司的投资应当按照公允价值计量且其变动计入当期损益。"

可可：这一条的意思是不是说：投资性主体如果只是为了投资某个公司获取投资收益而没有相关服务，就不需要将被投资公司纳入合并范围，是吧？

汪姐：不错，这种情况下只需要按照公允价值计量并将其变动确认当期损益。

可可：可是什么是投资性主体呢？

汪姐：按照《合并财务报表准则》第二十二条规定，"当母公司同时满足下列条件时，该母公司属于投资性主体：

（一）该公司是以向投资者提供投资管理服务为目的，从一个或多个投资者处获取资金；

（二）该公司的唯一经营目的，是通过资本增值、投资收益或两者兼而有之让投资者获得回报；

（三）该公司按照公允价值对几乎所有投资的业绩进行考量和评价。"

可可：听上去很像我知道的一些投资公司，他们有钱，到处投资，但目的并不是为了经营，只是为了获益。等到一定时机，他们就会连本带利收回投资。

汪姐：你说的这种公司确认很有可能是投资性主体。投资性主体可以是风险投资机构、共同基金、信托公司等，他们向投资者募集资金，为投资者提供投资管理服务，经营目的不是生产或销售某种产品，而是获取资本增值、投资收益或者两者兼而有之。

可可：怎么能看出该公司的经营目的是不是通过资本增值、投资收益或两者兼而有之让投资者获得回报呢？

汪姐：一般可以通过投资性主体的设立目的、投资管理方式、投资期限、投资退出战略等体现出来，具体表现形式可以是通过募集说明书、公司章程或合伙协议及所发布的其他公开信息。例如，一个基金在募集说明书中说明其投资的目的是实现资本增值，一般情况下投资期限较长（因为基金投资后短期内很难拿到较多的收益）、制定了比较清晰的投资退出战略等，这些描述与投资性主体的经营目的是一致的。反之，如果该基金的经营目的是与被投资方合作开发、生产或者销售某种产品，则其不是投资性主体。

可可：就是说，如果与被投资方合作进行产品经营，那它获取回报的方式就不仅仅是资本增值、投资收益或两者兼而有之了，所以不能算是投资性主体了，对吗？

汪姐：是的。

可可：那么，投资性主体获取回报的方式有哪些呢？

汪姐：主要是为投资方或第三方提供投资相关服务，比如投资管理、投资咨询、投资的日常行政管理及支持服务等。也可以是其他服务和支持，比如向被投资方提供管理战略建议服务，或者贷款、担保等财务方面的支持等，只要这些“其他服务和支持”与其获取资本增值或者投资收益的整体目的一致，且这些活动本身并不构成一项单独的重要收入来源时，该主体的经营目的仍然可能符合投资性主体的经营目的。

2. 投资性主体的特征

汪姐：投资性主体通常应当符合下列四个特征。

（1）拥有一个以上投资。投资性主体通常会同时持有多项投资，以分散风险，但也有特殊情况，比如投资性主体刚设立、尚未寻找到多个符合要求的投资项目，或者刚处置了部分投资，尚未进行新的投资，或者正处于清算过程中，这时投资性主体也可能仅持有一项投资。通过直接或间接投资于另一个持有多项投资的投资性主体的，也可能是投资性主体。

（2）有一个以上投资者。投资性主体通常拥有多个投资者，这样能集中更多资金，获取单个投资者可能无法单独获取的投资管理服务和投资机会。

投资者越多，获取除资本增值、投资收益以外的收益的可能性越小。但如果投资性主体在过渡期也可能只有一个投资者。这种情况可能存在于投资性主体刚刚设立、正在积极识别合格投资者，或者原持有的权益已经赎回、正在寻找新的投资者，或者处于清算过程中等。还有一种情况，投资性主体只有一个投资者，其目的是代表或支持一个较大的投资者集合的利益而设立的，比如某企业设立的年金基金。

可可：年金基金是什么？

汪姐：年金基金是为了企业职工的退休福利，它为企业提供投资管理服务，目的是让企业和员工的资金通过资本增值、投资收益或两者兼有而获得回报，它会对几乎所有投资的业绩按公允价值进行计量。所以，它很符合投资性主体的定义，对吧？

可可：哦，明白了。

（3）投资者不是该主体的关联方。

可可：投资者是不是主体的关联方，会有什么影响呢？

汪姐：如果投资者不是主体的关联方，那他们就很可能只能通过资本增值和投资收益来获得回报。但如果是关联方，那就不好说了，也许他们之间还有除了获取资本增值或者投资收益之外的其他投资目的。在这种情况下，就需要更为谨慎的判断和确凿的证据来证明其唯一的经营目的是取得资本增值或投资收益或两者兼有。

可可：可是这也不能说明有关联方就一定有别的目的啊？

汪姐：没错，关联方的存在并不是说主体一定不是投资性主体。例如，某基金的投资方之一可能是该基金的关键管理人员出资设立的企业，其目的是更好地激励基金的关键管理人员，这时，基金就可能确实是投资性主体。

可可：明白了，关联方是我们考虑的一个重要特征，但不是必然特征。

汪姐：是的，再看第四个特征。

（4）该主体的所有者权益以股权或类似权益存在。

一个投资性主体可能是单独的法律实体，也可能不是。但不管形式如何，其所有者权益应该采取股份、合伙权益或者类似权益份额的形式，且净资产按照所有者权益比例份额享有。拥有不同类型的投资者，并且其中一些投资者可能仅对某类或某组特定投资拥有权利，或者不同类型的投资者对净资产享有不同比例的分配权的情况，并不说明该主体不是一个投资性主体。

可可：也就是说，这些是投资性主体的常见特征，但并不是绝对的评判标准。

汪姐：是的，但是当主体不完全具备上述四个特征时，我们就需要审慎评估，判断主体是不是符合投资性主体的定义。

3. 投资性主体和结构化主体的关系

可可：汪姐，学了投资性主体之后，总感觉投资性主体和结构化主体有相似的地方，他们之间有什么联系吗？有没有可能一个主体既是投资性主体又是结构化主体呢？他们的区别主要在哪里？

汪姐：投资性主体和结构化主体是从两个不同的角度定义的。一个主体可能同时是投资性主体和结构化主体。举个例子。

【案例 1-8】甲公司成立了乙资金管理服务机构，用户可以把钱投入乙机构做活期理财、定期理财产品、保险产品、券商产品、基金股票等。乙机构就相当于一个结构化主体，其资金来源是广大散户，甲公司可能出资非常有限，但是甲公司能控制乙机构的运营，是乙机构的实际控制人。用户即使投资金额很大，也并不能控制乙机构。这种情形下，甲公司在编合并财务报表的时候，应该把乙机构合并进来。

假如乙机构把用户投入的资金拿到投资市场上进行股票投资，比如购买风妈集团百分之六十的股份，但是它又不是为了寻求控制风妈集团，仅仅是为了买入股票等涨了再卖出赚取差价，这种情况下，乙机构就相当于一个投资性主体，虽然短期拥有了风妈集团半数以上的股份，但不是为了控制，也不参与风妈集团的经营决策，它的目的就是通过资本增值和投资收益获得回报。如果乙机构需要编制合并财务报表，就不应该把风妈集团纳入合并范围。

可可：哦，所以这个乙机构可能同时是结构化主体和投资性主体。

汪姐：没错，投资性主体和结构化主体不存在互斥关系。投资性主体的定义侧重于投资方角度，关注投资方应对外提供何种财务信息以满足各相关方的决策需要，比如哪些子公司是不需要纳入合并范围的，结构化主体的定义是从被投资方的角度，用于分析投资方对此类主体控制权的特殊问题。

从设立目的看，结构化主体的设立目的可能不仅仅是持有投资，还可能有其他目的。从治理结构看，投资性主体本身的控制权问题也可能是由表决权决定的，因而不一定属于结构化主体。

咱们通过一个表格，就能清楚地看出二者的区别和关系了，见表 1-3。

表 1-3　投资性主体与结构化主体的区别

序号	项目	投资性主体	结构化主体
1	定义侧重点	侧重于投资方角度，关注投资方应对外提供何种财务信息以满足各相关方的决策需要，重点评估子公司是否纳入合并范围	从被投资方的角度，用于分析投资方对此类主体控制权的特殊问题
2	经营目的	通过资本增值、投资收益或两者兼有而获得回报	为特殊目的设立，目的比较单一，如满足客户特定投资需求、从事研究开发、开展租赁业务等
3	权利来源	控制权可能来自表决权，也可能来自其他方面	控制权不来自表决权，而是来自其他合同安排
4	主要特征	（1）拥有一个以上投资； （2）拥有一个以上投资者； （3）投资者不是该主体的关联方； （4）该主体的所有者权益以股权或类似权益存在	（1）业务活动范围受限； （2）有明确的目的，且目的比较单一； （3）股本不足以支撑其业务，甚至没有股本； （4）通过向投资者发行不同等级的证券等金融工具进行融资
5	其他	二者不存在互斥关系。投资性主体可能同时是结构化主体，也可能不是	

可可：明白了！

汪姐：还需要注意一点：如果投资性主体的母公司本身不是投资性主体，则应当将其控制的全部主体，包括那些通过投资性主体所间接控制的主体，纳入合并财务报表范围。

可可：这是什么意思呢？是不是说投资性主体不纳入合并范围的子公司，其母公司却有可能要纳入合并范围呢？

汪姐：是的，咱们举个例子。

【案例 1-9】甲公司是乙公司的母公司。甲公司是非投资性主体，乙公司是投资性主体。乙公司有子公司 A 公司。乙公司投资 A 公司的主要目的是获取资本增值，A 公司不属于为乙公司投资活动提供相关服务的公司。

乙公司编制合并财务报表是，不应将 A 公司纳入合并范围，只需要按照公允价值计量并将其变动确认当期损益。

甲公司本身不是投资性主体，作为投资性主体的母公司，应该将其控制的全部主体，包括投资性主体及通过投资性主体间接控制的主体纳入合并财务报表范围。甲公司可以通过乙公司间接控制 A 公司，因此应将 A 公司纳入合并范围。

4. 因投资性主体转换引起的合并范围的变化

汪姐：投资性主体可能变为非投资性主体，非投资性主体也可能转为投资性主体，这时候合并范围就会发生变化。

可可：这个好理解，投资性主体投资的公司对于不提供相关服务的子公司是不需要纳入合并范围的，一旦它变成非投资性主体，那么这些子公司就需要纳入合并了。

汪姐：是的，反之亦然。

按照《合并财务会计准则》第二十五条规定，“当母公司由非投资性主体转变为投资性主体时，除仅将为其投资活动提供相关服务的子公司纳入合并财务报表范围编制合并财务报表外，企业自转变日起对其他子公司不应予以合并……”其会计处理参照部分处置子公司股权但不丧失控制权的处理原则。终止确认其他子公司相关资产（包括商誉）及负债的账面价值，以及其他子公司相关少数股东权益（包括属于少数股东的其他综合收益）的账面价值，并按照对该子公司的投资在转变日的公允价值确认一项以公允价值计量且其变动计入当期损益的金融资产，同时将对该子公司的投资在转变日的公允价值作为处置价款，其与当日合并财务报表中该子公司净资产（资产、负债及相关商誉之和，扣除少数股东权益）的账面价值之间的差额，调整资本公积，资本公积不足冲减的，调整留存收益。

当母公司由投资性主体转变为非投资性主体时，应将原未纳入合并财务报表范围的子公司于转变日纳入合并财务报表范围，将转变日视为购买日，原未纳入合并财务报表范围的子公司于转变日的公允价值视为购买的交易对价，按照非同一控制下企业合并的会计处理方法进行会计处理。

1.2.8 控制的持续评估

汪姐：咱们前面学了确定合并范围主要看控制，而控制的判断包含三要素：投资方拥有被投资方的权利、因参与被投资方的相关活动而享有可变回报和有能力运用被投资方的权利影响其回报金额。这三个条件缺一不可。还记得吧？

可可调皮道：你这一说就记得了，哈哈。

汪姐也笑了：那么这三个要素从时间上看有可能是变化的，控制的情况也会随着情况的不同可能有变化。

可可：明白，如果要素变了，那就得重新评估对被投资方是否具有控制。

汪姐：嗯，所以当环境或情况发生变化时，投资方需要评估控制的两个基本要素中的一个或多个是否发生了变化。比如决策机制的变化、相关活动变化、享有可变回报的风险变化等。

有时候可能投资方本身没有变化，但是其他方拥有的权利变了，也可能使投资方的权利发生变化。

本章小结

汪姐：今天咱们就先学这些知识。咱们画个图总结一下，如图 1-3 所示。

可可：太好了！

汪姐：后面每学完一段，咱们都这样回顾一下，这样就能记得牢了。

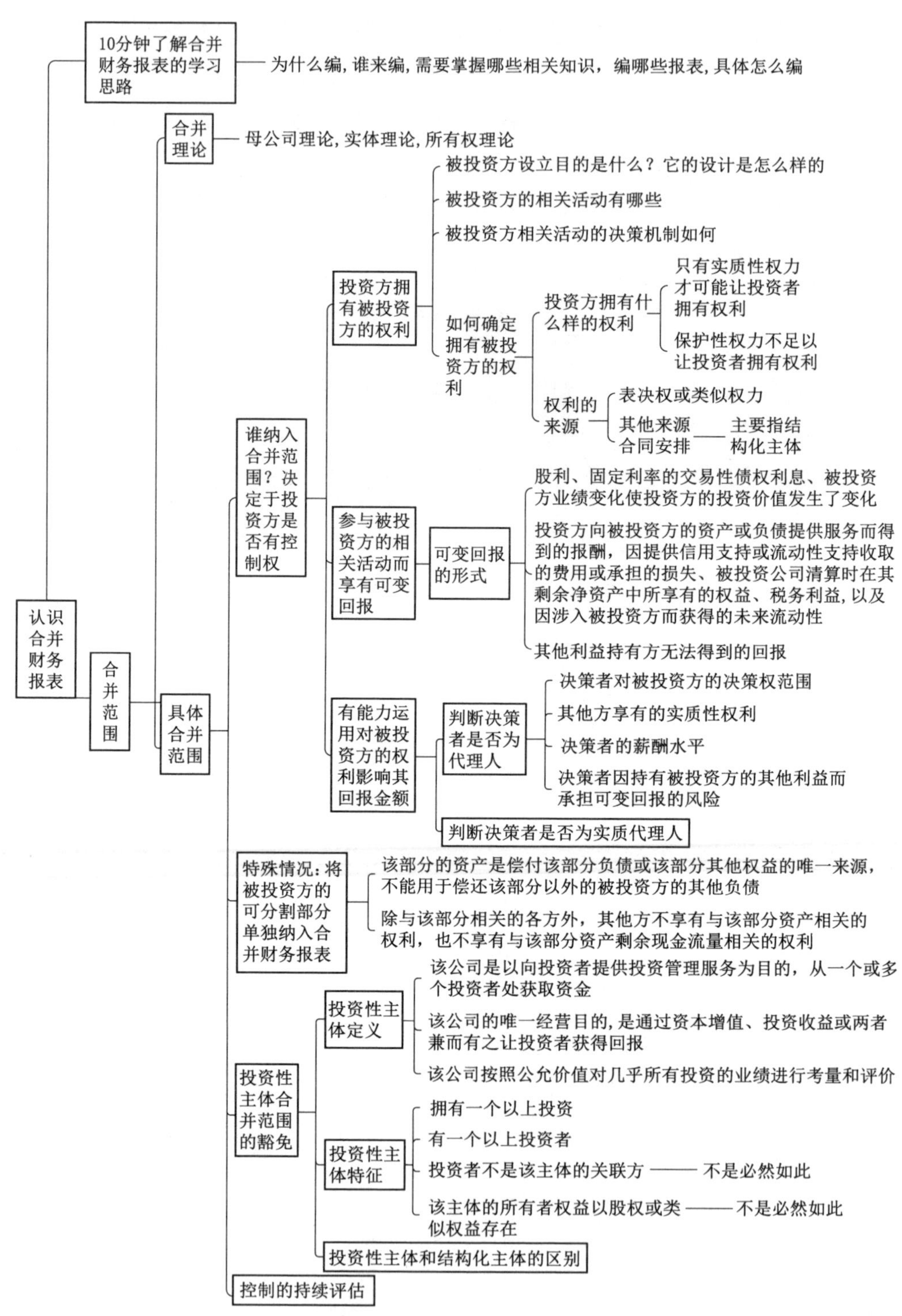

认识合并财务报表
10分钟了解合并财务报表的学习思路
为什么编，谁来编，需要掌握哪些相关知识，编哪些报表，具体怎么编
合并范围
合并理论
母公司理论，实体理论，所有权理论
具体合并范围
谁纳入合并范围？决定于投资方是否有控制权
投资方拥有被投资方的权利
被投资方设立目的是什么？它的设计是怎么样的
被投资方的相关活动有哪些
被投资方相关活动的决策机制如何
如何确定拥有被投资方的权利
投资方拥有什么样的权利
只有实质性权力才可能让投资者拥有权利
保护性权力不足以让投资者拥有权利
权利的来源
表决权或类似权力
其他来源合同安排
主要指结构化主体
参与被投资方的相关活动而享有可变回报
可变回报的形式
股利、固定利率的交易性债权利息、被投资方业绩变化使投资方的投资价值发生了变化
投资方向被投资方的资产或负债提供服务而得到的报酬，因提供信用支持或流动性支持收取的费用或承担的损失、被投资公司清算时在其剩余净资产中所享有的权益、税务利益，以及因涉入被投资方而获得的未来流动性
其他利益持有方无法得到的回报
有能力运用对被投资方的权利影响其回报金额
判断决策者是否为代理人
决策者对被投资方的决策权范围
其他方享有的实质性权利
决策者的薪酬水平
决策者因持有被投资方的其他利益而承担可变回报的风险
判断决策者是否为实质代理人
特殊情况：将被投资方的可分割部分单独纳入合并财务报表
该部分的资产是偿付该部分负债或该部分其他权益的唯一来源，不能用于偿还该部分以外的被投资方的其他负债
除与该部分相关的各方外，其他方不享有与该部分资产相关的权利，也不享有与该部分资产剩余现金流量相关的权利
投资性主体合并范围的豁免
投资性主体定义
该公司是以向投资者提供投资管理服务为目的，从一个或多个投资者处获取资金
该公司的唯一经营目的，是通过资本增值、投资收益或两者兼而有之让投资者获得回报
该公司按照公允价值对几乎所有投资的业绩进行考量和评价
投资性主体特征
拥有一个以上投资
有一个以上投资者
投资者不是该主体的关联方
不是必然如此
该主体的所有者权益以股权或类似权益存在
不是必然如此
投资性主体和结构化主体的区别
控制的持续评估

图 1-3　小结思维导图

第 2 章 搞清与合并财务报表密切相关的两个关系

了解了为什么编制合并财务报表、谁来编及把谁纳入合并财务报表范围，接下来我们需要把握两个和合并财务报表密切相关的事项，一个是企业合并，一个是长期股权投资。没有长期股权投资，就用不着编制合并财务报表，而企业合并中的控股合并会带来编制合并财务报表的问题。

那么，这三者之间的关系到底是怎样的呢?

2.1 一张表看懂企业合并、股权投资和合并财务报表关系

第二天，可可早早地来到办公室，把昨天学的知识复习了一遍，又把合并财务报表的学习思路捋了一下。为什么编制合并财务报表→谁编制合并财务报表→编制的重要前提和相关知识有哪些→编制哪些合并财务报表→具体怎么编制→实际操作如何做。

已经学了为什么编制、谁来编制、谁纳入合并财务报表的问题，接下来应该会继续学习与合并财务报表相关的知识吧?

正想到这儿，汪姐来了。

两人寒暄了几句，就开始了今天的学习。

汪姐：怎么样？还能跟上吗？

可可：没问题！

汪姐：好的，今天说说与合并财务报表密切相关的两个事项，企业合并和长期股权投资。

这两件事与合并财务报表密切相关，编制合并财务报表是长期股权投资带来的结果，在很多时候也是企业合并的结果。如果不把这两件事及其与合并财务报表的关系说明清楚，会给我们后续学习造成很多困扰。尤其是长期股权投资，会频繁出现在后续学习中，与合并财务报表可以说是如影随形。所以我们先把这两件事搞清楚，对后续学习编制合并财务报表时会很有帮助。

可可：拨云才能见日，这两件事就是那“云”，合并财务报表就是那“日”，对吗？

汪姐：没错。

汪姐：先用一张图帮助我们更好地了解合并财务报表与企业合并及股权投资的关系，如图 2-1 所示。

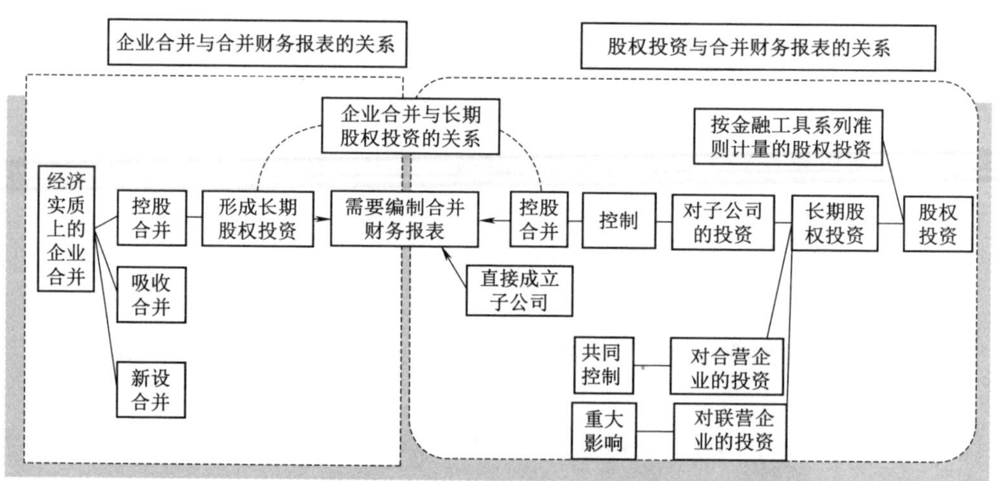

图 2-1　企业合并、股权投资与合并财务报表的关系

注：(1) 企业合并只有控股合并会形成长期股权投资，需要编制合并财务报表；

(2) 股权投资只有长期股权投资中对子公司投资形成了控制才需要编制合并财务报表；

(3) 对子公司的投资常常是通过控股合并完成的，但并不是只有控股合并这一种方式，还有可能是通过直接成立子公司来实现。

图 2-1 的左边是企业合并与合并财务报表的关系。我们可以看到，企业合并分为控股合并、吸收合并和新设合并。吸收合并是被合并方并入合并方，被合并方注销法人资格。新设合并是合并各方在合并后都注销法人资格，重新注册成立一家新企业。所以这两种合并都只剩下一家企业，也不存在编制合并财务报表的问题。

控股合并是合并方取得被合并方的控制权，被合并方在合并后仍维持其独立法人资格继续经营。这时候，就会产生合并方对被合并方的长期股权投资，并需要编制合并财务报表。

图的右边是股权投资与合并财务报表的关系。股权投资按照对被投资方施加影响的程度分为对子公司的投资（控制）、对合营企业的投资（共同控制）、对联营企业的投资（重大影响），以及按金融工具系列准则计量的股权投资。对子公司的投资、对合营企业的投资和对联营企业的投资都属于长期股权投资，除了这三种之外的股权投资就是按金融工具系列准则计量的股权投资。当合并方取得被合并方的控制权时，长期股权投资就是对子公司的投资，这时候就需要编制合并财务报表。

可可：那么，长期股权投资中对子公司投资就是企业合并中控股合并形成的结果吗？

汪姐：控股合并会带来对子公司的投资，控制很多时候是通过企业合并完成的，但有时候也可以通过直接成立子公司来完成。

可可：这个，还有点绕儿。

汪姐：就是说，控股合并会形成长期股权投资，需要编制合并财务报表，但是长期股权投资不一定是通过控股合并才能取得控制权，也有可能直接成立子公司，这时候也需要编制合并财务报表。

可可：您让我捋一捋。也就是说，长期股权投资如果取得了控制权，就成了对子公司的投资，而对子公司投资的方式有两种：一种是直接成立子公司，另一种是控股合并。无论是直接成立子公司还是控股合并，都需要编制合并财务报表。是这个意思吧？

汪姐：总结得很到位！这么说你对这三者的关系已经很清楚了是吧？

可可：清楚了。

汪姐：嗯，那咱们详细学习一下企业合并和长期股权投资。学的时候你可以随时对照这张图，这样会更清晰。

可可：好的。

2.2 企业合并与合并财务报表

用一张图简单了解了企业合并、股权投资和合并财务报表的关系后，我们再具体学习一下企业合并与合并财务报表相关的一些事项，包括它的概念、界定、分类等。

2.2.1 什么是企业合并

汪姐：根据《企业会计准则第 20 号——企业合并》的定义，“企业合并是指将两个或者两个以上单独的企业合并形成一个报告主体的交易或事项。”

从会计角度，要确定交易是否构成企业合并，要满足两个条件：一是看被购买方是不是构成业务；二是交易发生前后是否涉及对标的业务控制权的转移。

可可：这两点是什么意思呢？

汪姐：咱们一个个说。

1. 被购买方是否构成业务

汪姐：先说构成“业务”是什么意思。业务是指企业内部某些生产经营活动或资产负债的组合，该组合具有投入、加工处理过程和产出能力，能够独立计算其成本费用或所产生的收入等，目的在于为投资者提供股利、降低成本或带来其他经济利益。

所以，通常构成业务的三要素是：

(1) 投入，指原材料、人工、必要的生产技术等无形资产，以及构成产出能力的机器设备等其他长期资产的投入；

(2) 加工处理过程，指具有一定的管理能力、运营过程，能够组织投入形成产出能力的系统、标准、协议、惯例或规则；

(3) 产出，包括为客户提供的产品或服务，为投资者或债权人提供的股利或利息等投资收益，以及企业日常活动产生的其他收益。

可可：是不是可以这么理解，如果一个公司购买另一个公司，也就是产生了合并，被购买的公司一般都是会进行生产经营，所以会有投入、加工处理过程和产出，但是也有可能被购买的公司已经不生产、也就没有投入、加工处理和产出了，那这时候被购买方就不构成业务。是这样吗？

汪姐：有这种可能。

可可：那既然被购买方都没收入、不生产了，购买方还买它干啥呢？

汪姐：有可能被购买方的资产还有用，购买方买下它就是为了获得它的某项资产，这时候就可能不构成业务啊。

可可：就是说，构成业务应该有投入、加工处理过程和产出。

汪姐：通常会有这三个要素。也有可能出现没有产出但也可能构成业务的情况。这种情况下，必须有投入并且有实质性的加工过程，且二者相结合对产出能力有显著贡献。

可可：怎么知道加工处理过程是不是实质性的呢？

汪姐：判断是不是满足实质性加工过程的条件，要区分有产出和无产出两种情况：

（1）如果没有产出，需要同时满足两个条件：第一，该加工处理过程对投入转化为产出至关重要；第二，具备执行该过程所需技能、知识或经验的有组织的员工，且具备必要的材料、权利、其他经济资源等投入，例如技术、研究和开发项目、房地产或矿区权益等。

（2）如果有产出，满足下列条件之一的加工处理过程应判断为是实质性的：第一，该加工处理过程对持续产出至关重要，且具备执行该过程所需技能、知识或经验的有组织的员工；第二，该加工处理过程对产出能力有显著贡献，且该过程是独有、稀缺或难以取代的。

在判断是否构成业务时，需要从市场参与者角度考虑是否可以将其作为业务进行管理和经营，而不是根据合并方的管理意图或被合并方的经营历史来判断。

可可：市场参与者指的是谁呢？

汪姐：市场参与者就是如果在某项资产的主要或最有利市场中有能力且自愿进行该资产交易的、独立且熟悉情况的买方和卖方。

可可：也就是说，这种判断要从市场行为的角度来考虑，而不是只看实际买方和卖方的情况，对吧？

汪姐：正是如此。

可可：也就是说，一家公司购买另一家公司，如果想要从会计上判断是不是构成企业合并，一个重要的条件就是判断被购买的公司是不是构成业务。一家构成业务的公司，它需要为投资者提供股利、降低成本或带来其他经济利益，所以往往是有投入、加工处理过程和产出的，即便没有产出，也必须有投入和实质性的加工处理过程。是这样吗？

汪姐：是的。

可可：我觉得构成业务的条件还是挺抽象的，不太好理解。

汪姐：有一个简单的判断方法，你想不想听？

可可：当然想了！

汪姐：对于非同一控制下企业合并中取得的组合是否构成业务，可以选择一种简化的判断方式，就是采用集中度测试。

在进行集中度测试时，如果购买方取得总资产的公允价值几乎相当于其中某一单独可辨认资产或一组类似可辨认资产的公允价值的，则该组合通过集中度测试，应判断为不构成业务，且购买方无须按照上述构成业务的判断条件进行判断。

可可：哦，我知道了！比如你购买一家公司，他的一个固定资产公允价值 1 000 万元，它的总资产公允价值 1 050 万元，价值差不多，就说明这个公司的总资产基本上集中在这项 1 000 万元的固定资产上了，所以集中度测试就通过了。

这就是您说的，形式上是购买这家公司，实质上就是买它的这项固定资产。所以这种就不构成业务。

汪姐：是的，不过这种测试只适合非同一控制下的企业合并。

可可：那这个集中度测试是不是得有测试方法呀？

汪姐：是的，先计算出被购买方的总资产公允价值是多少，再看看某一单独可辨认资产或一组类似可辨认资产的公允价值是多少，然后对两者进行比较。

（1）计算确定取得的总资产的公允价值，有两种计算公式。

公式一：

总资产的公允价值＝合并中取得的非现金资产的公允价值＋（购买方支付的对价＋购买日被购买方少数股东权益的公允价值＋购买日前持有被购买方权益的公允价值－合并中所取得的被购买方可辨认净资产的公允价值）－递延所得税资产－由递延所得税负债影响形成的商誉

公式二：

总资产的公允价值＝购买方支付的对价＋购买日被购买方少数股东权益的公允价值＋购买日前持有被购买方权益的公允价值＋取得负债的公允价值（不包括递延所得税负债）－取得的现金及现金等价物－递延所得税资产－由递延所得税负债影响形成的商誉

（2）关于单独可辨认资产。

单独可辨认资产是企业合并中作为一项单独可辨认资产予以确认和计量的资产或资产组。如果资产（包括租赁资产）及其附着物分拆成本过大，应当将其一并作为一项单独可辨认资产，例如土地和建筑物。

（3）关于一组类似资产。

企业在评估一组类似资产时，应当考虑其中每项单独可辨认资产的性质及其与管理产出相关的风险等。下列情形通常不能作为一组类似资产：

①有形资产和无形资产；

②不同类别的有形资产，例如存货和机器设备；

③不同类别的可辨认无形资产，例如商标权和特许权；

④金融资产和非金融资产；

⑤不同类别的金融资产，例如应收款项和权益工具投资；

⑥同一类别但风险特征存在重大差别的可辨认资产等。

可可：总资产公允价值的计算方法背后的逻辑是什么呢？

汪姐：先看公式一“购买方支付的对价＋购买日被购买方少数股东权益的公允价值＋购买日前持有被购买方权益的公允价值－合并中所取得的被购买方可辨认净资产的公允价值”这部分相当于在计算商誉。所以公式一背后的逻辑就是：被购买方的非现金资产加上商誉，再扣除按规定不包含的资产（递延所得税资产和由递延所得税资产形成的商誉），就是被购买方总资产的公允价值。

再看公式二：

商誉＝支付总对价－可辨认净资产

因此，在不考虑少数股东权益和已持有被购买方权益的情况下：

总资产的公允价值＝总资产账面价值＋商誉－按规定不包含的资产（现金及现金等价物、递延所得税等）

＝总资产账面价值＋（支付总对价－可辨认净资产）－

按规定不包含的资产（现金及现金等价物、递延所得税等）

总资产账面价值＝负债＋可辨认净资产

因此，总资产的公允价值＝(负债＋可辨认净资产）＋（支付总对价－可辨认净资产）－按规定不包含的资产（现金及现金等价物、递延所得税等）

＝支付总对价＋负债－按规定不包含的资产（现金及现金等价物、递延所得税等）

然后再把少数股东权益和已持有被购买方权益考虑进去，就变成了完整的方法二的计算公式：

总资产的公允价值＝购买方支付的对价＋购买日被购买方少数股东权益的公允价值＋购买日前持有被购买方权益的公允价值＋取得负债的公允价值（不包括递延所得税负债）－取得的现金及现金等价物－递延所得税资产－由递延所得税负债影响形成的商誉。

可可恍然大悟：哦，原来是这样。

汪姐：嗯，我们判断合并是不是构成业务，是因为会计上分别会有相应的处理原则。如果不构成业务，应该按购买资产的原则进行合并处理。如果构成业务，则需要按企业合并进行会计处理。

(1）不构成业务的会计处理原则——按购买资产处理。

如果被购买方不构成业务，也就不需要按照企业合并准则进行处理。此时应识别并确认所取得的单独可辨认资产及承担的负债，并将购买成本基于购买日所取得各项可辨认资产、负债的相对公允价值，在各单独可辨认资产和负债间进行分配。交易费用作为转让对价的一部分，并根据使用的准则资本化为所购买资产成本的一部分。

(2）构成业务的会计处理原则——按企业合并处理。

如果被购买方构成业务，就应该作为企业合并处理，按照企业合并准则的有关规定进行处理。交易费用应被费用化。

2. 交易发生前后是否涉及对标的业务控制权转移的判断

汪姐：确定交易是否构成企业合并的第二个条件是交易发生前后是否涉及对标业务控制权的转移。

可可：这个我懂呀。意思就是说交易发生后购买方和被购买方产生了控制关系，购买方能够控制被购买方，被购买方变成了购买方的子公司。是这样吧？

汪姐：这可不准确。你说的是控股合并的情况。还有吸收合并和新设合并呢！这两种情况下就不存在母子公司，但是控制权也发生了转移呀。

可可：哦，是我疏忽了。

汪姐：没关系，学习本来就是不断犯错的过程嘛。咱们继续哈，如果交易发生后，投资方拥有了对被投资方的权利，通过参与被投资方的相关活动享有可变回报，且有能力运用对被投资方的权利影响其回报金额，就形成了控股合并。此时控制权发生了变化，转移到了投资方，投资方与被投资方成为母子公司的关系，子公司需要纳入母公司合并财务报表的范围中，从合并财务报告角度形成报告主体的变化。

如果交易发生后形成了吸收合并或新设合并，这时候控制权会转移到吸收企业或新设企业，被投资方失去法人资格。

2.2.2 为什么要合并

可可：汪姐，为什么企业要进行合并呢？合并的目的是为了扩大规模，占领市场吗？

汪姐：这确实是一个原因。总的来说，企业合并是为了创造协同优势，提高竞争力，从而达到企业价值最大化。

可可：协同优势是什么意思？

汪姐：简单说就是1＋1＞2。比如风妈集团是做风电的，假设我们在新疆地区有分公司，另一个新疆的风电公司A公司也主营风力发电。但是风力资源有限，两家效益都不理想。于是我们两家合并，之后可以省去很多成本，合并后的利润比原来两家的利润之和还要多。这就实现了协同。

可可：哦，明白了。

汪姐：这种协同主要体现在以下几个方面。

(1) 扩大规模，实现增长。尤其是通过合并更便捷地进入一个新的地区性市场，创造协同优势。

(2) 产生规模效应。合并后的企业通过资源有机结合产生了1＋1＞2的效应，包括管理协同、经营协同、降低成本、减少税收，等等。

（3）消除竞争对手，增加市场份额，拥有市场更多的话语权。有时候也是防止被大企业吞并，采用先下手为强的方法通过吸收合并并购其他企业，或者通过与其他公司的创立合并来组建更大的企业，达到保护自己、保存竞争优势的目的。

（4）确保原料或者其他供应的稳定性。比如现在很多网购平台收购快递公司，以保障商品运送安全快捷。

（5）分散经营风险。也就是我们常说的多元化，不把鸡蛋放在同一个篮子里。

2.2.3 企业合并的类型

1. 按合并方式划分企业合并的类型

企业合并按合并方式划分，包括控股合并、吸收合并和新设合并。

可可：这个您刚才说过，吸收合并和新设合并后都只有一个主体，只有控股合并后还有两个主体，所以只有控股合并需要编制合并财务报表，对吧？

汪姐：对。那咱们具体说说这三种类型的合并。

（1）控股合并。

控股合并是合并方（或购买方，下同）通过企业合并交易或事项取得对被合并方（或被购买方，下同）的控制权，企业合并后能够通过所取得的股权等主导被合并方的生产经营决策，并可以从被合并方的生产经营活动中获益，被合并方在企业合并后仍维持其独立法人资格继续经营。

可可：所以说控股合并的关键是：合并方取得对被合并方的控制权，被合并方成为维持其法人资格的子公司，纳入合并方合并财务报表的编制范围。对吧？

汪姐：没错，控股合并后，合并方也就是母公司需要编制合并财务报表。

（2）吸收合并。

吸收合并是合并方在企业合并中取得被合并方的全部净资产，并将有关资产、负债并入合并方自身生产经营活动中。企业合并完成后，注销被合并方的法人资格，由合并方持有合并中取得的被合并方的资产、负债，在新的基础上继续经营。

可可：我理解吧，吸收合并顾名思义，就是一个企业被另一个企业吸收了，所以两个变一个。

汪姐：可以这么理解。吸收合并从合并方的角度需要解决的问题是，在合并日（或购买日）取得的被合并方有关资产、负债入账价值的确定，以及为了进行企业合并支付的对价与所取得被合并方资产、负债的入账价值之间差额的处理。

吸收合并后，合并方应将合并中取得的资产、负债作为本企业的资产、负债核算。

（3）新设合并。

新设合并是参与合并的各方在企业合并后法人资格均被注销，重新注册成立一家新的企业，由新注册成立的企业持有参与合并各企业的资产、负债，在新的基础上经营。

可可：这个也可以从名字看出来，“新设”嘛，以前的两个企业都不存在了，变成一个新的企业了，对吧？

汪姐：对，新设合并中，各参与合并企业投入到新设企业的资产、负债价值以及相关构成新设企业的资本等，一般应按照有关法律法规及各参与合并方的合同、协议执行。

2. 按不同控制情形划分企业合并的类型

汪姐：《企业会计准则第 20 号——企业合并》中将企业合并按照一定的标准划分为两大基本类型：同一控制下的企业合并与非同一控制下的企业合并。企业合并的类型划分不同，所遵循的会计处理原则也不同。

（1）同一控制下的企业合并。

可可：同一控制下企业合并和非同一控制下的企业合并是什么意思？

汪姐：同一控制下的企业合并是说企业合并前后，合并方、被合并方均在相同的最终控制方控制下。而非同一控制下的企业合并与同一控制下的企业合并相对，其本质就是市场化购买。

要注意，同一控制下的企业合并，是指参与合并的企业在合并前后均受同一方或相同的多方最终控制且该控制并非暂时性的。这包含两个核心要素：一是合并方与被合并方在合并前后受同一方或相同的多方最终控制；二是该最终控制并非暂时性的（通常指一年以上）。

同一控制下的企业合并一般发生于集团内部，比如集团内母子公司之间，子公司与子公司之间等。

比如风妈集团下有风一公司和风二公司两个子公司，风一公司购买了风二公司60%的股份并且取得了风二公司的控制权，也就是说，风一公司和风二公司发生了控股合并，合并前后风一公司和风二公司都受风妈集团最终控制，并且风妈集团这种最终控制在一年以上。这种情况下，就是同一控制下的企业合并。

（2）非同一控制下的企业合并。

汪姐：如果控股合并不属于同一控制下的企业合并，那就是非同一控制下的企业合并。或者说，非同一控制下的企业合并是指参与合并各方在合并前后不受同一方或相同的多方最终控制的合并交易。

比如风妈集团从外部购买风某公司60%的股份并且取得了风某公司的控制权，在此之前，风妈集团与风某公司不存在任何关联关系。这种情况下，就是非同一控制下的企业合并。

可可：哦，合并前后都非暂时性的最终受控于同一方或相同的多方，就是同一控制下的企业合并，合并各方在合并前后不受同一方或相同的多方最终控制，就是非同一控制下的企业合并。

汪姐：还要注意按照实质重于形式的原则进行判断。比如，国有企业同受国家控制，那么是不是所有的国有企业发生合并都应该作为同一控制下的企业合并呢？

可可：这个不应该吧？就像风妈集团也是国有企业，其他的国有企业比如铁路集团、航空集团，都是有自己体系的，和风妈集团肯定不算同一控制下了。

汪姐：没错，所以根据实质重于形式的原则，不应仅仅因为参与合并各方在合并前后均受国家控制而将其作为同一控制下的企业合并，而是要具体分析这些企业之间的关系再做判断。

2.3 长期股权投资与合并财务报表

长期股权投资知识对合并财务报表的学习至关重要。长期股权投资是编制合并财务报表的基础和前提条件，母公司长期股权投资与子公司所有者权益合并抵销更是合并财务报表学习中的重点和难点。本节我们具体学习长期股权投资的相关知识，包括它的概念、分类、会计处理等。

2.3.1 什么是长期股权投资

汪姐：根据《企业会计准则第2号——长期股权投资》（以下简称长期股权投资准则），长期股权投资是指投资方对被投资单位实施控制、重大影响的权益性投资，以及对其合营企业的权益性投资。

可可：这个我好像学过呢。谈到控制，对应的就是对子公司的投资。谈到重大影响，对应的是联营。谈到共同控制，对应的则是合营了。

汪姐：没错，还有一种权益性投资，它既不是控制，也不是重大影响，也不是共同控制。

可可：那是什么呀？

汪姐：这类投资连重大影响都谈不上，一般持股比例比较小，对被投资方产生的影响也不大，投资按照金融工具系列准则进行核算。

可可：那就不属于长期股权投资了。

汪姐：对，这种按金融工具系列准则计量的股权投资不是今天学习的重点，咱们主要说说与合并财务报表关系密切的长期股权投资，包括对子公司投资、联营企业投资和合营企业投资。

1. 对子公司投资

对子公司投资就是投资方持有的能够对被投资方施加控制的投资。对子公司投资的途径有两种：一种是通过股权合并达到控制；另一种是直接成立子公司。

2. 对联营企业投资

对联营企业投资就是投资方能够对被投资方施加重大影响的股权投资。

可可：具体怎样才算“重大影响”呢？是不是有一定的决策权，但是达不到控制或共同控制的水平？

汪姐：是的，重大影响是指投资方的财务和经营决策有参与决策的权力，但并不能控制或与其他方一起共同控制这些政策的制定。其实对于投资方，只要能够参与被投资方的生产经营决策，就算是“重大影响”，不需要特别纠结于影响的重大程度到底如何。

可可：我好像听过持股在20%～50%就是重大影响的说法，这种说法准确吗？

汪姐：不准确，但确实代表了绝大多数情况。从持股比例来看，投资方直接或通过子公司间接持有被投资单位20%以上但低于50%的表决权时，一般认为对被资单位具有重大影响，除非有明确的证据表明该种情况下不能参与被投资单位生产经营决策，不形成重大影响。在实务中，较常见的重大影响是在被投资单位的董事会或类似权力机构中派有代表，通过在投资单位财务和经营决策制定过程中的发言权实施重大影响。

判断的关键是分析投资方是否有实质性的参与权而不是决定权。

可可：如果是控制的话，就需要有决定权吧？

汪姐：可不是嘛，“控制”关注的是决定权，重大影响则关注的是参与权。一旦参与权变成决定权，就成控制了。

下面这一种或几种情形可以用来帮助我们判断是否对被投资单位具有重大影响：

（1）在被投资单位的董事会或类似权力机构中派有代表；

（2）参与被投资单位财务和经营政策制定过程；

（3）与被投资单位之间发生重要交易；

（4）向被投资单位派出管理人员；

（5）向被投资单位提供关键技术资料。

但是上述一种或多种情形并不意味着投资方一定对被投资单位具有重大影响，企业需要综合考虑所有事实和情况来做出恰当的判断。

3. 对合营企业的投资

可可：对合营企业的投资，听名字就知道，应该就是大家合作，一起经营，共同决定的意思吧？

汪姐：是的，对合营企业的投资就是投资方持有的对构成合营企业的合营安排的投资。这里有两个关键词，“合营安排”和“合营企业”，首先要有合营安排，然后这个合营安排要构成合营企业，才能判定为对合营企业的投资。

可可：什么是合营安排呢？

汪姐：根据《企业会计准则第40号——合营安排》，合营安排，是指一项由两个或两个以上的参与方共同控制的安排。其中共同控制是指按照相关约定对某项安排所共有的控制，并且该安排的相关活动必须经过分享控制权的参与方一致同意后才能决策。

可可：反正就是谁都不能单独做决策，必须一起商量着来呗。

汪姐：对。

可可：合营安排和合营企业有什么区别呢?

汪姐：合营安排是合营企业的必要条件，但是合营安排并不一定就是合营企业，也可能是共同经营。

可可：那共同经营和合营企业又有什么区别呢?

汪姐：共同经营是指合营方享有该安排相关资产且承担该安排相关负债的合营安排。而合营企业，是指合营方仅对该安排的净资产享有权利的合营安排。

可可：不懂。

汪姐：举个例子。甲乙二人合营，甲出价值100万元的场地，乙出经营用具，合作经营一个饭店，饭店的经营决策必须由二人共同决定。甲享有自己出的场地，乙享有自己出的各种经营用具，发生的费用和收益均按6∶4进行分配。这种合营安排就属于共同经营。

还是刚才这个例子，如果该饭店是独立注册的企业，甲乙不再各自享有自己的财产，而是饭店作为一个单独的实体进行经营，甲乙只对饭店的净资产享有权利，而不直接对场地和各种用具拥有权利，则该合营安排是合营企业。

可可：哦，我知道了。如果是共同经营，那么你的资产负债还是你的，我的资产负债还是我的，只不过我们一起搭伙做生意。如果是合营企业，那就没有你和我的资产负债之分了，都是合营企业的，大家只能共享合营企业的净资产。

汪姐：正是如此。

2.3.2 长期股权投资的初始成本计量

汪姐：学习长期股权投资的会计处理有助于理解编制合并财务报表时对母公司长期股权投资和子公司所有者权益的抵销处理。今天咱们就用一张表来搞清楚长期股权投资不同情况下的会计处理，见表2-1。

表 2-1　长期股权投资的会计处理

事项	具体业务类型	对子公司长期股权投资		对联营企业、合营企业的投资
		同一控制下控股合并形成的对子公司长期股权投资	非同一控制下控股合并形成的对子公司长期股权投资	
初始计量	1. 初始投资成本	初始投资成本；按被合并方所有者权益在最终控制方合并财务报表中的账面价值的份额确定	初始投资成本；按投资方合并对价的公允价值确认	初始投资成本；按照实际支付对价作为初始投资成本，包括与取得长期股权投资直接相关的费用、税金及其他必要支出
		初始投资成本与支付对价的差额；支付对价以账面价值计量，差额调整资本公积，不足冲减的，调整留存收益	初始投资成本与被投资方可辨认净资产公允价值份额的差额；购买方个别财务报表不需确认，合并财务报表中列为商誉（正值）或当期损益（负值）	初始投资成本的调整；初始投资成本大于取得投资时应享有被投资单位可辨认净资产公允价值份额的，不做调整；初始投资成本小于取得投资时应享有被投资单位可辨认净资产公允价值份额的，计入投资当期的营业业务收入，同时调增长期股权投资账面价值
		多次分步合并的会计处理；初始投资成本与一次性合并的确认原则一致，差额调整资本公职，不足冲减的，调整留存收益	多次分步合并的会计处理；原长期股权投资加上购买日新增投资成本	
	2. 合并支付宣布未发放股利	确认为应收项目，不构成取得长期股权投资的初始成本		
	3. 相关费用	（1）中介费用（审计、法律服务、评估咨询等）及相关管理费用计入当期损益（管理费用）	（1）中介费用（审计、法律服务、评估咨询等）及相关管理费用计入当期损益（管理费用）	（1）与长期股权投资直接相关的费用、税金及其他必要支出记入初始投资成本
		（2）发行权益性工具的直接相关交易费用，冲减资本公积，不足冲减时调整留存收益	（2）发行权益性工具的交易费用，计入权益性工具的初始确认金额	（2）为发行权益性证券支付给有关证券乘销机构等的手续费、佣金等与权益性证券发行直接相关的费用，不构成长期股权投资成本，从权益性证券的溢价发行收入扣除；不足冲减的，应冲减盈余公积和未分配利润

续表

事项	具体业务类型	对子公司长期股权投资		对联营企业、合营企业的投资
		同一控制下控股合并形成的对子公司长期股权投资	非同一控制下控股合并形成的对子公司长期股权投资	
后续计量		采用成本法进行后续计量	采用成本法进行后续计量	（1）采用权益法进行后续计量 （2）投资方与联营企业及合营企业之间发生的未实现内部交易损益，按照应享有的比例计算归属于投资方的部分，应当予以抵消，在此基础上确认投资损益
转换与处置	全部处置	相应结转与所售股权相对应的长期股权投资账面价值，与所得价款的差额确认投资收益		
	部分处置	1. 相应结转与所售股权相对应的长期股权投资账面价值，与所得价款的差额确认投资损益 2. 剩余投资如转为重大影响或共同控制的，按权益法进行追溯调整，剩余投资如不再能实施控制，且不具有共同控制和最大影响的，转为公允价值计量的金融资产	1. 相应结转与所售股权相对应的长期股权投资账面价值，与所得价款的差额确认投资损益 2. 剩余投资如转为重大影响或共同控制的，按权益法进行追溯调整，剩余投资如不再能实施控制，且不具有共同控制和最大影响的，转为公允价值计量的金融资产	1. 相应结转与所售股权相对应的长期股权投资账面价值，与所得价款的差额确认投资收益 2. 剩余投资如不再具有共同控制和最大影响的，转为公允价值计量的金融资产

可可：好啊好啊。

汪姐：从表 2-1 我们可以看到，长期股权投资的会计核算分为很多种情况。从时间上看，分为初始投资、后续计量和处置三种情况，从对子公司的影响程度来看，分为对子公司长期股权投资和对联营企业、合营企业的投资。对子公司投资又分为同一控制下和非同一控制下控股合并形成的对子公司长期股权投资。

可可：这样一来，就有九种不同的情况了。三种不同时间组合三种不同的投资，长期股权投资类型的组合拳。

汪姐：没错，那咱们就来拆解一下这些组合，看看不同情况下的长期股权投资是如何进行会计处理的。

1. 同一控制下控股合并形成的对子公司长期股权投资的初始计量

汪姐：对于同一控制下控股合并形成的对子公司长期股权投资，在我国企业会计准则体系中，从最终控制方的角度，将合并方取得被合并方股权的交易作为企业集团内资产和权益的重新整合处理——不管交易本身是不是按照公平的市场价格作价，也不管交易本身是不是在最终控制方的主导下进行，只要符合同一控制下企业合并的界定，合并方通过交易取得对被合并方的长期股权投资，即应按照通过该项交易取得的被合并方账面净资产的份额确认。

可可：也就是说，因为投资方和被投资方从合并前到合并后都是被同一个最终控制方控制的，对于这个企业集团来说，不存在损益，也不应考虑公平的市场价格，因为对于整个企业集团来说，相当于只是左口袋转右口袋。

汪姐：对，本质上就是重新整合嘛。母公司只需要按照享有子公司在最终控制方合并财务报表中的账面净资产的份额记录长期股权投资，支付的对价和子公司在最终控制方合并财务报表中净资产账面价值的差额调整资本公积，资本公积不够的，调整留存收益。总之不能计入损益。

这里需要注意，所谓“账面净资产”不是指从子公司个别财务报表的角度，而是从最终控制方的角度，自最终控制方实施控制开始，子公司所持有的资产、负债确定对于最终控制方的价值持续计算至合并日的账面价值所对应的账面净资产。

可可：子公司所持有的资产、负债确定对于最终控制方的价值持续计算至合并日的账面价值所对应的账面净资产是什么意思？这句话太“烧脑”了。

汪姐：意思是说，最终控制方对子公司实施控制的时候，会确认子公司的资产和负债（有可能是按当时的公允价值确认的）。子公司资产和负债的确认会影响到子公司的净资产价值。之后最终控制方会持续计算子公司的资产、负债和净资产，到合并日就会有得到从最终控制方的角度认定的子公司净资产的账面价值。

可可：这两者的区别是什么呢?

汪姐：比如风一公司投资风二公司，成为风二公司的母公司。在此之前风一公司和风二公司同为风妈集团的子公司，属于同一控制下的对子公司的投资。

风妈集团从控制风二公司开始至合并日，在合并财务报表中反映风二公司的资产、负债和净资产价值。风一公司投资风二公司的时候，就要以风妈集团合并财务报表中的风二公司账面净资产价值为基础计算其投资成本。

可可：虽然有点绕，但大概明白了。就是说最终控制方合并财务报表中这个被投资方的价值是多少就是多少，跟这个被投资方个别财务报表上的账面价值有可能是不一致的。

汪姐：是的，我们把上面的例子代入金额再看看就明白了。

【案例 2-1】20×1 年 1 月 5 日，风妈集团以 5 000 万元从其他集团购买风二公司 60%的股权，为非同一控制下的合并。购买日风二公司的净资产公允价值为 3 000 万元，账面价值为 2 800 万元。20×1 年 12 月 31 日，风二集团按购买日净资产的公允价值计算实现的净利润为 300 万元，按照购买日净资产账面价值计算实现的净利润为 400 万元。

20×2 年 1 月 1 日，风妈集团的子公司风一公司以 2 700 万元的银行存款购买风二公司 80%的股份，形成同一控制下的企业合并。

分析：

20×2 年 1 月 1 日，风二公司在风妈集团合并财务报表中的账面净资产为 3 300（3 000＋300）万元，是按照非同一控制下对子公司投资在合并财务报表中的成本确认的（后面我们会讲到具体确认方法）。我们可以看到，风二公司的账面净资产其实是以 20×1 年 1 月 5 日风二公司的可辨认净资产的公允价值为基础持续计算至合并日的。

风一公司按照享有的风二公司在风妈集团合并财务报表中的账面净资产份额确认投资成本为＝3 300×80%＝2 640（元）

风一公司确认长期股权投资成本的会计分录为：

借：长期股权投资　　　　　　　　　　2 640

资本公积　　　　　　　　　　　　　　　　　　　　60

贷：银行存款　　　　　　　　　　　　　　　　　　　2 700

汪姐：从这个案例我们可以看到，风一公司的长期股权投资初始成本是以享有的风二公司账面净资产份额入账的，而这个账面净资产是从风妈集团对风二公司开始控制时开始，对于风妈集团的价值持续计算至合并日的账面价值。

可可：您让我捋一捋。最终控制方风妈集团于 20×1 年 1 月 5 日投资并控制风二公司，此时风二公司个别财务报表中的账面净资产是 2 800 万元，可是风妈集团在合并财务报表中确要按照 3 000 万元的公允价值确认风二公司的净资产。对吗？

汪姐：对啊。

可可：为什么？

汪姐：我们后面会讲到，非同一控制下的企业合并，在合并财务报表中要按照被投资方可辨认净资产的公允价值进行相关处理。

可可：好，到了年末，风二公司个别财务报表确认了 400 万元净利润，可是在风妈集团的合并财务报表中却只能确认 300 万元净利润。这又是为什么呢？

汪姐：这很可能是由于风二公司的净资产账面价值和公允价值不同造成的。比如在风妈集团购买风二公司时，风二公司一项固定资产账面价值是 1 000万元，公允价值是 1 200 万元。风二公司的个别财务报表按照这项固定资产的账面价值计提折旧，而风妈集团合并财务报表按照这项固定资产的公允价值计算折旧额，那这两个折旧额就会产生差异，从而影响净利润额。

可可：哦，我明白了。也就是说，风二公司在最终控制方风妈集团的合并财务报表中的账面净资产其实一开始是以公允价值确认的，然后风妈集团合并财务报表会按照这个公允价值持续计算，最终成为风一公司投资时所依据的账面净资产。

汪姐：对的。

可可：这可太意外了！我还以为在最终控制方合并财务报表中的可辨认净资产账面价值和被投资方个别财务报表中的可辨认净资产账面价值应该差不多呢！

汪姐：其实有可能差远了。

可可：那是不是可以说，子公司在最终控制方合并财务报表中的净资产账面价值其实可能是公允价值为基础的呢？

汪姐：这个可不一定，取决于最终控制方如何确认被投资方的净资产账面价值。如果被投资方是由最终控制方从外部收购的，那么最终控制方合并财务报表中的初始投资成本可能会与被投资方净资产公允价值有关，但也不能确定如此，得看具体情况。如果被投资方是最终控制方直接成立的子公司，那可能就不需要考虑公允价值了。

可可：明白了。

汪姐：同一控制下对子公司投资的有以下几种具体情况。

（1）合并方以支付现金、转让非现金资产或承担债务方式作为合并对价的，应当在合并日按照被合并方所有者权益在最终控制方合并财务报表中账面价值的份额作为长期股权投资的初始投资成本。长期股权投资初始投资成本与支付的现金，转让的非现金资产以及承担债务账面价值之间的差额，应当调整资本公积，不足冲减的，调整留存收益。

（2）合并方以发行权益性工具作为合并对价的，应按发行股份的面值总额作为长期股权投资的初始成本，长期股权投资的初始投资成本与所发行股份面值总额之间的差额应当调整资本公积，资本公积不足冲减的，调整留存收益。

（3）初始投资成本中包含的已宣告但尚未发放现金股利或利润的处理。

取得投资时，对于支付的对价中包含的应享有被投资单位已经宣告但尚未发放的现金股利或利润，应确认为应收项目，不构成取得长期股权投资的初始成本。（不管是哪种类型的长期股权投资，包括同一控制下企业合并、非同一控制下企业合并以及对联营企业、合营企业的投资，其初始成本中包含的已宣告但尚未发放现金股利或利润都应如此处理）

（4）合并方发生的中介费用、交易费用的处理。

合并方为企业合并发生的审计、法律服务、评估咨询等中介费用，以及相关管理费用，于发生时计入当期损益（管理费用）。与发行权益性工具作为对价直接相关的交易费用，应当冲减资本公积，资本公积不足冲减的，调整留存收益。

【案例 2-2】风一公司、风二公司和风三公司分别为风妈集团的三家子公司。20×1 年 1 月 1 日，风一公司以银行存款 500 万元取得风二公司 60%表决权的股份，取得了风二公司的控制权。当日风二公司在风妈集团合并财务报表中的净资产账面价值为 800 万元。

20×1 年 2 月 1 日，风一公司发行了 100 万元公司股票（每股面值 1 元）作为对价，取得风三公司 60%表决权股份，取得了风三公司的控制权。当日风三公司在风妈集团合并财务报表中的净资产账面价值为1 000万元。

分析：风一公司、风二公司和风三公司在两次合并前后均受风妈集团控制，所以风一公司合并风二公司和风三公司属于同一控制下的企业合并。

20×1年1月1日，风一公司以银行存款作为合并对价，其会计处理如下。

借：长期股权投资——风二公司　　　　（800×60%）480

　　资本公积　　　　　　　　　　　　　　　　20

　　贷：银行存款　　　　　　　　　　　　　　　500

20×1年2月1日，风一公司以发行股票作为合并对价，其会计处理如下。

借：长期股权投资——风三公司　　　　（1 000×60%）600

　　贷：股本　　　　　　　　　　　　　　　　100

　　　　资本公积　　　　　　　　　　　　　　500

（5）多次交易分步实现企业合并的初始成本计量。

汪姐：有时候，合并不是一次性完成，而是通过多次交易分步实现的。比如风一公司和风二公司均为风妈集团的子公司。风一公司购买了风二公司10%的股份，并作为公允价值计量且其变动计入综合收益的金融资产。然后又购买了风二公司30%的股份，能够对风二公司产生重大影响，按照权益法确认成本。再然后又购买风二公司20%的股份，形成了同一控制下的控股合并，假设这些交易不属于“一揽子交易”，这种情况下，我们该如何进行会计处理呢？

可可：我觉得不管怎么说，到最后形成合并时，初始投资成本应该和您刚才讲的会计处理方法一致，而且最终确认金额也一致。

汪姐：没错，是这个思路。也就是说，通过多次交易分步实现合并的，最终的初始投资成本应当以持股比例计算合并日享有的被投资方所有者权益在最终控制方合并财务报表中的账面价值份额，作为初始投资成本。投资方支付对价和初始投资成本的差额调整资本公积，资本公积不足的，冲减留存收益。

可可：“支付对价”指的是每次长期股权投资实际支付的对价之和吗？

汪姐：这里要注意，“支付对价”指的是最后一次实际支付对价和之前已确认的长期股权投资账面价值之和。

在合并日之前，风一公司对风二公司的投资可能是重大影响、共同控制或者按金融工具确认和计量准则确认的金融资产，并且进行了会计处理，合并日需要把原有的长期股权投资账面价值和合并日的支付对价加起来作为总的对价。我们举例说明。

【案例 2-3】风一公司和风二公司为风妈集团的两家子公司。20×1 年 10 月 1 日，风一公司以银行存款 500 万元取得风二公司 10%表决权的股份，风一公司按照以公允价值计量且其变动计入其他综合收益的金融资产进行核算。

20×1 年 12 月 31 日，该项投资的公允价值为 600 万元。

20×2 年 1 月 1 日，风一公司发行了 1 000 万元公司股票（每股面值 1 元）作为对价，取得风二公司 60%表决权股份，取得了风二公司的控制权。当日，风二公司在风妈集团合并财务报表中净资产账面价值为 6 000 万元。

20×1 年 10 月 1 日，风一公司以现金作为合并对价，其会计处理如下：

借：其他权益工具投资　　500

　　贷：银行存款　　500

20×1 年 12 月 31 日，风一公司按照公允价值变动确认其他综合收益。

借：其他权益工具投资　　100

　　贷：其他综合收益　　100

20×2 年 1 月 1 日，风一公司以发行股票作为合并对价，其会计处理如下。

借：长期股权投资　　（6 000×60%）3 600

　　贷：股本　　1 000

　　　　其他权益工具投资　　（500+100）600

　　　　资本公积　　2 000

可可：在合并日，“其他权益工具投资”的账面价值全部转为“长期股权投资”，“其他综合收益”却没有处理，是吗？

汪姐：是的，“其他综合收益”暂不做处理，作为一项权益保留，等到处置该投资时再采用与被购买方直接处置相关资产或负债相同的基础进行会计处理。

可可：“采用与被购买方直接处置相关资产或负债相同的基础进行会计处理”是什么意思？

汪姐：就是要看被投资方如何处理。被投资单位的其他综合收益可以在转出时转到损益时，投资方的其他综合收益也可以转到损益（投资收益）。被投资单位的其他综合收益不可以在转出时转到损益时，投资方的其他综合收益也不可以转到损益，只能转到留存收益。比如，被投资方处置其他权益工具投资时将公允价值变动产生的其他综合收益转为留存收益，那么投资方处置时也要将其他综合收益转为留存收益。

可可：哦，明白了。

2. 非同一控制下控股合并形成的对子公司长期股权投资的初始计量

1）初始成本计量。

汪姐：参与合并的各方在合并前后不受同一方或相同的多方最终控制的，为非同一控制下的企业合并。

同一控制下控股合并形成的对子公司长期股权投资背后的逻辑，是认为同一个最终控制方把左口袋（母公司）的钱挪到了右口袋（子公司），所以会计处理中不涉及损益，确认初始投资成本的标准也是基于被投资方在最终控制方合并财务报表中净资产的“账面价值”而不是“公允价值”。

非同一控制下的企业合并本质是市场化购买，所以会计处理可能会涉及损益，确认初始投资成本的标准也是基于被投资方净资产的公允价值和投资方支付对价的公允价值。也就是说，购买方付出对价应该用公允价值计量，被购买方的净资产也应该以公允价值来计量。

可可：可是购买方付出对价的公允价值和享有的被购买方以公允价值计量的净资产份额之间可能会有差异吧？那么到底按什么确认长期股权投资的初始投资成本呢？

汪姐：问得好，从购买方个别报表来说，初始投资成本以购买方的企业合并成本作为长期股权投资的初始投资成本。企业合并成本包括购买方付出的资产、发生或承担的负债、发行的权益性工具或债务性工具的公允价值之和。

但是在编制合并财务报表时，要以购买方享有的被购买方净资产公允价值的份额为基础，将企业合并成本与取得被投资方可辨认净资产公允价值份额的差额确认为商誉或当期损益。

也就是说，在合并财务报表中，如果企业合并成本大于合并中取得的被购买方可辨认净资产公允价值份额，二者的差额作为商誉处理。如果企业合并成本小于合并中取得的被购买方可辨认净资产公允价值份额，二者的差额计入当期损益（营业外收入）。

可可：您让我捋一捋这里面的逻辑哈。对于母公司来说，非同一控制下的企业合并相当于市场化购买，所以母公司付出了多少钱（或资产），就要确认多少投资成本，而且这个付出要以公允价值计量并作为母公司的合并对价。母公司以这样的合并对价作为初始投资成本。

但是对于企业集团来说，为什么要在合并财务报表中确认商誉或者损益呢？

汪姐：因为合并财务报表需要以权益法为基础计算被投资方可辨认净资

产公允价值的份额，这样才能与子公司的所有者权益完全抵销。举个例子：风妈集团从外部购买风某公司100%的股份，其合并对价是1 000万元，形成了非同一控制下的企业合并。风某公司的可辨认净资产账面价值是900万元。那我们在合并财务报表中编制母公司长期股权投资和子公司所有者权益抵销分录时，母公司长期股权投资1 000万元和风某公司所有者权益900万元之间有100万元的差额，这个差额就确认为商誉。反过来，如果母公司长期股权投资900万元，风某公司所有者权益1 000万元，二者的差额就要确认为营业外收入。

可可：哦，明白了。

汪姐：具体来说，非同一控制下的企业合并按以下原则确认初始投资成本：

（1）购买方付出的资产、发生或承担的负债、发行的权益性工具或债务性工具的公允价值之和，借记“长期股权投资”项目。

（2）购买方付出的资产如果是存货、金融资产、长期股权投资、固定资产等非现金资产的，相关资产的公允价值与账面价值的差额作为损益处理。

（3）购买方合并对价为发行权益性证券的，其公允价值和面值的差额贷记“资本公积——资本溢价”。

【案例2-4】A公司和B公司不存在任何关联方关系。20×1年4月1日，A公司取得B公司60%表决权的股份，取得了B公司的控制权。

A公司支付的资产为：银行存款500万元；固定资产原价1 000万元，已计提折旧200万元，该项固定资产目前公允价值900万元；其他债权投资账面价值600万元，公允价值680万元。不考虑其他因素影响。

分析：A公司合并B公司属于非同一控制下的企业合并。

20×1年4月1日，A公司会计处理如下：

借：固定资产清理　　8 000 000
　　累计折旧　　2 000 000
　　贷：固定资产　　10 000 000

借：长期股权投资（5 000 000＋9 000 000＋6 800 000）　20 800 000
　　贷：银行存款　　5 000 000
　　　　固定资产清理　　8 000 000
　　　　资产处置损益　　（9 000 000－8 000 000）　1 000 000

其他债权投资　　　　　　　　　　　　　　　　6 000 000

投资收益　　　　　　（6 800 000—6 000 000）800 000

2）多次交易分步完成企业合并的初始成本计量。

汪姐：多次交易分步完成合并的初始成本是购买日新增成本与购买日前已确认的股权投资账面价值之和。

可可："购买日新增成本"是按购买方支付对价的公允价值确认的吧？

汪姐：对。

可可："购买日之前已确认的股权投资账面价值"是怎么确定的呢？不一定按购买方支付对价的公允价值确认的吧？

汪姐：没错，这一点和一次性合并是有区别的。"购买日之前已确认的股权投资账面价值"分为两种情况：

（1）购买日前采用权益法核算。

这种情况下，对子公司投资的初始投资成本是购买日为取得新的股份所支付对价的公允价值，加上原权益法下的长期股权投资的账面价值。购买日之前形成的其他综合收益或其他资本公积暂时不作处理，待处置该项投资时再采用与被购买方直接处置相关资产或负债相同的基础进行会计处理。

（2）购买日之前采用公允价值计量。

这种情况下，对子公司投资的初始投资成本是购买日为取得新的股份所支付对价的公允价值，加上原股权投资公允价值计量的账面价值。如果是以公允价值计量且其变动计入其他综合收益的金融资产，原确认计入其他综合收益的累计公允价值变动应结转计入留存收益，不得计入当期损益。

可可：为什么原权益法下的其他综合收益不作处理，而原公允价值计量下的其他综合收益就要转入留存收益呢？

汪姐：从权益法转成本法，同属于长期股权投资，只不过是由于持股比例增加了，没有出售，也没有带来实际的损益，所以其他综合收益暂时不作处理。而从公允价值计量转成本法，是由按金融工具相关准则计量变成了长期股权投资，也就是说，由一种准则规范转到另一种准则规范，视同对原来金融资产进行了处置，所以要结转其他综合收益。

可可：那为什么是计入留存收益，不转入当期损益呢？

汪姐：按照金融工具系列准则相关规定，企业指定为公允价值计量且其变动计入其他综合收益的非交易性权益工具投资，在持有期间发生的公允价值变动，应计入其他综合收益。在处置时，应将处置时的售价（或公允价值）与账面价值的差额计入留存收益，同时将持有期间确认的其他综合收益转入留存收益。也就是说，其他综合收益不能转当期损益，而要调整留存收益。

可可：可是我记得您在讲同一控制下多次交易分步实现控股合并的时候说过，从公允价值计量转为同一控制下对子公司投资时，其他综合收益不需要处理，也就是说不用结转。这又是为什么呢？

汪姐：这个相当于视同大家一直是一家人，所以在公允价值计量转成本法时，不能视为销售，也不需要处理其他综合收益。

【案例 2-5】风一公司和风某公司不存在任何关联方关系。20×1 年 4 月 1 日，风一公司取得风某公司 15%的股份，对风某公司不具有重大影响，风一公司将该投资分类为公允价值计量其变动计入其他综合收益的金融工具。20×1 年 10 月 1 日，该项投资的公允价值为 1 300 万元，风一公司累计计入其他综合收益的金额为 150 万元。

20×1 年 10 月 1 日，风一公司又购买风某公司 60%的股份，取得了风某公司的控制权。风一公司支付对价包括：银行存款 4 500 万元；固定资产原价 1 000 万元，已计提折旧 200 万元，该项固定资产目前公允价值 900 万元；风一公司的两次投资不属于一揽子交易。不考虑其他因素影响。

分析：风一公司合并风某公司属于非同一控制下的多次交易分步实现的企业合并。

风一公司 20×1 年 10 月 1 日会计处理如下。

借：固定资产清理　　8 000 000

　　累计折旧　　2 000 000

　　贷：固定资产　　10 000 000

借：长期股权投资

　　　[13 000 000＋（45 000 000＋9 000 000）] 67 000 000

　　贷：银行存款　　45 000 000

　　　　固定资产清理　　8 000 000

　　　　资产处置损益　　（9 000 000－8 000 000）1 000 000

　　　　其他权益工具投资　　13 000 000

借：其他综合收益　　1 500 000

　　贷：留存收益　　1 500 000

汪姐：从上述分录我们可以看到，在购买日风一公司按照原投资的公允价值和购买日支付对价之和确认对子公司的长期股权投资初始成本，原公允价值计量确认的其他综合收益在购买日结转为留存收益。

3. 对联营企业、合营企业投资的初始计量

汪姐：讲完了企业合并形成的长期股权投资的初始成本确认，咱们再说说非企业合并形成的长期股权投资，也就是对联营企业、合营企业投资的初始计量。

首先，咱们还是说说这种情况下初始成本确认的背后逻辑：与非同一控制下企业合并形成的长期股权投资类似，对联营企业、合营企业投资的初始成本也是按照市场化购买的原则，以投资方支付对价的公允价值作为计量基础的。

可可：那这两种情况下的初始投资成本计量方法一样吗?

汪姐：不完全一样。同为市场化购买，非同一控制下企业合并形成的长期股权投资，初始成本是以购买业务为基础进行确认的，而对联营企业、合营企业投资的初始成本是以购买资产为基础进行确认的。具体来说：投资方以现金方式取得投资的，按照实际支付的购买价款作为长期股权投资的初始投资成本，包括与长期股权投资直接相关的费用、税金及其他必要支出。

投资方以发行权益性证券方式取得投资的，按照所发行权益性证券的公允价值，相关手续费、佣金等直接相关费用不计入投资成本，而是扣除权益性证券的溢价发行收入，溢价收入不足冲减的，应冲减盈余公积和未分配利润。

投资方以其他非货币性资产交换等方式取得投资的，按照《企业会计准则》非货币性资产交换的相关规定处理。

投资方以债务重组方式取得投资的，按照企业会计准则中债务重组的相关规定处理。

可可：我发现对联营企业、合营企业投资的初始成本包括与长期股权投资直接相关的费用、税金及其他必要支出，而非同一控制下企业合并形成的长期股权投资不包括这些。

汪姐：没错，这也是二者初始投资成本计量的区别之一。

2.3.3 长期股权投资的后续计量

汪姐：联营企业、合营企业投资采用权益法对长期股权投资进行后续计

量。这与母公司对子公司投资的计量方法是不同的。后者在母公司个别财务报表中采用成本法进行后续计量，而在编制合并财务报表时需调整为权益法。

可可：汪姐，我对您多次提到成本法和权益法还不太理解，您能解释一下这两种方法吗？

汪姐：好的，成本法，顾名思义，就是投资按取得成本计价的方法。投资方按照股权投资的取得成本计量，持有过程中除了投资发生减值等情况外，对其账面价值不予调整。

权益法的意思也好理解，就是按照投资持有的权益比例进行核算的方法。在权益法下，投资方以初始成本计量后，在持有期间需要根据被投资方所有者权益的变动，按照应享有或承担的被投资方所有者权益的份额，对长期股权投资账面价值进行相应地调整。

简单说，成本法按取得成本计量后，在持有期间没有特殊情况是不会有变化的，投的时候是多少就是多少，只要不追加投资，投资不发生减值，你就不用再管它了。而权益法下长期股权投资是随着被投资单位净资产的变动而变动的，投资后得关注被投资企业所有者权益有什么变动，投资账面价值也要随之变动。

可可：为什么母公司对子公司投资要采用成本法，而不是和对联营企业、合营企业投资一样，采用权益法呢？

汪姐：目前我国《企业会计准则》采用成本法主要有三个原因。一是为了简化核算，合并财务报表中已体现了对子公司投资计价的权益基础，能提供更多的有用信息，个别报表中不再采用权益法，而是采用更简化的成本法计价；二是向《国际财务报告准则》看齐，《国际财务报告准则》对子公司投资采用成本法，我国会计准则这么做是与之趋同；三是使投资方的业绩更真实。在权益法下，企业对子公司的长期股权投资的账面价值随子公司净资产的变化而变化，有可能出现母公司有利润（对子公司的投资收益）而无现金进行利润分配的情形，从而误导会计信息使用者对财务报表的阅读。而改用成本法能提高投资方所确认的投资收益的质量，使投资方的业绩更加真实，缩小财务报表操纵的空间。

而对联营企业、合营企业的投资采用权益法核算，是为了与被投资单位的净资产变动保持一致。这背后的逻辑是：被投资单位实现损益或者其他原因导致净资产变动，那么实际上这里面也包含了投资方享有（或承担）的部分，就算投资方现在没收到（或付出），但是早晚有一天会收到（或付出）的。所以要按投资方享有或承担的份额计入长期股权投资账面价值。

可可：哦，明白了。

汪姐：那咱们就来分别说说不同方法下的长期股权投资后续计量。

1. 母公司对子公司投资的后续计量——成本法

汪姐：母公司对子公司投资的后续计量主要处理如下。

（1）追加投资时，按照追加投资的成本增加长期股权投资的账面价值；

（2）被投资单位宣告分派现金股利或利润时，投资方按照投资份额确认投资收益；

（3）子公司未分配利润或盈余公积转增股本（实收资本），且未向投资方提供等值现金股利或利润的选择权时，也就是实务中的发放股票股利，投资方不确认相关投资收益。

【案例 2-6】20×1 年 5 月 1 日，风妈集团以银行存款 1 200 万元购买风一公司 60%的股份，取得了风一公司的控制权。20×1 年 10 月 1 日，风一公司宣告分派现金股利 50 万元。20×1 年 12 月 1 日，风一公司宣告分派股票股利，每 10 股送红股（股票股利）1 股。

20×1 年 5 月 1 日，风妈集团对风一公司长期股权投资会计处理为

借：长期股权投资　　12 000 000

　　贷：银行存款　　12 000 000

20×1 年 10 月 1 日，风妈集团对风一公司长期股权投资会计处理为

借：应收股利　　300 000

　　贷：投资收益　　300 000

汪姐：可以看出，在成本法下，风妈集团只在取得长期股权投资时确认了长期股权投资，持有过程中没有调整账面价值。

另外，股票股利不需要进行会计处理，只需要登记增加的股票数量即可。

2. 对联营企业、合营企业投资的后续计量——权益法

汪姐：对联营企业、合营企业投资的后续计量主要有以下几个方面。

1）初始投资成本的调整。

可可：我记得您说过对联营企业、合营企业投资的初始成本应该按照投资方实际投入的成本计量。

汪姐：是的，所以投资方实际投入的成本和享有的被投资方可辨认净资产公允价值的份额之间可能是有差额的。在后续计量中，需要对这个差额进行相应的会计处理。

第一，投资方初始投资成本大于取得投资时应享有被投资单位可辨认净资产公允价值份额，不作处理。

简单一看，这是投资方付出得多了，为什么要多付出呢？应该是因为被投资方有隐形的、没有体现在账面上的商誉或者其他不便确认但又确实有价值的东西。对吧？这时候不需要做处理，就让这个多付出的部分含在长期股权投资成本中。

第二，投资方初始投资成本小于取得投资时应享有被投资单位可辨认净资产公允价值份额，需要计入营业外收入，同时调增长期股权投资的账面价值。

这种情况是投资方付出得少了。那为什么能少付出呢？肯定是被投资方做出了让步，投资方相当于获得了一笔营业外收入，所以要予以确认。

可可：为什么商誉就不需要进行会计处理呢？

汪姐：商誉成了长期股权投资的一部分，不需要单独反映。

可可：哦。

汪姐：你看上述处理与非同一控制下控股合并形成的对子公司长期股权投资的初始计量有什么异同？

可可：我记得非同一控制下控股合并形成的对子公司长期股权投资是以公允价值为基础的实际支付对价作为初始投资成本，它与享有的被投资方可辨认净资产公允价值份额之间的差额，在个别财务报表中不确认；在合并财务报表中，如果差额为正，要确认商誉，差额为负，就确认为营业外收入。

汪姐：现在学了对联营企业、合营企业长期股权投资初始成本的确认和后续调整，有没有觉得这两种情况下的会计处理有相似之处，但又不完全相同？

可可：有啊有啊。感觉挺容易搞混的。

汪姐：是啊，咱们回顾对照表 2-1，看看两种情况下会计处理具体有什么异同，好不好？

可可：好的。我看到在表 2-1 中，对联营企业、合营企业的长期股权投资，如果投资成本大于享有的被投资方可辨认净资产份额，和非同一控制下控股合并形成的对子公司长期股权投资中母公司个别财务报表的处理方法一致，都不需要处理。如果投资成本小于享有的被投资方可辨认净资产份额，和非同一控制下控股合并形成的对子公司长期股权投资下母公司个别财务报表处理方法不同，而是和合并财务报表的处理方法一致，都需要确认营业外收入。

汪姐：是的，非同一控制下对子公司投资，在母公司个别财务报表中的初始成本为母公司实际支付对价的公允价值，不需要考虑被投资方可辨认净资产价值，反正母公司投入了多少，就按多少确认成本。在合并财务报表中则需要考虑享有的子公司可辨认净资产份额，所以支付对价与享有子公司可辨认净资产份额的差额就需要确认商誉或收益。

在对联营企业、合营企业投资中，可以理解为简化了的合并财务报表处理。在本质上，对联营企业、合营企业的投资和非同一控制下对子公司投资的处理理念是一致的，因为都是权益法的观点，只不过前者对商誉进行了简化处理，所以看起来和非同一控制下对子公司投资的母公司个别财务报表的处理有相同的地方，其实本质是不同的。

可可：原来是这样，看上去一样的处理，其实是不同的理念。

汪姐：没错，还有一点，咱们前面说过，两者对投资直接相关费用的处理也是不一样的。记得吧？

可可：嗯嗯，记得。

2）投资损益的确认。

（1）哪些情况需要确认或调整投资损益？

汪姐：当被投资方实现净利润或发生净亏损时，按照权益法的要求，投资方应按照享有的份额增加或减少长期股权投资账面价值，同时确认当期投资损益。

可可：如果被投资方宣告发放现金股利，投资方应该怎么办呢？

汪姐：那就要减少长期股权投资。被投资方宣告发放现金股利，被投资方的所有者权益就发生了变化，所以投资方也要相应变化。

可可：如果是宣布发放股票股利呢？

汪姐：股票股利投资方不做处理，只需要登记股数的变化。

可可：如果被投资方发生了超额亏损，就是把长期股权投资都调减为零了还不够，那怎么办呢？

汪姐：这种情况下，通常是以投资额为限，调减长期股权投资。也就是说，长期股权投资最多减为零，就是投资方损失的限度。不过有些特殊情况下，投资方对被投资方除了长期股权投资之外，可能还有别的长期权益，比如一些长期应收款，没有明确的清收计划且在可预见的未来期间不准备收回的、实质上构成对被投资单位的净投资（不包括销售商品、提供劳务等日常活动产生的长期债权等），这时候就需要以这个长期权益的账面价值为限，继续确认投资损失，冲减长期应收项目等的账面价值。

（2）考虑被投资方净利润对投资收益的影响时有哪些注意事项？

汪姐：在考虑被投资方净利润对投资收益的影响时，要注意这几点：

①注意投资双方的会计政策和会计期间是否有不一致的地方。如果有，需要按照投资方的会计政策和会计期间进行调整。这一点与对子公司的长期股权投资在合并财务报表中的处理是一致的；

②被投资方资产和负债公允价值与账面价值如果有差额，可能对投资收益造成影响。因为投资方确认投资收益是以被投资方资产、负债在公允价值计量基础下享有的收益份额计量的。比如，被投资单位固定资产折旧、无形资产摊销、存货等的公允价值和账面价值不一样，那用公允价值和账面价值计算的净利润就会有差额，这个差额中投资方所占的份额，需要调整投资收益。这一点与非同一控制下对子公司投资在合并财务报表中的处理是一致的；

③确认投资收益时，需要对投资方与其联营企业或合营企业之间发生的未实现内部交易损益中投资方享有的份额予以抵销。

可可：第③点是什么意思呢？

汪姐：就是说，如果投资方与联营企业和合并企业之间发生了交易，比如商品销售，这时候销售方会确认收入、成本，会产生损益，如果这个商品没有实现对外销售，只是在投资方及其联营企业或合营企业之间的销售，那么就会产生虚增的收益，要按照投资方享有的份额进行抵销。

还要注意的是，如果对联营企业、合营企业投资的投资方需要编制合并财务报表，那么合并财务报表中也需要反映未实现内部交易损益的影响。

可可：未实现内部交易损益的影响不是已经在调整长期股权投资和投资收益了吗？为什么还要在合并财务报表中反映呢？这样岂不是重复调整了吗？

汪姐：问得好。在合并财务报表中的调整可以看作是对个别财务报表未实现内部交易损益影响的再次调整。因为，个别财务报表中未实现内部交易损益的影响全部反映在长期股权投资和投资收益这两个项目，而合并财务报表体现的是会计主体的理念，有关未实现的收入、成本及有关资产包含的未实现内部交易损益可以在合并财务报表中予以抵销，相应地调整原权益法下确认的投资收益或恢复长期股权投资账面价值。

咱们举个例子，你就明白了。

【案例 2-7】 20×1 年 3 月 1 日，风妈集团持有甲公司 30%的股权，对甲公司具有重大影响。20×1 年，风妈集团将账面价值 400 万元的 A 商品以 500 万元的价格销售给甲公司（顺流交易），甲公司将账面价值 200 万元的 B 商品以 250 万元的价格销售给风妈集团（逆流交易），风妈集团作为存货处理。年底这些商品均未对外销售。不考虑其他因素影响。

分析：顺流交易中，风妈集团销售给甲公司的 A 商品实现 100 万元利润。但甲公司并未实现对外销售。其中 30 万元（100×30%）是风妈集团的权益份额，因此在风妈集团的个别财务报表中确认投资收益时需要进行抵销。

借：投资收益　　300 000

　　贷：长期股权投资——损益调整　　300 000

风妈集团编制合并财务报表时，需要把投资收益调整为风妈集团实际没有实现的收入和成本。

借：营业收入　　（5 000 000×30%）1 500 000

　　贷：营业成本　　（4 000 000×30%）1 200 000

　　　　投资收益　　300 000

逆流交易中，甲公司销售给风妈集团的 B 商品实现 50 万元利润。但风妈集团并未实现对外销售。其中 15 万元（50×30%）是风妈集团享有的份额，因此，在风妈集团个别财务报表确认投资收益时需要进行调减。

借：投资收益　　150 000

　　贷：长期股权投资——损益调整　　150 000

风妈集团编制合并财务报表时，由于风妈集团购入甲公司的 B 商品已作为存货入账，所以未实现内部交易损益中风妈集团所占份额 15 万元应该调减存货和投资收益，而风妈集团个别财务报表中却调减了投资收益和长期股权投资，因此合并财务报表中需要把长期股权投资调整为存货。

借：长期股权投资——损益调整　　150 000

　　贷：存货　　150 000

可可：我发现这个案例中的顺流交易下，合并财务报表对未实现内部交易损益的调整是损益类科目之间的调整。而逆流交易下，合并财务报表对未实现内部交易损益的调整是资产类科目之间的调整。这是为什么呢？

汪姐：观察力真不错！我们来看看是为什么？顺流交易中，风妈集团作为销售方在交易中会确认收益，这个收益来自收入和成本。在个别财务报表中，交易的收益会直接抵减投资收益，因为这个内部交易的收益应该不存在嘛。到了合并财务报表中，就要把这个减少的投资收益调整为收入和成本，相当于对这个收益追本溯源。

逆流交易中呢，风妈集团作为购买方在交易中会先确认存货，这个存货中包含的B商品的价差50万元是甲公司的未实现内部交易损益，而风妈集团作为甲公司的投资方，这50万元里面也有15万元是属于风妈集团未实现的内部交易收益。在个别财务报表中，这15万元未实现内部交易损益直接抵减了长期股权投资，而在合并财务报表中，就要把这个长期股权投资还原为存货，因为真正的影响来自风妈集团的存货，相当于对长期股权投资追本溯源。

可可：顺流交易是对收益追本溯源，所以在合并财务报表中调整的是损益项目。逆流交易是对长期股权投资追本溯源，所以在合并财务报表中调整的是资产项目。

汪姐：没错。

3）被投资方发生其他权益变动的处理。

汪姐：如果被投资方的其他综合收益发生变动，投资方也需要按照应享有的份额调整长期股权投资账面价值，同时确认其他综合收益。

可可："其他综合收益"到底是什么呀？

汪姐：其他综合收益是根据会计准则规定未在损益中确认的各项利得和损失（扣除所得税后）。虽然名字听起来像损益类科目，其实是权益性科目。就是说，虽然出现了利得和损失，但是这些利得和损失不适合计入当期损益。比如投资者打算长期持有的股票发生了涨跌，表面上看产生了利得或损失，但是由于现在并不打算出售，所以这些利得和损失是不确定的，最终能不能实现是未知的，因此计入权益性科目"其他综合收益"，体现按照会计准则规定不计入损益的利得和损失。

可可：哦，其他综合收益影响了被投资方的所有者权益，所以投资方要按照应享有的份额调整长期股权投资账面价值，对吧？

汪姐：是的，此外，被投资方还可能发生其他权益变动，比如其他股东有资本性投入、被投资单位发行可分离交易的可转换公司债券中包含的权益成分、以权益结算的股份支付等所引起的所有者权益变动等，投资方也要相应调整长期股权投资，同时调整资本公积（其他资本公积）。

还有一个特殊情况。就是其他股东增资，可能导致投资方的持股比例下降，也就是被动稀释。这个时候，会出现“内含商誉”的结转问题，就是要对长期股权投资中包含的商誉进行结转。

可可：为什么呢？

汪姐：因为投资方持股比例被稀释了，相当于间接处置长期股权投资，所以投资中的“内含商誉”也要按照处置比例结转，同时调整资本公积（其他资本公积）。

【案例 2-8】风妈集团投资 550 万元购买甲公司 30%的股权，对甲公司具有重大影响。投资时甲公司可辨认净资产公允价值为 1 500 万元。风妈集团的长期股权投资里含有 100 万元（550－1 500×30%）商誉。

其后，甲公司其他股东增资 800 万元，风妈集团的持股比例稀释为 24%，仍具有重大影响。不考虑甲公司所有者权益其他变化。

咱们把长期股权投资分为不含商誉的长期股权投资份额和商誉两个方面来考虑：

第一，计算不含商誉的长期股权投资额的变动。

被投资方的所有者权益增加为：1 500＋800＝2 300（万元），风妈集团持股比例变为 24%，因此增加的长期股权投资额为：2 300×24%－1 500×30%＝102（万元）。

所以，调增长期股权投资 102 万元，同时调增资本公积 102 万元。

第二，需要考虑对长期股权投资中包含商誉的影响。风妈集团持股比例由 30%减少到 24%，持股比例降低，相当于间接处置了 6%的股权。处置股权包含的商誉金额为：100×6%÷30%＝20（万元）。

因此，应调减长期股权投资 20 万元，同时调减资本公积 20 万元。

可可：所以股权稀释后一共调增长期股权投资 82 万元（102－20），调增资本公积 82 万元。对吧？

汪姐：是的。

2.3.4 长期股权投资处置

汪姐：学习了长期股权投资初始成本确认和后续成本计量，下面来看看长期股权投资处置怎么进行会计处理。

可可：处置就是卖掉了呗。那就把原来的长期股权投资结转掉，再按卖价和结转金额的差额计入投资损益，不就行了吗？

汪姐：你说的是一次性全部处置掉的情况。实务中，还有可能只是部分处置，就是卖掉一部分。这时候可能就会从控制转为重大影响或者公允价值计量，或者从重大影响转为公允价值计量的情况。

可可：那是不是也有可能从重大影响转为控制？

汪姐：这个相当于多次交易分步实现控制了，在讲对子公司初始成本计量的时候咱们已经讲过了呀。

可可：哦，对。

1. 一次性全部处置长期股权投资

汪姐：一次性全部处置长期股权投资时，应结转长期股权投资账面价值，出售所得价款与长期股权投资账面价值的差额，确认为投资收益。

采用权益法核算的长期股权投资，在持有期间确认的与该投资相关的其他综合收益（不能结转损益的除外）或资本公积（其他资本公积），在一次性全部处置长期股权投资时应全部转入当期损益。

2. 部分处置长期股权投资

1）部分处置对子公司投资而由成本法转权益法。

汪姐：母公司因部分处置对子公司投资导致影响能力下降，由控制转为具有重大影响或共同控制的，这时候我们可以分成两部分来处理：

一是处置的那部分长期股权投资，我们可以认为它实现了一次性全部处置，所以按照全部处置长期股权投资的原则来处理，即：结转投资账面价值。

二是剩余的长期股权投资，我们可以认为它没有处置，但是产生了核算方法的变化，需要由成本法转为权益法。

可可：那是不是要追溯到一开始投资的时候，从初始成本到后续计量，全部从成本法调整为权益法呀？

汪姐：确实是这个思路。

可可：我一听追溯调整就晕。

汪姐：思路理清就不晕了。你只需记住咱们之前讲的不同情况下长期股权投资的计量方法，熟练掌握，变来变去也不过是这些方法之间的转换而已。

咱们对照第 2 章的表 2-1，比较对子公司投资和对联营企业、合营企业投资的初始成本计量和后续计量的差异，以此为依据进行追溯调整。

（1）剩余股权初始投资成本的追溯调整。

汪姐：还记得对联营企业、合营企业投资初始成本怎么确认和调整吗？

可可：按照投资方支付对价的公允价值确认初始投资成本。如果初始投资成本大于应享有被投资单位可辨认公允价值的份额，也就相当于有商誉，不需要单独反映。反之，则是被投资单位做出了让步，相当于投资方的营业外收入，这个需要单独确认。

汪姐：没错，所以剩余的长期股权投资要按这个原则调整。比较剩余的长期股权投资的初始投资成本与按照剩余持股比例计算原投资时应享有被投资单位可辨认净资产公允价值的份额，如果长期股权投资的初始投资成本大于按照剩余持股比例计算原投资时应享有被投资单位可辨认净资产公允价值的份额，也就是商誉，那就不需要调整长期股权投资的账面价值。如果长期股权投资的初始投资成本小于按照剩余持股比例计算原投资时应享有被投资单位可辨认净资产公允价值的份额，按权益法计量属于营业外收入，那么这个以前年度的营业外收入现在已经变成留存收益了，所以就调增留存收益，同时调增长期股权投资。

（2）剩余股权对原取得投资后至转变为权益法核算之间，被投资单位所有者权益变动应享有份额的追溯调整。

汪姐：剩余股权还需要追溯调整原取得投资时至处置投资之日的权益变动。还记得对联营企业、合营企业投资的后续计量吧？

可可：嗯，我记得是按照权益法计量，当被投资方的所有者权益发生变动时，投资方要按其享有的份额相应调整长期股权投资。比如被投资方取得净利润时、取得其他综合收益时及其他所有者权益变动时，都需要调整长期股权投资账面价值，同时确认投资收益、其他综合收益和资本公积等。

汪姐：不错，我们就按照你说的这些计量方法对剩余股权进行追溯调整。

①原取得投资时至处置投资之日，被投资单位的净损益中投资方应享有的份额，应调整长期股权投资的账面价值，同时调整留存收益或当期损益（按照净损益归属于以前年度还是当年确定）。

②原取得投资时至处置投资之日，被投资单位宣告发放的现金股利，投资方原计入投资收益，在权益法下应该看作长期股权投资成本的收回，因此调减长期股权投资成本，同时调整留存收益（因为往年的投资收益已经转为

留存收益了）。

③原取得投资时至处置投资之日，其他原因导致被投资单位所有者权益的变动，投资方按照应享有的份额调整长期股权投资的账面价值，同时调整其他综合收益或资本公积。

可可：就是把权益法下该做没做的账，全都补上了。

汪姐：是的，该补的补，该调的调。接下来再说说合并财务报表的处理。

可可：都不再控制了，怎么还有合并财务报表呀？

汪姐：投资方虽然丧失了控制权，但是可能还有别的子公司，还需要编制合并财务报表，这时就要进行相应的会计处理。

与个别财务报表遵守历史成本原则的处理思路不同，合并财务报表关注当前公允价值，视为投资方在丧失控制权日销售全部股权并重新购买部分股权，剩余股权按照丧失控制权日的公允价值重新进行计量。注意哦，这里说的是“股权公允价值”，不是净资产公允价值。

可可：相当于这些股权拿到市场上出售的价格吧？

汪姐：对，因此，合并财务报表中确认的长期股权投资成本是丧失控制权日的剩余股权公允价值。

确认的投资收益＝处置股权取得的对价与剩余股权公允价值之和－按原持股比例计算应享有原有子公司自购买日开始持续计算的净资产的份额

另外，个别财务报表中只对剩余股权进行了追溯调整，但是对已出售的那部分股权并没有进行追溯。在合并财务报表中，要对个别财务报表中确认的已出售部分股权的投资收益的归属期间进行调整。

可可：这个，还是有点晕。

汪姐：还是举例说明吧。

【案例 2-9】20×1 年 3 月 1 日，风妈集团投资风某公司 1 000 万元，持有风某公司 80%的股权，当日风某公司可辨认净资产公允价值 1 200 万元。风妈集团与风某公司之前无任何关联关系。

20×1 年 7 月 1 日，风某公司宣告派发现金股利 50 万元。20×1 年，风某公司按购买日公允价值计算实现的净利润 100 万元，其他综合收益 20 万元。

20×2 年 1 月 5 日，风妈集团以售价 700 万元出售风某公司 50%的股权，从而丧失控制权，但仍对风某公司具有重大影响。剩余股权公允价值为 420 万元。

风妈集团盈余公积提取比例为10%，不考虑其他因素。

20×2年1月5日，风妈集团会计处理如下。

（1）出售股权。

借：银行存款　　　　7 000 000

　贷：长期股权投资——投资成本

　　　　（10 000 000×50%÷80%）6 250 000

　　　投资收益　　　　750 000

可可：这个分录的意思是：风妈集团出售股权的投资收益75万元是实际售价700万元和初始投资成本625万元的差额。对吧？

汪姐：对，出售股权的75万元投资收益实际上包含了以下几个方面：应享有的子公司以前年度净利润和当年净利润份额减去分配股利的部分。应享有的子公司其他综合收益份额，出售股权获得的收益。公式如下。

处置股权的投资收益＝处置股权中包含的享有被投资方以前年度净利润变动的份额＋处置股权中包含的享有被投资方当年净利润变动的份额－处置股权中包含的享有被投资方发放现金股利的份额＋处置股权中包含的享有被投资方其他所有者权益变动的份额＋出售时的损益（倒推出来的）

在本例中：

处置股权的投资收益75万元＝处置股权中包含的享有被投资方以前年度净利润变动的份额50万元（100×50%）－处置股权中包含的享有被投资方发放现金股利的份额25万元（50×50%）＋处置股权中包含的享有被投资方其他所有者权益变动的份额10万元（20×50%）＋出售时的损益40万元（75－50＋25－10）。

在合并财务报表中，需要根据这75万元投资收益的来源进行会计调整。

（2）剩余长期股权投资改按权益法核算。

剩余股权的初始投资成本为1 000×30%÷80%＝375（万元），投资时享有风某公司可辨认净资产公允价值份额为1 200×30%＝360（万元）。375万元＞360万元，应属于购买时的商誉，不需要调整初始投资成本。

按风某公司宣告发放的现金股利应享有份额调减长期股权投资和留存收益，编制会计分录如下。

借：盈余公积　　　　（500 000×30%×10%）15 000

利润分配——未分配利润

（500 000×30%×90%）135 000

贷：长期股权投资——损益调整　（500 000×30%）150 000

按风某公司净利润应享有份额调增长期股权投资和留存收益。

借：长期股权投资——损益调整（1 000 000×30%）300 000

贷：盈余公积　（1 000 000×30%×10%）30 000

利润分配——未分配利润

（1 000 000×30%×90%）270 000

按风某公司其他综合收益应享有份额调增长期股权投资和其他综合收益。

借：长期股权投资——其他综合收益（200 000×30%）60 000

贷：盈余公积　（200 000×30%×10%）6 000

利润分配——未分配利润

（200 000×30%×90%）54 000

（3）合并财务报表处理。

丧失控制权日合并财务报表中，应确认的剩余长期股权投资成本是股权公允价值 420 万元。

应确认的投资收益＝假定将全部股权出售再购买剩余股权产生的投资收益＝处置股权取得的对价（700 万元）＋剩余股权公允价值（420 万元）－按原持股比例计算应享有原有子公司自购买日开始持续计算的净资产份额（1 056 万元）＝700＋420－［1 000＋（100－50＋20）×80%］＝64（万元）。

这相当于认为丧失控制权日将所有股权全部售出的出售收益（不包含原取得投资时至处置投资之日享有的被投资方所有者权益变动收益的份额）。其中实际出售的 50%股权出售收益为 40 万元（64×50%÷80%），剩余股权投资收益为 24 万元（64×30%÷80%）。这里的 40 万元，与出售股权投资收益 75 万元中包含的出售收益 40 万元是正好吻合的。

可可：哦，我好像有点明白了。所以个别财务报表中出售股权的收益 75 万元中包含了股权出售收益 40 万元、子公司净利润变动产生的收益 25 万元和其他综合收益 10 万元。在合并财务报表中就要把这 75 万元投资收益进行分解，把以前年度的净利润变动收益还原为 25 万元的留存收益，把其他综合收益还原为 10 万元的其他综合收益，剩下 40 万元是出售股权收益。对吧？

汪姐：非常正确。

剩余股权按丧失股权日的公允价值重新计量的调整（相当于认为在丧失股权日重新购买剩余股权），会计处理如下：

借：长期股权投资——投资成本　　　　　　　　　　4 200 000

　贷：长期股权投资——投资成本

　　　　　　　　　　　　［10 000 000×30%÷80%］ 3 750 000

　　　长期股权投资——损益调整

　　　　　　　　　　［（1 000 000－500 000）×30%］ 150 000

　　　长期股权投资——其他综合收益

　　　　　　　　　　　　　　　（200 000×30%） 60 000

　　　投资收益

　　　　（4 200 000－3 750 000－150 000－60 000） 240 000

从上述分录我们可以看到，在合并财务报表中确认的剩余股权投资收益24 万元，这与全部股权出售的投资收益 64 万元中有 40 万元属于出售股权、有 24 万元属于剩余股权是相符的。

调整个别财务报表出售股权中包含的净利润和其他综合收益份额的归属期间。

借：投资收益　　　　　　　　　（750 000－400 000） 350 000

　贷：盈余公积

　　　　　　［（1 000 000－500 000）×50%×10%］　25 000

　　　利润分配——未分配利润

　　　　　　［（1 000 000－500 000）×50%×10%］　25 000

　　　长期股权投资——其他综合收益

　　　　　　　　　　　　　　　（200 000×50%） 100 000

调整个别财务报表出售股权中包含的其他综合收益。注意包含已出售股权和剩余股权的其他综合收益，相当于认为全部股权已出售。

借：长期股权投资——其他综合收益

　　　　　　　　　　　　　　　（200 000×80%） 160 000

　贷：盈余公积　　　　　　　　　　　　　　　　　　16 000

　　　利润分配——未分配利润　　　　　　　　　　　144 000

如此一来，在合并财务报表中出售全部股权投资的出售收益＝剩余股权中 24 万元＋已出售股权中 40 万元（75－35）＝64 万元。与咱们刚才计算的结果一致。

可可：哇，好神奇。

汪姐：是吧，这种逻辑推算的过程其实很有趣的。

可可：我回去要自己再推算一遍。

汪姐：没错，多练习，才会记得牢。

（2）部分处置对子公司投资而由成本法转为公允价值计量。

汪姐：处置对子公司投资使得母公司丧失控制权并且不具有共同控制和重大影响的，需要由成本法转为公允价值计量。这种情况下的思考逻辑是：可看作是出售全部股权，再将剩余股权买回来。因此剩余股权按丧失控制权日的公允价值重新计量，公允价值与其账面价值的差额计入当期损益。出售股权的售价减去其长期股权投资账面价值的差额计入投资收益。

（3）部分处置对联营企业、合营企业投资而由权益法转为公允价值计量。

汪姐：这种情况下的思考逻辑与成本法转为公允价值计量相似，可看作是出售全部股权，再将剩余股权买回来。因此剩余股权按剩余股权的公允价值重新计量，公允价值与其账面价值的差额计入当期损益。出售股权的售价减去其长期股权投资账面价值的差额计入投资收益。

这里需要注意两点：一是其他综合收益的处理，即与原有长期股权投资相关的其他综合收益随着处置已经发生了改变，因此需采用与被投资单位直接处置相关资产或负债相同的基础进行会计处理；二是其他所有者权益的处理，因被投资单位除净损益、其他综合收益和利润分配以外的其他所有者权益变动而确认的所有者权益，应当在终止采用权益法时全部转入当期损益。

本章小结

汪姐：好了，关于与合并财务报表密切相关的企业合并和长期股权投资就讲这么多。咱们同样用思维导图总结一下，如图 2-2 所示。

可可长舒一口气：可算学完了，这章太难了！

汪姐：那你很棒哦！这么难的知识都被你搞定了。

可可：哈哈，搞定不敢说，只能说心里有点儿谱了，我还是跟着您的思维导图好好巩固一下吧。

汪姐：好，回去以后记得复习表 2-1，这张表中列出了长期股权投资各种类型业务的会计处理，可以多学几遍。

可可：好嘞。

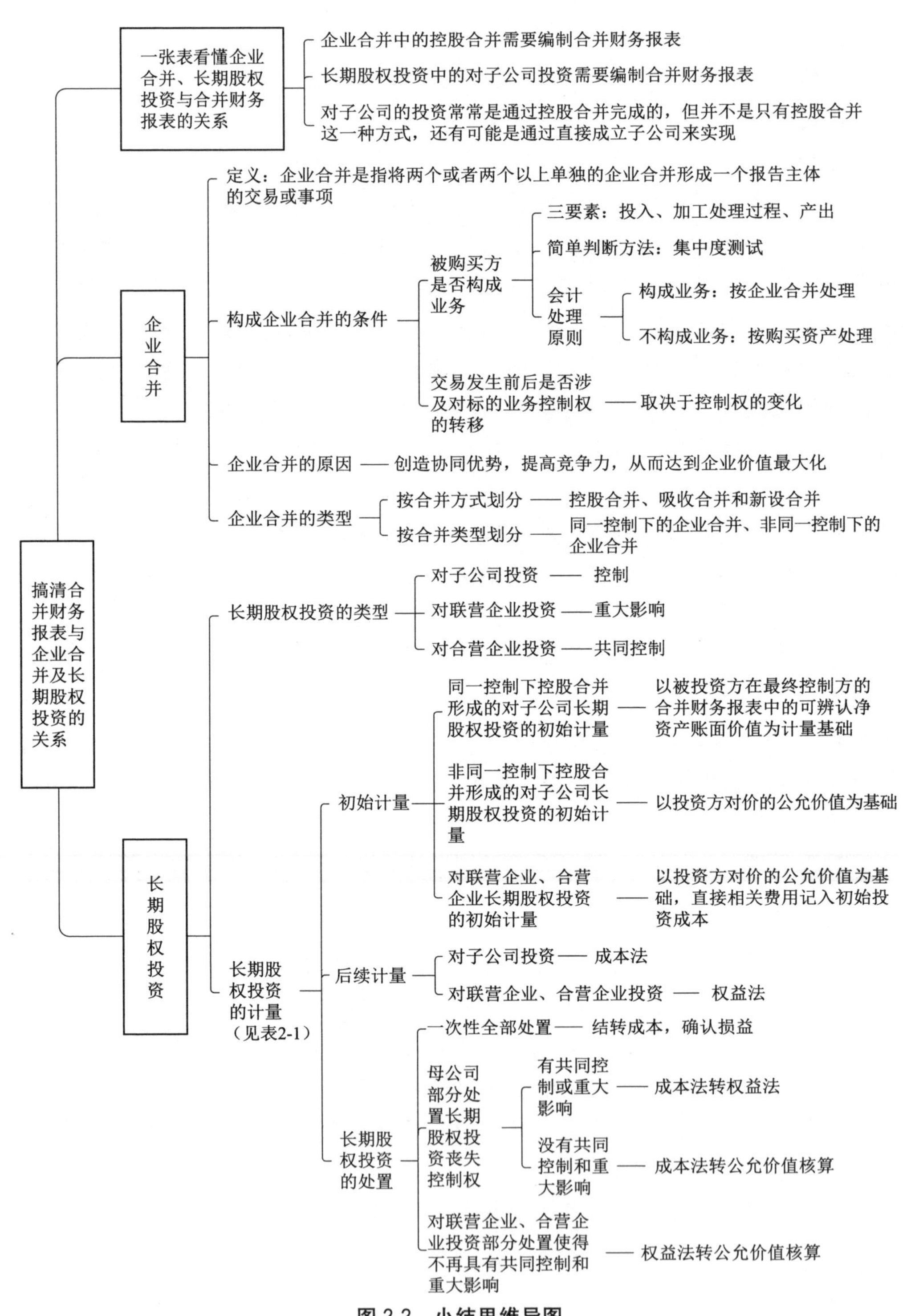

搞清合并财务报表与企业合并及长期股权投资的关系
一张表看懂企业合并、长期股权投资与合并财务报表的关系
企业合并中的控股合并需要编制合并财务报表
长期股权投资中的对子公司投资需要编制合并财务报表
对子公司的投资常常是通过控股合并完成的，但并不是只有控股合并这一种方式，还有可能是通过直接成立子公司来实现
企业合并
定义：企业合并是指将两个或者两个以上单独的企业合并形成一个报告主体的交易或事项
构成企业合并的条件
被购买方是否构成业务
三要素：投入、加工处理过程、产出
简单判断方法：集中度测试
会计处理原则
构成业务：按企业合并处理
不构成业务：按购买资产处理
交易发生前后是否涉及对标的业务控制权的转移
取决于控制权的变化
企业合并的原因
创造协同优势，提高竞争力，从而达到企业价值最大化
企业合并的类型
按合并方式划分
控股合并、吸收合并和新设合并
按合并类型划分
同一控制下的企业合并、非同一控制下的企业合并
长期股权投资
长期股权投资的类型
对子公司投资
控制
对联营企业投资
重大影响
对合营企业投资
共同控制
长期股权投资的计量（见表2-1）
初始计量
同一控制下控股合并形成的对子公司长期股权投资的初始计量
以被投资方在最终控制方的合并财务报表中的可辨认净资产账面价值为计量基础
非同一控制下控股合并形成的对子公司长期股权投资的初始计量
以投资方对价的公允价值为基础
对联营企业、合营企业长期股权投资的初始计量
以投资方对价的公允价值为基础，直接相关费用记入初始投资成本
后续计量
对子公司投资
成本法
对联营企业、合营企业投资
权益法
长期股权投资的处置
一次性全部处置
结转成本，确认损益
母公司部分处置长期股权投资丧失控制权
有共同控制或重大影响
成本法转权益法
没有共同控制和重大影响
成本法转公允价值核算
对联营企业、合营企业投资部分处置使得不再具有共同控制和重大影响
权益法转公允价值核算

图 2-2　小结思维导图

第3章 如何编制合并财务报表

前面我们已经了解了合并财务报表学习的基本思路和知识框架，知道了编制合并财务报表时都有哪些被投资方是需要纳入合并范围的，厘清了合并财务报表和企业合并、长期股权投资的关系。接下来看看，合并财务报表到底由哪些报表组成，它们长什么样，编制的原理逻辑是怎样的，编制的原则、事前准备和编制程序如何。

3.1 合并财务报表样式

这两天，可可都处在亢奋之中。关于合并财务报表学习的整体脉络已经有所了解了。那些原来听起来有些抽象的概念，什么实体理论、控制、结构化主体、投资性主体等等，现在自己也能说出一二了。连复杂的企业合并和最难的长期股权投资也学了。想到这儿，可可都有点小骄傲了。

汪姐走了进来，看到可可得意的样子，调侃道：啥事儿这么高兴呀？

可可：我觉得这两天学到挺多的。至少对合并财务报表不那么害怕了，所以挺开心的。

汪姐：确实值得高兴。

可可：嘿嘿，今天要学怎么编制合并财务报表吧？

汪姐：是啊，关于怎么编制合并财务报表，我想讲两个方面内容，一方面是编制的合并财务报表长啥样，编制的原理是什么；另一方面是编制的流程。

可可：好的。

汪姐：你还记得合并财务报表有哪几张报表吗？

可可：记得，刚复习过。有四张报表——合并资产负债表、合并利润表、合并现金流量表和合并所有者权益变动表。

汪姐：那这四张报表和个别财务报表有什么相同和不同之处呢？

可可：报表整体结构和个别报表大体相同，但报表数据并不是母公司和子公司个别财务报表的简单相加，还要考虑一些调整抵销事项，是由个别财务报表相加后再扣除调整抵销事项的合并数。

汪姐：是的。

可可得意地说：我还知道为什么会有合并抵销事项呢。因为企业集团内部成员公司之间的内部交易对企业集团来说相当于是左口袋挪右口袋的事儿，左口袋和右口袋分别进行了会计处理，影响了个别财务报表的一些项目，但是对于整个企业集团来说这些项目其实不应该受到影响，所以在合并财务报表中要抵销掉，对吧？

汪姐笑道：看来确实学会了不少。

可可不好意思地：哎不行不行，我就是刚知道点儿皮毛，差得远呢。

汪姐：好吧，那咱闲话不多说，接下来就讲讲这四个报表：合并资产负债表、合并利润表、合并现金流量表和合并所有者权益变动表。

3.1.1　合并资产负债表样式

汪姐：先来看看合并资产负债表长啥样。按照财政部 2019 年 9 月 19 日发布的《关于修订印发合并财务报表格式（2019）版的通知》，企业合并资产负债表格式见表 3-1。

表 3-1　合并资产负债表　　　　会合 01 表

编制单位：　　　　____年____月____日　　　　单位：元

资　　产	期末余额	上年年末余额	负债和所有者权益（或股东权益）	期末余额	上年年末余额
流动资产：			流动负债：		
货币资金			短期借款		
结算备付金 *			向中央银行借款 *		
拆出资金 *			拆入资金 *		
交易性金融资产			交易性金融负债		
衍生金融资产			衍生金融负债		
应收票据			应付票据		
应收账款			应付账款		
应收款项融资			预收款项		
预付款项			合同负债		
应收保费 *			卖出回购金融资产款 *		
应收分保账款 *			吸收存款及同业存放 *		
应收分保合同准备金 *			代理买卖证券款 *		
其他应收款			代理承销证券款 *		
买入返售金融资产 *			应付职工薪酬		
存货			应交税费		
合同资产			其他应付款		
持有待售资产			应付手续费及佣金 *		
一年内到期的非流动资产			应付分保账款 *		
其他流动资产			持有待售负债		
流动资产合计			一年内到期的非流动负债		
非流动资产：			其他流动负债		
发放贷款和垫款 *			流动负债合计		
债权投资			非流动负债：		
其他债权投资			保险合同准备金 *		
长期应收款			长期借款		
长期股权投资			应付债券		

续表

资　　产	期末余额	上年年末余额	负债和所有者权益（或股东权益）	期末余额	上年年末余额
其他权益工具投资			其中：优先股		
其他非流动金融资产			永续债		
投资性房地产			租赁负债		
固定资产			长期应付款		
在建工程			预计负债		
生产性生物资产			递延收益		
油气资产			递延所得税负债		
使用权资产			其他非流动负债		
无形资产			非流动负债合计		
开发支出			负债合计		
商誉			所有者权益（或股东权益）：		
长期待摊费用			实收资本（或股本）		
递延所得税资产			其他权益工具		
其他非流动资产			其中：优先股		
非流动资产合计			永续债		
			资本公积		
			减：库存股		
			其他综合收益		
			专项储备		
			盈余公积		
			一般风险准备 *		
			未分配利润		
			归属于母公司所有者权益（或股东权益）合计		
			少数股东权益		
			所有者权益（或股东权益）合计		
资产总计			负债和所有者权益（或股东权益）总计		

注：标注“*”的项目为金融企业专用项目。金融企业部分项目需特殊调整。

可可：汪姐，我看到这个表和个别资产负债表相比，增加了归属于母公司所有者权益（或股东权益）合计和少数股东权益两个项目。

汪姐：没错，从格式上看，合并资产负债表就比个别资产负债表多了这两项，知道为什么吗？

可可：肯定是为了区分母公司权益和少数股东权益呗。

汪姐：对，如果母公司对子公司100%控股，那就不存在少数股东权益了，可是如果母公司只控股60%，那剩下的40%份额就属于其他股东，也就是少数股东了。

可可：那是不是说，母公司所有者权益合计加上少数股东权益就等于所有者权益合计？

汪姐：是的，所有者权益（或股东权益）合计＝归属于母公司所有者权益（或股东权益）合计＋少数股东权益

归属于母公司所有者权益（或股东权益）合计＝实收资本（或股本）＋其他权益工具＋资本公积＋库存股＋其他综合收益＋专项储备＋盈余公积＋未分配利润

可可：也就是说，在合并资产负债表中，母公司的所有者权益列示了项目明细，包括实收资本、资本公积、盈余公积、未分配利润等等，但是少数股东权益就只是列个总数就行了。

汪姐：是的。

3.1.2 合并资产负债表合并项目

可可：汪姐，从合并资产负债表的格式看，和个别资产负债表也差不多，也就多了个归属于母公司所有者权益和少数股东权益的分类而已。

汪姐：长得是挺像，但内容却不尽相同。

可可：那是，合并资产负债表将子公司的资产负债表加进去了，肯定比母公司个别资产负债表的金额大多了。

汪姐：一般来说是这样。但是，合并资产负债表只是母公司和子公司资产负债表的简单相加吗？

可可：不是，您讲过的，还需要对一些内部事项进行调整抵销。

汪姐：是的，有哪些抵销事项，还记得吗？

可可：我记得您讲了五种类型的抵销，一是母公司长期股权投资与子公

司所有者权益的抵销；二是内部商品交易的抵销；三是债权债务的抵销；四是内部长期资产交易的抵销；五是现金流量的抵销。

汪姐：没错，其中现金流量的抵销与合并现金流量表有关，其他四类抵销都可能与合并资产负债表有关。

具体抵销分录我们后面再讲，先简单了解一下，这些抵销是如何影响资产负债表的。我们列表展示一下，见表 3-2。

表 3-2　抵销事项对资产负债表的影响

序号	需要抵销的事项	与合并资产负债表相关的抵销项目	对合并资产负债表的影响
1	母公司长期股权投资与子公司所有者权益抵销	母公司长期股权投资与子公司所有者权益项目抵销	长期股权投资和所有者权益项目减少
2	内部债权债务抵销	应收应付款项、应付债券与债权投资、长期应收款与长期应付款等抵销	债权债务减少
3	内部商品交易抵销	未全部对外销售时抵销存货中包含的未实现内部损益抵销	存货金额增加或减少
4	内部长期资产（固定资产和无形资产等）交易抵销	固定资产原价、累计折旧、无形资产、无形资产累计摊销等项目包含的未实现内部损益抵销	固定资产、无形资产增加或减少

汪姐：这就是内部抵销事项对资产负债表的大致影响。注意这些抵销事项我都简化了，实际抵销的时候要比这复杂，咱们先了解合并财务报表的大体抵销思路。

可可：哦，这么一看，资产这边，应收款项、存货、长期股权投资、固定资产、无形资产都可能成为合并抵销事项，负债和所有者权益这边也可能有合并抵销事项。

汪姐：是啊。

可可：内部商品交易合并抵销和内部长期资产交易合并抵销时，资产可能增加，也可能减少，这是为什么啊？

汪姐：因为内部交易价格可能产生未实现内部交易收益，也可能产生未实现内部交易损失啊。

可可：哦，也是。

汪姐：我们来举例看看合并的结果。

【案例 3-1】某母公司与某子公司合并前后的部分财务报表数据见表 3-3。

表 3-3　合并资产负债表部分项目数据合并前后对比　　单位：万元

项　　目	母公司	子公司	合计（抵销前）	抵销金额	合并金额（抵销后）
货币资金	15 000	5 000	20 000	—	20 000
应收项目	8 000	300	8 300	200	8 100
存货	1 500	500	2 000	10	1 990
长期投资	5 000	—	5 000	5 000	0
固定资产	32 000	8 200	40 200	20	40 180
资产合计	61 500	14 000	75 500	5 230	70 270
负债	36 900	9 000	45 900	200	45 700
所有者权益	24 600	5 000	29 600	5 030	24 570
负债和所有者权益合计	61 500	14 000	75 500	5 230	70 270
资产负债率	60.00%	64.29%	60.79%	—	65.03%

母公司资产合计 61 500 万元，子公司资产合计 14 000 万元，把两家公司的资产简单相加的结果是 75 500 万元。母公司负债合计 36 900 万元，子公司负债合计 9 000 万元，负债简单相加后是 45 900 万元。母公司所有者权益 24 600 万元，子公司所有者权益合计 5 000 万元，所有者权益简单相加后是 29 600 万元。

在编制合并财务报表时，双方往来项目抵销了 200 万元，因内部商品交易产生的未实现内部交易损益抵销存货与所有者权益（收入和成本项目转入未分配利润）各 10 万元，长期股权投资与所有者权益抵销 5 000 万元，因内部固定资产交易产生的未实现内部交易损益抵销固定资产和所有者权益（收入和成本项目转入未分配利润）各 20 万元。

抵销后的资产合并数 70 270 万元，负债合并数 45 700 万元，所有者权益合并数 24 570 万元。

母公司的资产负债率为 60.00%，合并资产负债表的资产负债率为 65.03%。

看到这些数据，你有什么感觉呢？

可可：合并资产负债表相对于母公司资产负债表而言，资产、负债和所有者权益都增加了，资产负债率提高了。

但是合并资产负债表相对于抵销前的母子公司合计数据而言，由于资产、负债、所有者权益都有抵销，所以都减少了。

汪姐：在这个例子中，合并资产负债率确实比母公司资产负债率提高了。但有没有可能资产负债率有时候也会降低呢？

可可：我觉得有可能。相对于母公司而言，如果合并后负债增加的比例大于所有者权益增长的比例，资产负债率就会提高。如果负债增加的比例小于所有者权益增加的比例，资产负债率就会降低。

汪姐：说得好。也就是说，有两个影响合并资产负债表资产负债率的因素：一个是子公司的资产负债率；一个是抵销分录对资产负债率的影响，这两方面数据的综合影响会对母公司的资产负债率产生利好或者利空的影响。

可可：利好就是资产负债率降低，利空就是资产负债率提高呗？

汪姐：对。

可可：那利好肯定比利空好吗？

汪姐：那倒不见得。要分析集团原来的资产负债率情况、行业情况等，综合来看。但是对于某些报表使用者来说，比如债权人，肯定是不希望资产负债率提高。所以这就可以为报表使用者提供一些决策依据。

可可：哦，明白了。

汪姐：所以把母公司和子公司的资产负债表项目相加，再调整抵销项后，就产生了合并资产负债表。

合并后的资产负债表提供企业集团整体的财务状况，更利于股东、债权人和其他报表使用者把握整个企业集团的财务状况。最直观的，就是能看出资产、负债、所有者权益以及资产负债率的变化。

3.1.3　合并利润表样式

汪姐：知道了合并资产负债表长啥样，接下来说说合并利润表。按照财政部 2019 年 9 月 19 日发布的《关于修订印发合并财务报表格式（2019）版的通知》，企业合并利润表格式见表 3-4。

表 3-4　合并利润表

会合 02 表

编制单位：　　　　　　____年____月　　　　　　单位：元

项　　目	本期金额	上期金额
一、营业总收入		
其中：营业收入		
利息收入*		
已赚保费*		
手续费及佣金收入*		
二、营业总成本		
其中：营业成本		
利息支出*		
手续费及佣金支出*		
退保金*		
赔付支出净额*		
提取保险责任准备金净额*		
保单红利支出*		
分保费用*		
税金及附加		
销售费用		
管理费用		
研发费用		
财务费用		
其中：利息费用		
利息收入		
加：其他收益		
投资收益（损失以“—”号填列）		
其中：对联营企业和合营企业投资收益		
以摊余成本计量的金融资产终止确认收益		
汇兑收益（损失以“—”号填列）*		
净敞口套期收益（损失以“—”号填列）		
公允价值变动收益（损失以“—”号填列）		
信用减值损失（损失以“—”号填列）		
资产减值损失（损失以“—”号填列）		
资产处置收益（损失以“—”号填列）		
三、营业利润（亏损以“—”号填列）		
加：营业外收入		
减：营业外支出		

续表

项　　目	本期金额	上期金额
四、利润总额（亏损总额以“－”号填列）		
减：所得税费用		
五、净利润（净亏损以“－”号填列）		
（一）按经营持续性分类		
1. 持续经营净利润（净亏损以“－”号填列）		
2. 终止经营净利润（净亏损以“－”号填列）		
（二）按所有权归属分类		
1. 归属于母公司股东的净利润（净亏损以“－”号填列）		
2. 少数股东损益（净亏损以“－”号填列）		
六、其他综合收益的税后净额		
（一）归属于母公司所有者的其他综合收益的税后净额		
1. 不能重分类进损益的其他综合收益		
（1）重新计量设定受益计划变动额		
（2）权益法下不能转损益的其他综合收益		
（3）其他权益工具投资公允价值变动		
（4）企业自身信用风险公允价值变动		
……		
2. 将重分类进损益的其他综合收益		
（1）权益法下可转损益的其他综合收益		
（2）其他债权投资公允价值变动		
（3）金融资产重分类计入其他综合收益的金额		
（4）其他债权投资信用减值准备		
（5）现金流量套期储备		
（6）外币财务报表折算差额		
……		
（二）归属于少数股东的其他综合收益的税后净额		
七、综合收益总额		
（一）归属于母公司所有者的综合收益总额		
（二）归属于少数股东的综合收益总额		
八、每股收益		
（一）基本每股收益		
（二）稀释每股收益		

注：标注“＊”的项目为金融企业专用项目。金融企业部分项目需特殊处理。

可可：汪姐，这个合并利润表和个别利润表相比，好像也是增加了归属于母公司的收益和少数股东收益吧？

汪姐：是的，在第五项“净利润”、第六项“其他综合收益的税后净额”和第七项“综合收益总额”中，都增加了按所有权属的分类，把归属于母公司和少数股东的不同收益分别列示。

可可：所以，如果母公司100%控股，不存在少数股东权益的话，归属于母公司的收益就和全部收益一致，少数股东的收益就是0咯。

汪姐：没错。

3.1.4 合并利润表合并项目

可可：汪姐，合并利润表的合并数据计算方法是不是和合并资产负债表相同，也是母子公司利润表中的各项目相加，然后再加上（或减去）调整抵销事项，就得到最终的合并利润表了。对吗？

汪姐：对，那我们就来看看除了现金流量的抵销之外的其他四类抵销事项，是如何影响合并利润表的。还是列表来展示一下，见表3-5。

表3-5 抵销事项对合并利润表的影响

序号	需要抵销的事项	具体抵销科目（项目）	对合并利润表的影响
1	母公司投资收益和子公司利润分配抵销	母公司投资收益和利润分配项	投资收益等减少
2	内部商品交易、内部长期资产交易的抵销	内部销售收入、成本、资产处置收益等抵销	销售收入、成本、资产处置收益等减少
3	内部债权产生的内部信用减值损失、内部商品交易、内部长期资产交易产生的资产减值损失抵销	信用减值损失、资产减值损失抵销	信用减值损失、管理费用等减少
4	内部债权债务产生的利息收支抵销等	内部利息收入和利息支出抵销	利息收入、利息支出减少
5	内部商品交易、内部长期资产交易等可能产生的递延所得税资产或负债和所得税费用的抵销	所得税费用	所得税费用的增减

汪姐：同样的，这个只是简化的抵销项目情况，具体抵销后面我们会结合实际情况具体分析。

可可：就是说，合并利润表里面的抵销有可能是投资收益的抵销、内部销售的收入和成本抵销、内部长期资产交易的收入抵销，还有可能是坏账准备产生的损失及所得税费用抵销。

汪姐：没错。

同样的，我们举例看看合并的结果。

【案例 3-2】某母公司与某子公司合并前后的部分财务报表数据见表 3-6。

表 3-6　利润表合并前后数据对比　　单位：万元

项　　目	母公司	子公司	合计（抵销前）	抵销金额	合并金额（抵销后）
一、营业收入	40 000	8 000	48 000	1 500	46 500
减：营业成本	24 000	4 400	28 400	1 000	27 400
税金及附加	770	160	930	—	930
销售费用	4 000	800	4 800	—	4 800
管理费用	8 000	2 400	10 400	—	10 400
财务费用	300	—	300	—	300
加：投资收益（损失以“—”号填列）	200	—	200	200	0
其中：对联营企业和合营企业的投资收益	—	—	0	—	0
资产处置收益（损失以“—”号填列）	—	—	0	—	0
其他收益	—	—	0	—	0
二、营业利润（亏损以“—”号填列）	3 130	240	3 370	700	2 670
加：营业外收入	（—）20	—	（—）20	—	（—）20
减：营业外支出	—	—	0	—	
三、利润总额（亏损总额以“—”号填列）	3 110	240	3 350	700	2 650
减：所得税费用	780	60	840	—	840
四、净利润（净亏损以“—”号填列）	2 330	180	2 510	700	1 810
销售毛利率	40.00%	45.00%	40.83%	—	41.08%

母公司营业收入 40 000 万元，营业成本 24 000 万元，投资收益 200 万元，扣除所得税费用后的净利润 2 330 万元。子公司营业收入 8 000 万元，营业成本 4 400 万元，扣除所得税费用后的净利润 180 万元。

在编制合并利润表时，双方因内部销售抵销营业收入 1 500 万元，抵销营业成本 1 000 万元。因母公司投资收益与子公司利润分配抵销母公司对子公司的投资收益 200 万元。

合并抵销后的合并利润表营业收入合计 46 500 万元，营业成本合计 27 400 万元，净利润合计 1 810 万元。

母公司的销售毛利率 40%，子公司的销售毛利率 45%。合并利润表的销售毛利率 41.08%。

看到这些数据，你有什么感觉呢?

可可：我觉得相对于母公司利润表而言，合并利润表的营业收入、营业成本都增加了，净利润比母公司减少了销售毛利率比母公司的销售毛利率提高了，但是比子公司的销售毛利率低。但是相对于抵销前的合计数而言，由于收入、成本、投资收益都有抵销，所以这几项都减少了，净利润也减少了。

汪姐：在这个例子中，合并利润表相对于母公司利润表的净利润降低了，销售毛利率提高了。有没有可能在别的报表中，这两者都会降低呢?

可可：我觉得有可能。首先说净利润，如果子公司亏损，也就是说子公司的净利润为负数，就有可能导致合并利润表的净利润低于母公司净利润。

还有，母子公司之间内部销售抵销是不是也可能导致利润减少啊? 这么说来，子公司的亏损和内部销售抵销都有可能减少净利润，导致合并利润表的净利润比母公司净利润少。

汪姐：没错，不过内部销售抵销不是必然导致利润减少。比如母公司销售给子公司的产品，子公司全部实现了对外销售，就不会导致利润减少，因为不存在未实现内部销售损益了。但如果母公司销售给子公司的产品，子公司并没有对外销售或只是部分对外销售，这时候抵销就可能导致净利润减少(如果未实现销售损益是负数，也可能导致合并利润表的利润增加)。

汪姐：再来说销售毛利率的增减情况。

可可：汪姐，我试着分析一下，您看对不对哈。如果子公司的毛利率大于母公司毛利率，合并利润表的毛利率就会大于母公司毛利率，相当于说子公司毛利率拉高了整体毛利率。对吧?

汪姐：对，那还有抵销呢？

可可：抵销……我就不知道了。

汪姐：哈哈，没事儿，咱们这会儿不说原理。只从数字金额上看看抵销会如何影响合并利润表。如果抵销部分的营业成本与营业收入比，大于母公司的营业成本与营业收入比，会怎么样？

可可：那相当于抵销的成本收入比小于母公司毛利率，因为抵销是反向的关系，所以合并利润表的毛利率会提高。

汪姐：不错。可可，我真是要对你刮目相看了呢。所以说，如果子公司的毛利率高于母公司毛利率，且抵销的成本收入比低于母公司毛利率，那么合并利润表的毛利率就会高于母公司毛利率；如果子公司的毛利率低于母公司毛利率，且抵销的成本收入比高于母公司毛利率，那么合并利润表的毛利率就会低于母公司毛利率。

如果抵销的成本收入比低于抵销前合并数的毛利率，那么合并利润表的毛利率就会高于抵销前的合并数的毛利率。反之亦然。

可可：合并利润表的毛利率高于母公司的毛利率，就是利好吧？

汪姐：是啊，毛利率高了，自然是利好，毛利率低了，就是利空了。

所以我们看，合并利润表是为了解决企业集团总体收支的问题。合并后的利润表净利润以及毛利率可能表现为利好，也可能为利空。

3.1.5 合并现金流量表样式

汪姐：再来看看合并现金流量表长啥样。按照财政部 2019 年 9 月 19 日发布的《关于修订印发合并财务报表格式（2019）版的通知》，企业合并现金流量表格式见表 3-7。

表 3-7 合并现金流量表

会合 03 表

编制单位： ____年____月 单位：元

项　　目	本期金额	上期金额
一、经营活动产生的现金流量		
销售商品、提供劳务收到的现金		
客户存款和同业存放款项净增加额 *		
向中央银行借款净增加额 *		

续表

项　目	本期金额	上期金额
向其他金融机构拆入资金净增加额 *		
收到原保险合同保费取得的现金 *		
收到再保业务现金净额 *		
保户储金及投资款净增加额 *		
收取利息、手续费及佣金的现金 *		
拆入资金净增加额 *		
回购业务资金净增加额 *		
代理买卖证券收到的现金净额 *		
收到的税费返还		
收到其他与经营活动有关的现金		
经营活动现金流入小计		
购买商品、接受劳务支付的现金		
客户贷款及垫款净增加额 *		
存放中央银行和同业款项净增加额 *		
支付原保险合同赔付款项的现金 *		
拆出资金净增加额 *		
支付利息、手续费及佣金的现金 *		
支付保单红利的现金 *		
支付给职工及为职工支付的现金		
支付的各项税费		
支付其他与经营活动有关的现金		
经营活动现金流出小计		
经营活动产生的现金流量净额		
二、投资活动产生的现金流量		
收回投资收到的现金		
取得投资收益收到的现金		
处置固定资产、无形资产和其他长期资产收回的现金净额		
处置子公司及其他营业单位收到的现金净额		

续表

项　　目	本期金额	上期金额
收到其他与投资活动有关的现金		
投资活动现金流入小计		
购建固定资产、无形资产和其他长期资产支付的现金		
投资支付的现金		
质押贷款净增加额 *		
取得子公司及其他营业单位支付的现金净额		
支付其他与投资活动有关的现金		
投资活动现金流出小计		
投资活动产生的现金流量净额		
三、筹资活动产生的现金流量		
吸收投资收到的现金		
其中：子公司吸收少数股东投资收到的现金		
取得借款收到的现金		
收到其他与筹资活动有关的现金		
筹资活动现金流入小计		
偿还债务支付的现金		
分配股利、利润或偿付利息支付的现金		
其中：子公司支付给少数股东的股利、利润		
支付其他与筹资活动有关的现金		
筹资活动现金流出小计		
筹资活动产生的现金流量净额		
四、汇率变动对现金及现金等价物的影响		
五、现金及现金等价物净增加额		
加：期初现金及现金等价物余额		
六、期末现金及现金等价物余额		

注：标注“*”的项目为金融企业专用项目。金融企业部分项目需特殊处理。

汪姐：你能看出来合并现金流量表与个别现金流量表有什么不同吗？

可可：我看到合并现金流量表增设了两部分内容。

一是在“吸收投资收到的现金”行下增设了“其中：子公司吸收少数股东投资收到的现金”行；二是在“分配股利、利润或偿付利息支付的现金”行项目下增设了“其中，子公司支付给少数股东的股利、利润”行。

汪姐：没错，这样做也是为了把涉及少数股东的现金流量项目进行单独列示。

3.1.6 合并现金流量表合并项目

汪姐：合并资产负债表反映企业集团的整体财务状况，合并利润表反映企业集团的整体收益情况，而合并现金流量表则反映企业集团的整体现金流入和流出情况，显示经营、投资和筹资活动的现金收支情况。

可可：既然是这样，如果是企业集团内部的现金流入流出，其实对于企业集团来说相当于还是左口袋到右口袋的问题，并没有产生真正的现金流入和流出，所以需要抵销，对吧？

汪姐：完全正确。那我们看看编制合并现金流量表需要调整抵销的项目吧。一共有六种抵销类型，见表3-8。

表3-8 抵销事项对合并现金流量表的影响

序号	需要抵销的事项	具体抵销内容	对合并现金流量表的影响
1	内部投资	内部现金投资或现金收购股权增加投资产生的现金流量	“吸收投资收到的现金”和“投资支付的现金”减少
2	内部投资收益	内部当期取得投资收益收到的现金与分配股利、利润或偿付利息支付的现金	“取得投资收益收到的现金”和“分配股利、利润或偿付利息支付的现金”减少
3	内部债权债务	内部现金结算债权与债务所产生的现金流量	“销售商品、提供劳务收到的现金”“购买商品、接受劳务收到的现金”“收到的其他与经营动有关的现金”“支付的其他与经营活动有关的现金”等减少
4	内部销售	内部当期销售商品所产生的现金流量	“销售商品、提供劳务收到的现金”“购买商品、接受劳务支付的现金”“购建固定资产、无形资产和其他长期资产支付的现金”等减少

续表

序号	需要抵销的事项	具体抵销内容	对合并现金流量表的影响
5	内部长期资产（固定资产和无形资产等）交易	内部处置固定资产、无形资产和其他长期资产收回的现金净额与购建固定资产、无形资产和其他长期资产支付的现金	“处置固定资产、无形资产和其他长期资产收回的现金净额”“购建固定资产、无形资产和其他长期资产支付的现金”等减少
6	其他	其他内部交易所产生的现金流量	根据实际情况进行抵销调整

可可：汪姐，我发现其实合并现金流量表抵销事项的类型和合并资产负债表、合并利润表是一样的，都是内部投资，以及投资收益、内部销售、内部债权债务、内部长期资产交易这些事项，只不过合并现金流量表是从内部现金收支的角度进行抵销。

汪姐：是的。这三张合并财务报表是从不同的方面、不同角度体现企业集团的财务情况，需要抵销调整的事项类型相似，但是关注点各不相同。合并资产负债表关注整个企业集团真实的资产、负债和所有者权益情况，合并利润表关注企业集团真实的收入、支出和净利润，合并现金流量表则是关注企业集团在经营活动、投资活动和筹资活动中真实的现金流入和流出情况。

可可：明白，从合并资产负债表看企业集团的大盘子，从合并利润表看盈利能力，从合并现金流量表看资金的风险状况和持续经营能力。

汪姐：确实如此。

我们还是举例看看抵销对合并现金流量表的影响。

【案例 3-3】某母公司编制合并现金流量表时，有以下抵销事项：

（1）母公司投资支付的现金和子公司吸收投资收到的现金各抵销 4 000 万元；

（2）母公司与子公司内部销售，销售商品、提供劳务收到的现金与购买商品、接受劳务支付的现金各抵销 1 000 万元；

（3）母公司取得子公司投资收益收到的现金和子公司分配股利支付的现金各抵销 200 万元；

（4）母公司将固定资产转让给子公司，处置固定资产、无形资产和其他长期资产收回的现金净额和购建固定资产、无形资产和其他长期资产支付的现金各抵销 20 万元；

（5）子公司向母公司支付往来款项，收到的与其他经营活动支付的其他与经营活动有关的现金各抵销100万元。

合并抵销结果见表3-9，你能看出合并前后有什么变化吗？

表3-9　现金流量表合并前后数据对比　　单位：万元

项　目	母公司	子公司	合计（抵销前）	抵销金额	合并金额（抵销后）
一、经营活动产生的现金流量					
销售商品、提供劳务收到的现金	36 000	7 200	43 200	1 000	42 200
收到其他与经营活动有关的现金	200	—	200	100	100
经营活动现金流入小计	36 200	7 200	43 400	1 100	42 300
购买商品、接受劳务支付的现金	14 400	2 640	17 040	1 000	16 040
支付给职工及为职工支付的现金	7 200	1 320	8 520	—	8 520
支付的各项税费	847	176	1 023	—	1 023
支付其他与经营活动有关的现金	100	—	100	100	0
经营活动现金流出小计	22 547	4 136	26 683	1 100	25 583
经营活动产生的现金流量净额	13 653	3 064	16 717	—	16 717
二、投资活动产生的现金流量					
收回投资收到的现金	—	—	—	—	—
取得投资收益收到的现金	200	—	200	200	—
处置固定资产、无形资产和其他长期资产收回的现金净额	20	—	20	20	—
收到其他与投资活动有关的现金		—	—	—	—
投资活动现金流入小计	220	—	220	220	—
购建固定资产、无形资产和其他长期资产支付的现金	500	3 000	3 500	20	3 480
投资支付的现金	4 000	—	4 000	4 000	—
支付其他与投资活动有关的现金	—	—	—	—	—
投资活动现金流出小计	4 500	3 000	7 500	4 020	3 480
投资活动产生的现金流量净额	−4 280	−3 000	−7 280	−3 800	−3 480
三、筹资活动产生的现金流量					
吸收投资收到的现金	—	4 000	4 000	4 000	0
其中：子公司吸收少数股东投资收到的现金	—	—	—	—	—

续表

项　　目	母公司	子公司	合计（抵销前）	抵销金额	合并金额（抵销后）
取得借款收到的现金	—	2 000	2 000	—	2 000
收到其他与筹资活动有关的现金	—	—	—	—	—
筹资活动现金流入小计	—	6 000	6 000	4 000	2 000
偿还债务支付的现金	—	—	—	—	—
分配股利、利润或偿付利息支付的现金	—	200	200	200	0
其中：子公司支付给少数股东的股利、利润	—	—	—	—	—
支付其他与筹资活动有关的现金	—	—	—	—	—
筹资活动现金流出小计	—	200	200	200	0
筹资活动产生的现金流量净额	—	5 800	5 800	3 800	2 000
四、汇率变动对现金及现金等价物的影响					
五、现金及现金等价物净增加额	9 373	5 864	15 237	—	15 237
加：期初现金及现金等价物余额	5 627	—	5 627	—	5 627
六、期末现金及现金等价物余额	15 000	5 864	20 864	—	20 864

可可：从这张表上看，第一，抵销调整使经营活动产生现金流入和流出都有所减少，但是对经营活动产生的现金净流量没有影响。

第二，抵销对投资活动和筹资活动的现金净流量影响挺大的，投资活动产生的现金流出调减了 3 800 万元，筹资活动产生的现金流入调减了 3 800 万元。这是母公司对子公司现金投资及子公司分配股利合并抵销造成的。

第三，最终现金及现金等价物净增加额的抵销是 0，也就是说，虽然一些现金流入流出项目有调整，但却不会影响现金及现金等价物净增加额。

汪姐：说得很好。那咱们先看你说的第一点，抵销使经营活动产生现金流入和流出都有所减少，对经营活动的现金净流量影响不大（这不是必然如此的，在别的案例中也可能产生较大影响。比如母公司向子公司销售商品，子公司现金购入后作为固定资产处理，此时会增加经营活动现金净流量，同时减少投资活动现金净流量）。除此之外，有没有别的什么影响呢？

可可：嗯……原来把由于内部交易“虚增”的现金流入和流出都还原成了真实水平。

汪姐：没错，现金流入和流出都减少了，那么现金流入与流出比会有什么变化呢？

可可：现金流入是分子，现金流出是分母，分子分母同时减少（如果不考虑本利中借款的影响，分子分母减少的金额一般是相同的），这个小学算术就学了，现金流入与流出比会提高。

汪姐：对，在【案例 3-3】中，抵销前经营活动的现金流入和流出比为

$$43\ 400 \div 26\ 683 = 1.63$$

抵销后经营活动的现金流入和流出比为

$$42\ 300 \div 25\ 583 = 1.65$$

所以说，本例中内部抵销带来了经营活动现金流入流出比的利好。

而对于投资活动和筹资活动，也会因抵销调整掉不真实的投资和筹资现金流入和流出，回归到真实情况。

由于现金流量每一笔抵销都会同时影响两个以上的现金流入或流出，影响的现金流入和现金流出总是相等的。因此抵销之后对最终的现金等价物净增加额的影响总是零。

我们也可以从另一个角度验证，现金等价物净增加额本来就是个实数，不可能因为抵销而变化，比如银行存款是多少就是多少，不是能抵销的，对吧？

可可：嗯。不管怎么抵销，最后现金等价物净增加额是不会变的。

汪姐：是的。

可可：学了今天的知识，我有个感觉，就是得时刻记住，母公司也好，子公司也好，合并的时候就是一体的，不分你我。所以自己的钱倒来倒去都做不得数，必须得去掉。

汪姐：对！母公司就好像企业集团的妈妈，子公司就是自立门户的儿子。儿子和妈妈做交易，虽然俩人是独立的，各做各的账，可是家族算大账，那儿子和妈妈的交易就是左口袋和右口袋挪来挪去，得把这些东西去掉，才能看出这个家族的真实面目。

可可：是呀是呀。

3.1.7 合并所有者权益变动表样式

汪姐：最后一个合并财务报表——合并所有者权益变动表，咱们来看看它长啥样。按照财政部 2019 年 9 月 19 日发布的《关于修订印发合并财务报表格式（2019）版的通知》，企业合并所有者权益变动表格式见表 3-10。

表 3-10　合并所有者权益变动表

编制单位：　　　　　　　　　　　　____年____月　　　　　　　　　　　　会合 04 表

单位：元

<table>
<tr><th rowspan="4">项　　目</th><th colspan="14">本年金额</th><th colspan="14">上年金额</th></tr>
<tr><th colspan="12">归属于母公司所有者权益</th><th rowspan="3">少数股东权益</th><th rowspan="3">所有者权益合计</th><th colspan="12">归属于母公司所有者权益</th><th rowspan="3">少数股东权益</th><th rowspan="3">所有者权益合计</th></tr>
<tr><th rowspan="2">实收资本（或股本）</th><th colspan="3">其他权益工具</th><th rowspan="2">资本公积</th><th rowspan="2">减：库存股</th><th rowspan="2">其他综合收益</th><th rowspan="2">专项储备</th><th rowspan="2">盈余公积</th><th rowspan="2">一般风险准备</th><th rowspan="2">未分配利润</th><th rowspan="2">小计</th><th rowspan="2">实收资本（或股本）</th><th colspan="3">其他权益工具</th><th rowspan="2">资本公积</th><th rowspan="2">减：库存股</th><th rowspan="2">其他综合收益</th><th rowspan="2">专项储备</th><th rowspan="2">盈余公积</th><th rowspan="2">一般风险准备</th><th rowspan="2">未分配利润</th><th rowspan="2">小计</th></tr>
<tr><th>优先股</th><th>永续股</th><th>其他</th><th>优先股</th><th>永续股</th><th>其他</th></tr>
<tr><td>一、上年年末余额</td><td></td><td></td><td></td><td></td><td></td><td></td><td></td><td></td><td></td><td></td><td></td><td></td><td></td><td></td><td></td><td></td><td></td><td></td><td></td><td></td><td></td><td></td><td></td><td></td><td></td><td></td><td></td><td></td></tr>
<tr><td>加：会计政策变更</td><td></td><td></td><td></td><td></td><td></td><td></td><td></td><td></td><td></td><td></td><td></td><td></td><td></td><td></td><td></td><td></td><td></td><td></td><td></td><td></td><td></td><td></td><td></td><td></td><td></td><td></td><td></td><td></td></tr>
<tr><td>前期差错更正</td><td></td><td></td><td></td><td></td><td></td><td></td><td></td><td></td><td></td><td></td><td></td><td></td><td></td><td></td><td></td><td></td><td></td><td></td><td></td><td></td><td></td><td></td><td></td><td></td><td></td><td></td><td></td><td></td></tr>
<tr><td>其他</td><td></td><td></td><td></td><td></td><td></td><td></td><td></td><td></td><td></td><td></td><td></td><td></td><td></td><td></td><td></td><td></td><td></td><td></td><td></td><td></td><td></td><td></td><td></td><td></td><td></td><td></td><td></td><td></td></tr>
<tr><td>二、本年年初余额</td><td></td><td></td><td></td><td></td><td></td><td></td><td></td><td></td><td></td><td></td><td></td><td></td><td></td><td></td><td></td><td></td><td></td><td></td><td></td><td></td><td></td><td></td><td></td><td></td><td></td><td></td><td></td><td></td></tr>
<tr><td>三、本年增减变动金额（减少以“—”号填列）</td><td></td><td></td><td></td><td></td><td></td><td></td><td></td><td></td><td></td><td></td><td></td><td></td><td></td><td></td><td></td><td></td><td></td><td></td><td></td><td></td><td></td><td></td><td></td><td></td><td></td><td></td><td></td><td></td></tr>
<tr><td>（一）综合收益总额</td><td></td><td></td><td></td><td></td><td></td><td></td><td></td><td></td><td></td><td></td><td></td><td></td><td></td><td></td><td></td><td></td><td></td><td></td><td></td><td></td><td></td><td></td><td></td><td></td><td></td><td></td><td></td><td></td></tr>
<tr><td>（二）所有者投入和减少资本</td><td></td><td></td><td></td><td></td><td></td><td></td><td></td><td></td><td></td><td></td><td></td><td></td><td></td><td></td><td></td><td></td><td></td><td></td><td></td><td></td><td></td><td></td><td></td><td></td><td></td><td></td><td></td><td></td></tr>
</table>

续表

项目	本年金额														上年金额													
	归属于母公司所有者权益												少数股东权益	所有者权益合计	归属于母公司所有者权益												少数股东权益	所有者权益合计
	实收资本（或股本）	其他权益工具			资本公积	减：库存股	其他综合收益	专项储备	盈余公积	一般风险准备	未分配利润	小计			实收资本（或股本）	其他权益工具			资本公积	减：库存股	其他综合收益	专项储备	盈余公积	一般风险准备	未分配利润	小计		
		优先股	永续股	其他												优先股	永续股	其他										
1. 所有者投入的普通股																												
2. 其他权益工具持有者投入资本																												
3. 股份支付计入所有者权益的金额																												
4. 其他																												
（三）利润分配																												
1. 提取盈余公积																												
2. 提取一般风险准备																												
3. 对所有者（或股东）的分配																												
4. 其他																												
（四）所有者权益内部结转																												

续表

项目	本年金额														上年金额													
	归属于母公司所有者权益												少数股东权益	所有者权益合计	归属于母公司所有者权益												少数股东权益	所有者权益合计
	实收资本（或股本）	其他权益工具			资本公积	减：库存股	其他综合收益	专项储备	盈余公积	一般风险准备	未分配利润	小计			实收资本（或股本）	其他权益工具			资本公积	减：库存股	其他综合收益	专项储备	盈余公积	一般风险准备	未分配利润	小计		
		优先股	永续股	其他												优先股	永续股	其他										
1. 资本公积转增资本（或股本）																												
2. 盈余公积转增资本（或股本）																												
3. 盈余公积弥补亏损																												
4. 设定受益计划变动额结转留存收益																												
5. 其他综合收益结转留存收益																												
6. 其他																												
四、本年年末余额																												

和其他合并财务报表一样，合并所有者权益变动表也在个别所有者权益变动表的基础上区分了“归属于母公司所有者权益”和“少数股东权益”。

3.1.8 合并所有者权益变动表合并项目

汪姐：与前面几个合并财务报表一样，咱们也要说说合并所有者权益变动表中的合并抵销事项。

可可：这个抵销事项就是子公司所有者权益的抵销吧？

汪姐：有子公司所有者权益的抵销，也有母公司投资收益和子公司利润分配的抵销。为便于理解，我们用左右口袋来比喻，用案例说明。

【案例 3-4】 20×2 年初，风妈集团本部所有者权益为 20 000 万元，我们看作是放在左口袋（母公司自身，下同）。20×2 年 1 月 5 日，风妈集团投资 5 000 万元成立了子公司风某公司，风妈集团 100%控股。这就相当于把左口袋的 5 000 万元转到右口袋（子公司风某公司，下同）。左口袋增加长期股权投资 5 000 万元，右口袋增加所有者权益 5 000 万元。

20×2 年底，左口袋从外部获取利润 6 000 万元，左口袋按权益法从右口袋获取投资收益 1 000 万元。右口袋从外部获取利润 1 000 万元，假设左右口袋不存在其他内部交易，年底右口袋按 1 000 万元利润进行了利润分配。

现在，我们把这两个口袋合在一起，风妈集团整体的所有者权益是多少呢？

可可：对于风妈集团来说，左口袋转到右口袋的 5 000 万元对所有者权益没有增加也没减少，只是换了个地方而已。左口袋的投资收益 1 000 万元也是来自于右口袋的利润，因此左口袋的投资收益和右口袋的利润分配也要抵销。但是左口袋赚的 6 000 万元和右口袋赚的 1 000 万元是实实在在增加的收益。所以风妈集团一共有：20 000＋6 000＋1 000＝27 000（万元）。

汪姐：对！所以说，虽然左口袋年末所有者权益 27 000 万元（20 000＋6 000＋1 000），右口袋年末所有者权益 6 000 万元（5 000＋1 000），合计 33 000 万元，但是对于整个风妈集团来说，左右口袋加起来的所有者权益只有 27 000 万元（20 000＋6 000＋1 000），见表 3-11。

表 3-11 合并所有者权益抵销原理示例

项　　目	左口袋（母公司）	右口袋（子公司）	抵销前合计	企业集团抵销	企业集团合计
年初所有者权益	20 000	—	20 000	—	20 000

续表

项　　目	左口袋（母公司）	右口袋（子公司）	抵销前合计	企业集团抵销	企业集团合计
（左口袋转右口袋）母公司长期股权投资	5 000	—	5 000	5 000	0
（左口袋转右口袋）子公司所有者权益	—	5 000	5 000	5 000	0
投资收益增加所有者权益	1 000	—	1 000	1 000	0
净利润增加所有者权益	6 000	1 000	7 000	—	7 000
子公司利润分配	—	1 000	1 000	1 000	0
年末所有者权益	27 000	6 000	—	—	27 000

可可：风妈集团本部增加的长期股权投资 5 000 万元和风某公司增加的所有者权益 5 000 万元，其实对于风妈集团来说只是挪了个地方，并没有增减变化。风妈集团的投资收益 1 000 万元来自于风某公司利润 1 000 万元，所以不能算这个投资收益，也不能算子公司的利润分配（母公司股东权益和少数股东权益变动中已经分配过了）。

汪姐：是的，这就是合并所有者权益变动表编制和抵销的逻辑：企业集团实际从外部获取的收益，以及因外部其他原因产生的所有者权益变化会实实在在地影响整个企业集团的所有者权益，比如【案例 3-4】中风妈集团本部从外部取得收益 6 000 万元和风某公司从外部取得收益 1 000 万元；但是左右口袋只是换了个地方却被俩口袋虚增的账面数额就要在合并时进行抵销，比如风妈集团本部的长期股权投资和风某公司的所有者权益；左右口袋重复计算的收益部分也要抵销，比如风妈集团本部投资收益和风某公司利润分配。这样才会得到整个集团实实在在的所有者权益变动额。（实际抵销会比这复杂，此处仅为了说明原理而做了简化处理）

以后在实践操作或者考试中遇到了复杂的问题，你都可以想成左口袋和右口袋的事儿，这样逻辑是不是就变得简单了？

可可：是呢，一想到左口袋右口袋，就好理解了。

3.2 合并日（或购买日）的合并财务报表编制

按照编制时间，合并财务报表可以分为合并日（或购买日）的合并财务报表和合并日（或购买日）后的合并财务报表。合并日（或购买日）的合并财务报表，顾名思义，就是在合并日（或购买日）编制的合并财务报表。而合并日（或购买日）后的合并财务报表，是指中期合并财务报表和年度合并财务报表，通常可以是月度、季度、半年度和年度合并财务报表。

在3.1中，我们学习了四大合并财务报表的编制原理。这些原理适用于所有合并财务报表，但合并日（或购买日）的合并财务报表有一些特殊情况，比如有些合并财务报表在合并日是不是需要编制的。因此，这一节我们说说合并日（或购买日）合并财务报表的一些特殊要求。

3.2.1 合并日（或购买日）

汪姐：在企业合并的合并日（或购买日），是需要编制合并财务报表的。

可可：合并日和购买日有区别吗?

汪姐：合并日（或购买日）是指购买方实际取得被购买方控制权的日期。《合并财务报表准则》中把同一控制下的企业合并叫作“合并日”，非同一控制下的企业合并叫作“购买日”。同时满足下列条件的，通常可认为实现了控制权的转移。

（1）企业合并合同或协议已获股东大会等通过。

（2）企业合并事项需要经过国家有关主管部门审批的，已获得批准。

（3）参与合并各方已办理了必要的财产权转移手续。

（4）合并方或购买方已支付了合并价款的大部分（一般应超过50%），并且有能力、有计划支付剩余款项。

（5）合并方或购买方实际上已经控制了被合并方或被购买方的财务和经营政策，并享有相应的利益、承担相应的风险。

可可：总之就是能确定控制权转移的时点。

汪姐：对，这是确定合并日（或购买日）的关键。

3.2.2 合并日需要编制的合并财务报表类型和抵销事项

汪姐：同一控制下的企业合并和非同一控制下的企业合并需要编制的合

并财务报表有所不同。

可可：我记得您讲过，同一控制下的企业合并是说企业合并前后合并方、被合并方均被相同的最终控制方控制，本质是左口袋挪右口袋；而非同一控制下的企业合并，本质就是市场化购买。对吧？

汪姐：没错。

1. 非同一控制下取得子公司购买日的财务报表

汪姐：对于非同一控制下的企业合并，母公司应在购买日编制合并资产负债表。也就是说，从购买日开始，母子公司的资产合并了，但是子公司购买日前的利润、现金流量不能计入合并财务报表，所以不需要在购买日编制合并利润表和合并现金流量表。

可可：那子公司合并前的利润怎么办呢？

汪姐：已经在合并时作为净资产的一部分被母公司购买了呀。

可可：哦哦。

汪姐：编制购买日资产负债表的抵销事项主要是母公司长期股权投资和子公司所有者权益的抵销。如果双方有内部债权债务余额，也需要抵销。

可可：有没有可能有内部存货、内部固定资产的抵销呢？

汪姐：内部存货和内部固定资产的抵销事项源于未实现的内部交易损益，对于非同一控制下的企业合并来说，母子公司购买日之前的交易属于外部交易，所以不需要抵销。

2. 同一控制下取得子公司合并日的财务报表编报

汪姐：根据现行《企业会计准则》，对于同一控制下的企业合并，母公司在合并日可以编制合并日的合并资产负债表、合并利润表、合并现金流量表等合并财务报表。

可可：为什么非同一控制下的企业合并在购买日只编制合并资产负债表，而同一控制下的企业合并却还要编制合并利润表和合并现金流量表呢？

汪姐：因为在非同一控制下，我们认为被投资方的利润和现金流量应该从购买日起重新计算，过去子公司的利润和现金流并不属于现在的企业集团，所以不需要在购买日编制合并利润表和合并现金流量表。

而在同一控制下，由于最终控制方一直没变，所以财务处理上要“视同合并后的报告主体自最终控制方开始控制时点起一直存在”。所以合并资产负债表、合并利润表、合并现金流量表都可以编制了。

可可：这样的话，合并日的抵销类型是不是就和合并日后是一样的了？

汪姐：没错，同一控制下的合并财务报表，应视同合并后形成的报告主体自最终控制方开始实施控制时起，一直是一体化存续下来的。

编制合并日的合并财务报表时，除了应抵销母公司对子公司长期股权投资与子公司所有者权益外，如果母公司和子公司在合并前的内部交易也要进行抵销。

可可：哦，明白了。对了汪姐，我记得您说过，并不是所有的合并财务报表都是企业合并的结果，还有直接投资的子公司。这类公司就不需要合并日的合并财务报表了吧？

汪姐：是的。

3.3 合并财务报表编制原则与前期准备工作

可可：汪姐，我现在已经知道合并会计报表长什么样、大概有哪些抵销事项了。可是这些合并财务报表怎么编制呢？感觉有点无从下手。

汪姐：编制合并财务报表是一项极其复杂的工作，所以一定要明白基本编制原则，做好前期准备工作，掌握编制流程。

3.3.1 合并财务报表的编制原则

汪姐：和普通财务报表一样，合并财务报表需要遵循真实可靠、内容完整的基本原则。除此之外，还要遵循以下三大原则。

一是以个别财务报表为基础编制。这主要是说合并财务报表是以母子公司的财务报表为编制依据，而不是根据母子公司的账簿编制的。

二是一体性原则。这也是咱们一直强调的，合并财务报表是一大家子的财务报表，左口袋右口袋都是自己的，是多个法人企业组成的一个会计主体的财务情况。所以才会有母子公司内部经济业务的各种抵销。

三是重要性原则。合并财务报表本来就是一件很复杂的工作，编制中可能会遇到各种各样的问题，所以要遵循重要性原则。对于整个企业集团不具有重要性的事项，可以视情况进行取舍。比如母子公司之间的经济业务，如果对整个企业集团的财务状况和经营成果影响不大时，出于简化考虑，也可能不进行抵销处理而直接编制合并财务报表。

3.3.2 合并财务报表编制的前期准备工作

汪姐：在编制合并财务报表之前，还要做好各项准备工作。

1. 统一会计政策和会计期间

编制合并财务报表时子公司要和母公司的会计政策和会计期间保持一致。

可可：会计政策具体是指什么政策呢？

汪姐：会计政策包括会计原则、会计程序和会计处理方法，比如母公司某类固定资产折旧年限是 5 年，子公司却是 7 年，二者的会计政策就不一致了。

可可：不一致怎么办呢？

汪姐：子公司要尽可能和母公司保持一致。如果实在难以一致，比如一些境外子公司按照当地监管要求的会计政策和会计期间报送财务报表，从而和母公司会计政策及会计期间不一致，这时就需要按照母公司的会计政策和会计期间重新编报财务报表，或者由母公司对子公司报送的财务报表进行调整。

2. 统一记账本位币

子公司财务报表以外币计量的，要折算为母公司所采用的记账本位币表示的财务报表。这里主要是指境外子公司。

可可：按什么方法折算呢？

汪姐：常见的折算方法有：流动和非流动法、货币性与非货币性法、时态法和现行汇率法。我国会计准则基本采用的是现行汇率法。

可可：您能具体讲讲吗？

汪姐：《企业会计准则第 19 号——外币折算》第十二条规定，企业对境外经营的财务报表进行折算时，应当遵循下列要求。

资产负债表中的资产和负债项目，采用资产负债表日的即期汇率折算；实收资本按照历史汇率折算；利润表中的收入和费用项目采用交易发生日的即期汇率或即期汇率的近似汇率折算；产生的折算损益在资产负债表的“其他综合收益”项目列示，见表 3-12。

表 3-12　以外币表示的财务报表折算汇率表

项　　目	折算汇率
资产和负债	资产负债表日的即期汇率
实收资本和资本公积	发生时的即期汇率
盈余公积	当期盈余公积采用当期平均汇率；期初盈余公积为以前年度计提盈余公积按相应年度平均汇率折算后的金额累计
未分配利润	当期未分配利润为利润表折算后的净利润－当年分配的盈余公积折算后金额；年初未分配利润为以前年度未分配利润折算后金额
收入和费用	交易发生日的即期汇率或按照系统合理方法确定的、与交易发生日即期汇率近似的汇率
备注：折算差额作为“其他综合收益”在资产负债表所有者权益项目下单独列示	

可可：收入和费用项目采用交易发生日的即期汇率，这在实务中会不会很难操作？很多企业的收入费用都是每天发生的，这个量应该很大。

汪姐：确实如此。所以也可以采用与交易发生日即期汇率近似的汇率，在汇率变动不大的情况下，可采用当期平均汇率折算。

可可：盈余公积和未分配利润的折算汇率好像比较特殊。折算后的累计盈余公积是每一年折算后的盈余公积之和，而每一年折算后的盈余公积都是采用当年平均汇率。折算后的累计未分配利润是每一年利润表折算后的未分配利润之和，而每一年折算后的未分配利润是当年折算后的利润表计算得出的净利润减去当年折算后的盈余公积之差。

汪姐：是的，不过每一年只需要计算当年的盈余公积和未分配利润，再加上年初累计金额即可得到年末累计数。

可可：汪姐，我有个问题：我国会计准则为什么要用现行汇率法折算汇率呢？或者说现行汇率法有什么优点呢？

汪姐：首先，现行汇率法非常简便易行。其次，这种方法考虑了境外子公司作为独立自主经营的实体，对子公司的资产和负债项目按相同的汇率来计量，对折算后的资产负债表各项目仍能保持原外币报表中各项目之间的比例关系，据此计算出来的多种财务比率，也符合子公司的实际。最后，这种方法将汇率折算损益作为所有者权益的一个单独项目予以列示，体现了汇率变动对企业集团境外经营的投资净额的影响。

可可：可是对所有资产都用现行汇率折算，这样合适吗？

汪姐：这个确实是现行汇率法的缺点，它假设所有的资产、负债项目都暴露在汇率风险之下，且遭受汇率风险的程度相同，这显然与事实不符。对历史成本计价的资产，比如固定资产按现行汇率折算有点不伦不类。不过每一种汇率折算方法都有它的优缺点，现行汇率法与我国合并财务报表采用的实体理论一致，总体瑕不掩瑜。

3. 收集编制合并财务报表的相关资料

在编制合并财务报表时，子公司除了要向母公司提供其个别财务报表之外，还应向母公司提供下列有关资料。

（1）采用的与母公司不一致的会计政策及其影响金额；

（2）与母公司不一致的会计期间的说明；

（3）与母公司、其他子公司之间发生的所有内部交易的相关资料；

（4）所有者权益变动和利润分配资料；

（5）编制合并财务报表所需的其他有关资料。

可可：能不能详细说说这些要求呢？

汪姐：没问题。不同的企业集团应该根据自身实际情况提出子公司提供资料的具体要求，这样在实务中会更加高效准确便捷。咱就以风妈集团为例，逐条说说这些资料应该如何要求、如何准备。

（1）采用的与母公司不一致的会计政策及其影响金额。

不是所有的子公司都有这种情况。如果有的话，一般要求子公司提供两份财务报表，一份是子公司原来政策下的财务报表，另一份是调整为和母公司一致的会计政策后的财务报表，并附上相关说明。这项工作也可以由母公司来做。但由于母公司合并财务报表工作量很大，且子公司最了解自身情况，因此，只要不是子公司确实没有能力编制调整后的财务报表，就可以让子公司自行调整，母公司审核，这样更加高效且不易出错。

（2）与母公司不一致的会计期间的说明。

这一条需要子公司编制与母公司会计期间相一致的财务报表。

（3）与母公司、其他子公司之间发生的所有内部交易的相关资料。

这些内部交易资料包括内部购销交易、债权债务、投资及其产生的现金流量和未实现内部销售损益的期初、期末金额及变动情况等资料。

这些资料对合并财务报表编制非常重要，咱们重点说说。

首先，母公司应规范企业集团内部交易科目。如果各单位科目不能规范统一，则可能使合并工作更加复杂混乱，增加工作难度和工作量。因此，母公司有必要规范各子公司的科目使用，以便期末核对和合并财务报表编制工作顺利开展。

例如，内部购销业务的债权债务，销售方计入“应收账款”科目，购买方必须计入“应付账款”科目。内部固定资产调拨，调出方计入“其他应收款”科目，调入方必须计入“其他应付款”科目，这样母公司做抵销分录时才不会出错。

其次，对于子公司较多的企业集团，母公司设计格式统一的内部交易备查账，母公司和每个有内部交易的子公司都认真填列，定期对账，发现不符时及时查找原因调整，确保核对无误后在编制合并财务报表时提交母公司使用。以风妈集团为例，内部债权债务抵销调整补充资料参考格式见表3-13。

表3-13　风妈集团内部债权债务抵销调整补充资料表

公司名称：　　　　　　　　　　　　　　　　单位：元

单位名称	应收票据	应收账款	其他应收款	应付票据	应付账款	其他应付款	合计	对方余额	是否核对相符	差额	坏账准备			备注
											上年累计	本年增减	年末余额	
风妈集团														
风一公司														
风二公司														
风三公司														
……														

表3-13需要风妈集团和所有子公司填写。此表包含两方面内容：一是内部债权债务情况，填写出本公司之外的集团内部其他公司与本公司的债权债务明细，注意每个公司在报送前一定要与相关公司核对相符；二是本公司债权的坏账准备情况，如没有可以不填。

内部商品交易抵销调整补充资料参考格式见表3-14。

表 3-14　风妈集团内部商品交易抵销调整补充资料表

编制单位：　　　　　　　　　　　　　　　　　　　　　　　　　　　　单位：元

<table>
<tr><th rowspan="3">提交单位</th><th colspan="7">购销双方填写</th><th colspan="7">购买方（按内部购买成本）填写</th><th colspan="1">购销双方填写</th></tr>
<tr><th rowspan="2">年月</th><th rowspan="2">存货名称</th><th rowspan="2">销售单位</th><th rowspan="2">销售方收入（不含税）</th><th rowspan="2">销售方成本</th><th rowspan="2">购买单位</th><th rowspan="2">购买方成本（不含税）</th><th colspan="4">存货对外销售情况</th><th colspan="3">存货减值情况</th><th rowspan="2">是否核对相符</th></tr>
<tr><th>期初存货余额</th><th>本期新增存货</th><th>本期对外销售金额</th><th>本期期末存货余额</th><th>上期减值准备余额</th><th>本期增减</th><th>期末减值准备余额</th></tr>
<tr><td></td><td></td><td></td><td></td><td></td><td></td><td></td><td></td><td></td><td></td><td></td><td></td><td></td><td></td><td></td><td></td></tr>
<tr><td></td><td></td><td></td><td></td><td></td><td></td><td></td><td></td><td></td><td></td><td></td><td></td><td></td><td></td><td></td><td></td></tr>
<tr><td></td><td></td><td></td><td></td><td></td><td></td><td></td><td></td><td></td><td></td><td></td><td></td><td></td><td></td><td></td><td></td></tr>
<tr><td></td><td></td><td></td><td></td><td></td><td></td><td></td><td></td><td></td><td></td><td></td><td></td><td></td><td></td><td></td><td></td></tr>
<tr><td></td><td></td><td></td><td></td><td></td><td></td><td></td><td></td><td></td><td></td><td></td><td></td><td></td><td></td><td></td><td></td></tr>
</table>

注：如购买方无法填写“销售方成本”，则由母公司编制合并财务报表时补充填写。

表 3-14 需要风妈集团和所有子公司填写。此表主要反映风妈集团内部商品交易的相关情况，提交母公司前同样须与相关公司核对相符，以便母公司编制抵销分录。

合并现金流量表的补充资料参考格式见表 3-15。

表 3-15　风妈集团合并现金流量表内部抵销调整补充资料表

公司名称：　　　　　　　　　　　　　　　　　　　　　　　　　　　　单位：元

项　　目	风妈集团	风一公司	风二公司	风三公司	……
一、经营活动产生的现金流量					
销售商品、提供劳务收到的现金					
收到其他与经营活动有关的现金					
购买商品、接受劳务支付的现金					
支付其他与经营活动有关的现金					
二、投资活动产生的现金流量					
收回投资收到的现金					
取得投资收益收到的现金					

续表

项　　目	风妈集团	风一公司	风二公司	风三公司	……
处置固定资产、无形资产和其他长期资产收回的现金净额					
处置子公司及其他营业单位收到的现金净额					
收到其他与投资活动有关的现金					
购建固定资产、无形资产和其他长期资产支付的现金					
投资支付的现金					
取得子公司及其他营业单位支付的现金净额					
三、筹资活动产生的现金流量					
吸收投资收到的现金					
取得借款收到的现金					
收到其他与筹资活动有关的现金					
偿还债务支付的现金					
分配股利、利润或偿付利息支付的现金					
支付其他与筹资活动有关的现金					
现金流量合计					

表3-15需要风妈集团和所有子公司填写。此表主要反映风妈集团内部现金流量的情况，每个成员公司分别填写与本公司相关公司的现金流入流出情况（不需填写本公司情况），与相关公司核对相符后提交母公司。

如果集团内部还有其他重要调整事项的，可根据实际情况再编制其他补充材料表。

可可：在实务工作中，这些资料如果不事先准备好，到编制合并财务报表时肯定会很麻烦。

汪姐：可不是嘛，做好这些前期辅助工作，才能更顺利地完成合并财务报表的编制工作。

(4) 所有者权益变动和利润分配的有关资料以及其他有关资料。

汪姐：子公司除了提供本公司所有者权益变动表之外，还应根据母公司需要补充相关资料。母公司也可以提前准备一些补充材料，比如长期股权投资明细表等，提供报表编制补充和备查资料。

3.3.3 合并财务报表的编制程序

汪姐：做好前期准备工作后，就可以开始编制合并财务报表了。编制的流程如下。

（1）设置合并工作底稿。合并工作底稿是编制合并财务报表的有效工具。我们可以在合并工作底稿中对母公司和纳入合并范围的子公司的个别财务报表项目进行汇总和抵销处理，最终得到合并财务报表各项目的合并数。通常合并工作底稿的格式见表 3-16。

表 3-16 合并工作底稿（1）

20×2 年　　　　单位：元

项　目	母公司	子公司1	子公司2	子公司3	……	合计数	调整分录		抵销分录		少数股东权益	合并数
							借方	贷方	借方	贷方		
资产负债表项目												
流动资产：												
货币资金												
交易性金融资产												
衍生金融资产												
……												
利润表项目												
一、营业收入												
减：营业成本												
税金及附加												
销售费用												
……												
所有者权益变动表项目												
年初未分配利润												

续表

项目	母公司	子公司1	子公司2	子公司3	……	合计数	调整分录		抵销分录		少数股东权益	合并数
							借方	贷方	借方	贷方		
归属于母公司所有者权益的净利润												
利润分配												
提取盈余公职												
……												
现金流量表项目												
一、经营活动产生的现金流量												
销售商品、提供劳务收到的现金												
收到其他与经营活动有关的现金												
……												

也可以把抵销分录和调整分录合并为同一列，格式见表3-17。

表3-17　合并工作底稿（2）

20×2年　　　　单位：元

项目	母公司	子公司1	子公司2	子公司3	……	合计数	调整及抵销分录		少数股东权益	合并数
							借方	贷方		
资产负债表项目										
流动资产：										
货币资金										
交易性金融资产										
衍生金融资产										
……										

续表

项　　目	母公司	子公司1	子公司2	子公司3	……	合计数	调整及抵销分录		少数股东权益	合并数
							借方	贷方		
利润表项目										
一、营业收入										
减：营业成本										
税金及附加										
销售费用										
……										
所有者权益变动表项目										
年初未分配利润										
归属于母公司所有者权益的净利润										
利润分配										
提取盈余公职										
……										
现金流量表项目										
一、经营活动产生的现金流量										
销售商品、提供劳务收到的现金										
收到其他与经营活动有关的现金										
……										

如果数据量很大，也可以根据企业集团实际情况，把合并工作底稿分成两个或多个工作表进行数据的处理。

（2）将母公司和子公司的个别财务报表数据录入合并工作底稿，并汇总得出个别资产负债表、个别利润表、个别所有者权益变动表及个别现金流量表各项目的合计数额。

（3）编制调整分录和抵销分录。这一步是合并财务报表编制最关键、最重要、最复杂也是难度最高的环节。我们可以借助各子公司提供的内部抵销调整补充资料表（见表3-13、表3-14、表3-15等）作为编制调整抵销分录的基础。

为了做好抵销分录，我们可以编制抵销分录列表，将所有抵销分录按顺序填入表中。抵销分录列表参考格式见表3-18。

表3-18　合并工作底稿抵销分录列表

20×2年　　　　　　单位：元

序号	摘　要	报表项目	借方金额	贷方金额	关联公司	备注
1	母公司长期股权投资对子公司1所有者权益抵销	实收资本	×××	—	母公司&子公司1	
2		资本公积	×××	—	母公司&子公司1	
3		盈余公积	×××	—	母公司&子公司1	
4		未分配利润	×××	—	母公司&子公司1	
5		长期股权投资	—	×××	母公司&子公司1	
6	母公司长期股权投资对子公司2所有者权益抵销	实收资本	×××	—	母公司&子公司2	
7		资本公积	×××	—	母公司&子公司2	
8		盈余公积	×××	—	母公司&子公司2	
9		未分配利润	×××	—	母公司&子公司2	
10		长期股权投资	—	×××	母公司&子公司2	
……	……					
	母公司与子公司1内部债权债务抵销	应付账款	×××	—	母公司&子公司1	
		应收账款	—	×××	母公司&子公司1	
		其他应付款	×××	—	母公司&子公司1	
		其他应收款	—	×××	母公司&子公司1	
	母公司与子公司2内部债权债务抵销	应付账款	×××	—	母公司&子公司2	
		应收账款	—	×××	母公司&子公司2	
		其他应付款	×××	—	母公司&子公司2	
		其他应收款	—	×××	母公司&子公司2	
	……					

续表

序号	摘　要	报表项目	借方金额	贷方金额	关联公司	备注
	子公司1与子公司2内部债权债务抵销	应付账款	×××	—	子公司1&子公司2	
		应收账款	—	×××	子公司1&子公司2	
		其他应付款	×××	—	子公司1&子公司2	
		其他应收款	—	×××	子公司1&子公司2	
	……					
	母公司与子公司1内部销售抵销	营业收入	×××	—		
		营业成本	—	×××		
	母公司与子公司2内部销售抵销	营业收入	×××	—		
		营业成本	—	×××		
		存货	—	×××		
	……					
	子公司1与子公司2内部销售抵销	营业收入	×××	—		
		营业成本	—	×××		
		存货	—	×××		
	……					
合计			××××	××××		借方合计与贷方合计应相等

抵销分录录入抵销分录列表后，用Excel分类汇总工具将数据进行分类汇总后填入合并工作底稿中。

如果子公司有需要调整事项，也可以参照抵销分录列表编制调整分录列表，数据处理方法与抵销分录列表相同。

（4）计算合并财务报表各项目的合并金额。用母公司和子公司个别财务报表各项目合计数加上（或减去）调整抵销分录调整金额，就可以计算出合并财务报表各项目的合并金额了。不同项目的抵销分录调整金额的计算方法与项目的记账规则一致，如资产类项目的合并财务报表数据为个别财务报表项目合计数加上调整分录和抵销分录借方发生额，减去调整分录和抵销分录贷方发生额。具体计算方法见表3-19。

表 3-19　合并财务报表合并数额的计算方法

项　　目	调整或抵销分录借方发生额	调整或抵销分录贷方发生额
资产类项目	加	减
负债和所有者权益项目	减	加
收益类项目	减	加
成本费用类项目	加	减

(5) 填列合并财务报表。合并工作底稿完成后，就可以将结果填入正式合并财务报表了。

可可：合并工作底稿真神奇，凝结了整个企业集团的合并财务数据。

汪姐：是的，所以需要整个企业集团日常积累、各项材料准确齐全才能顺利完成。

可可：是呢。

汪姐：不过你现在已经知道怎么做了，是吧？

可可：嗯，编制合并财务报表之前，就要设计好各类辅助表格、备查材料等，每个成员公司都要做好登记备查、对账、查错补缺等前期工作。编制工作开始后，各个成员公司要提交相互核对相符的、准确的辅助和补充材料。然后开始填写合并工作底稿，过入母公司和纳入合并范围的子公司的个别财务报表数据并求和，根据辅助材料得到调整抵销数据并填入合并工作底稿，最终得出合并数据，据此编制合并财务报表。

本章小结

汪姐：关于合并财务报表长啥样、合并原理是怎样的、编制的原则、前期准备工作以及编制程序等，咱们就讲到这儿。我们还是用一张图回顾一下，好吗？如图 3-1 所示。

可可：好的。

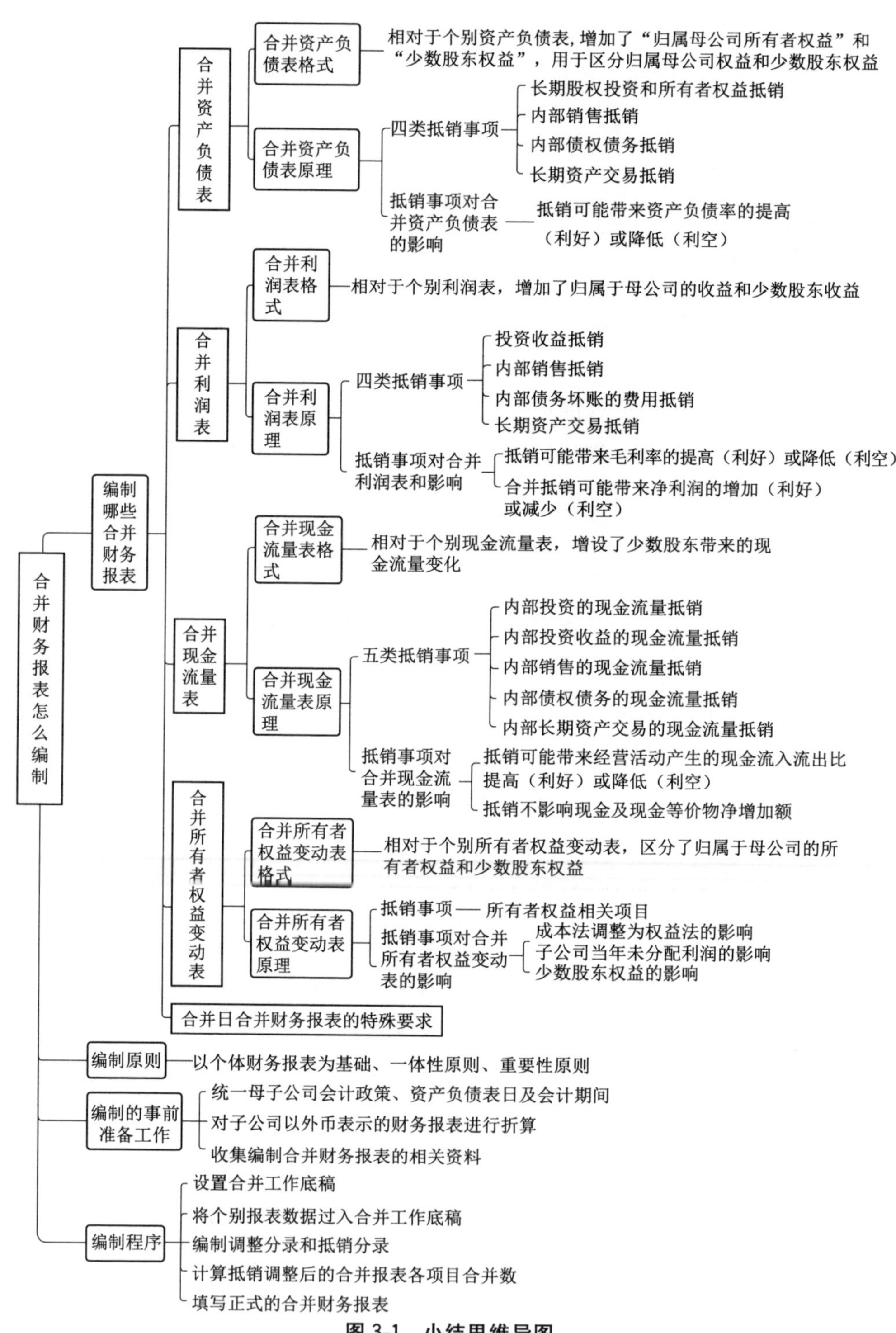
合并财务报表怎么编制
编制哪些合并财务报表
合并资产负债表
合并资产负债表格式
相对于个别资产负债表，增加了"归属母公司所有者权益"和"少数股东权益"，用于区分归属母公司权益和少数股东权益
合并资产负债表原理
四类抵销事项
长期股权投资和所有者权益抵销
内部销售抵销
内部债权债务抵销
长期资产交易抵销
抵销事项对合并资产负债表的影响
抵销可能带来资产负债率的提高（利好）或降低（利空）
合并利润表
合并利润表格式
相对于个别利润表，增加了归属于母公司的收益和少数股东收益
合并利润表原理
四类抵销事项
投资收益抵销
内部销售抵销
内部债务坏账的费用抵销
长期资产交易抵销
抵销事项对合并利润表和影响
抵销可能带来毛利率的提高（利好）或降低（利空）
合并抵销可能带来净利润的增加（利好）或减少（利空）
合并现金流量表
合并现金流量表格式
相对于个别现金流量表，增设了少数股东带来的现金流量变化
合并现金流量表原理
五类抵销事项
内部投资的现金流量抵销
内部投资收益的现金流量抵销
内部销售的现金流量抵销
内部债权债务的现金流量抵销
内部长期资产交易的现金流量抵销
抵销事项对合并现金流量表的影响
抵销可能带来经营活动产生的现金流入流出比提高（利好）或降低（利空）
抵销不影响现金及现金等价物净增加额
合并所有者权益变动表
合并所有者权益变动表格式
相对于个别所有者权益变动表，区分了归属于母公司的所有者权益和少数股东权益
合并所有者权益变动表原理
抵销事项
所有者权益相关项目
抵销事项对合并所有者权益变动表的影响
成本法调整为权益法的影响
子公司当年未分配利润的影响
少数股东权益的影响
合并日合并财务报表的特殊要求
编制原则
以个体财务报表为基础、一体性原则、重要性原则
编制的事前准备工作
统一母子公司会计政策、资产负债表日及会计期间
对子公司以外币表示的财务报表进行折算
收集编制合并财务报表的相关资料
编制程序
设置合并工作底稿
将个别报表数据过入合并工作底稿
编制调整分录和抵销分录
计算抵销调整后的合并报表各项目合并数
填写正式的合并财务报表

图 3-1 小结思维导图

第 4 章 长期股权投资与所有者权益的合并处理

不知不觉，可可已经学了不少合并财务报表的知识了。

现在，可可心里已经有了合并财务报表学习框架，知道了为什么要编制合并财务报表、编制合并财务报表的范围，了解了和合并财务报表密切相关企业合并和长期股权投资，学完了四大合并财务报表编制的原理和程序，对于编制合并财务报要呈现的大致模样已经心里有数了。接下来就要学习各类合并抵销处理，汪姐说过，这是合并财务报表的重点和难点，一定要多用点心才好。

正想着，汪姐已经到了。

汪姐：合并财务报表的底层逻辑就这么愉快地学完了，是不是也挺好玩的?

可可：是呢，内啡肽分泌的过程很爽呀。

汪姐：哈哈，没错，内啡肽来自学习的成就感，所以想要多点内啡肽就多多学习吧。

可可：嗯，痛并快乐着。汪姐，咱们今天是不是要学习抵销事项的具体处理方法了？

汪姐：没错，今天先学第一种抵销调整事项，长期股权投资和所有者权益的抵销调整处理。

4.1 长期股权投资与所有者权益合并抵销思路

母公司长期股权投资与子公司所有者权益合并抵销的总体思路是：第一步，将长期股权投资由成本法调整为权益法；第二步，抵销母公司长期股权投资和子公司所有者权益；第三步，抵销母公司投资收益和子公司利润分配。

4.1.1 母公司长期股权投资与子公司所有者权益总体抵销思路

汪姐：咱们以左口袋和右口袋为喻，以风妈集团为例，说说长期股权投资与所有者权益抵销的思路。

1. 没有投资收益时的抵销思路

【案例 4-1】20×2 年 5 月 5 日，风妈集团以银行存款 1 000 万元取得风某公司 100%股权。假设当日风妈集团的所有者权益为 5 000 万元。风某公司可辨认净资产的账面价值及公允价值相同，所有者权益组成如下：股本 500 万元，资本公积 200 万元，盈余公积 250 万元，未分配利润 50 万元。假设当年风某公司的所有者权益没有任何变化，也不存在盈余和亏损。不考虑任何其他因素，年底编制合并财务报表应如何进行合并处理？

可可：应该用风妈集团长期股权投资和风某公司全部所有者权益项目进行抵销。

汪姐：为什么呢？

可可：您讲过的，左口袋挪到了右口袋，不能算的。

汪姐：对，咱们来看看具体过程。

20×2 年 5 月 5 日，风妈集团投资风某公司，风妈集团本部会计分录如下：

借：长期股权投资	10 000 000	
贷：银行存款		10 000 000

经过这笔会计处理，风妈集团本部的财务报表发生了一些变化，是什么变化呢？

可可：长期股权投资增加了 1 000 万元，银行存款减少了 1 000 万元。

汪姐：没错，这1 000万元的银行存款到哪里去了呢?

可可：给风某公司了呀。

汪姐：也就是说，这1 000万元的银行存款挪到了风某公司。对于整个风妈集团来说，风妈集团本部是左口袋，风某公司是右口袋，左口袋把钱挪到了右口袋。可是现在风妈集团的个别财务报表上多了1 000万元的长期股权投资；风某公司个别财务报表上多了1 000万元的所有者权益，这对于整个风妈集团来说是虚增的部分。整个集团的长期股权投资和所有者权益不会因为钱挪了个口袋就增加。能理解吧?

可可：理解。

汪姐：那这个抵销分录应该怎么做呢?

可可：抵销分录如下。

借：股本　　5 000 000

　　资本公积　　2 000 000

　　盈余公积　　2 500 000

　　未分配利润　　500 000

　　贷：长期股权投资　　10 000 000

汪姐：没错，如果不是100%控股，也就是说有少数股东，则母公司长期股权投资和子公司所有者权益抵销分录为

借：股本　　×××

　　资本公积　　×××

　　盈余公积　　×××

　　未分配利润　　×××

　　贷：长期股权投资　　×××

　　　　少数股东权益　　×××

可可：这个少数股东权益怎么理解呢?

汪姐：按照实体理论，在编制合并财务报表时，是把风某公司的全部资产、负债和所有者权益都并入合并财务报表中了。归属于母公司的所有者权益与母公司长期股权投资抵销了，不属于母公司的所有者权益部分要转为少数股东权益。

可可：所以这里的少数股东权益是要与归属于母公司的权益有所区分、在合并财务报表中单独列示的意思，对吧?

汪姐：没错。

2. 有投资收益时的抵销原理

汪姐：**【案例 4-2】**沿用【案例 4-1】，假设风某公司当年净利润为 100 万元，实际分配股利 40 万元。不考虑其他因素。那么这时候，风妈集团编制合并财务报表又该怎么做抵销分录呢？

可可：这个……

汪姐：咱们一步步来。先试试把个别财务报表中的成本法转为合并财务报表中的权益法，看看长期股权投资和投资收益有什么变化？

可可：好，我试试哈。

在个别财务报表中，宣布发放股利时，风妈集团本部记账为

借：应收股利　　400 000

　　贷：投资收益　　400 000

编制合并财务报表时，应该按权益法，按应享有的净利润比例确认投资收益。

借：长期股权投资——投资收益　　1 000 000

　　贷：投资收益　　1 000 000

再冲销成本法确认的投资收益。

借：投资收益　　400 000

　　贷：长期股权投资——投资收益　　400 000

汪姐：很好，现在试试看，母公司长期股权投资和子公司所有者权益抵销分录该怎么做呢？

可可：调整后母公司长期股权投资金额为 1 060（1 000＋100－40）万元，抵销分录为

借：股本　　5 000 000

　　资本公积　　2 000 000

　　盈余公积　　2 500 000

　　未分配利润　　1 100 000

　　贷：长期股权投资　　10 600 000

汪姐：好的。接下来看看投资收益的抵销。在合并财务报表中，风妈集团本部确认了 100 万元的投资收益，这 100 万元哪里来的呢？

可可：就是享有的风某公司的净利润份额呀。

汪姐：那就是说，在合并财务报表中，风某公司的净利润已经体现在利润表中了对吧？风妈集团本部又确认了投资收益，那么从合并利润表上看，

左口袋确认投资收益，右口袋确认净利润，是不是重复了，需要抵销吗?

可可：那确实得抵销。可为什么抵销的是对风某公司的投资收益而不是风某公司的净利润呢?

汪姐：因为对风某公司的投资收益反映的是风妈集团本部对风某公司的内部收益，从整体看，这个收益就不应该存在呀。

可可：哦，投资收益与什么抵销呢?

汪姐：与风某公司当年利润分配抵销。

可可：这又是为什么呢?

汪姐：我列一个简单的表格，你就明白了，见表 4-1。

表 4-1　投资收益与利润分配抵销表　　单位：万元

<table>
<tr><th>项　目</th><th>风妈集团本部</th><th>风某公司</th><th>合　计</th><th>抵销金额</th><th>合并财务报表</th></tr>
<tr><td>利润表：</td><td></td><td></td><td></td><td></td><td></td></tr>
<tr><td>投资收益</td><td>100</td><td>—</td><td>100</td><td>100</td><td>0</td></tr>
<tr><td>净利润</td><td>100</td><td>100</td><td>200</td><td>100</td><td>100</td></tr>
<tr><td>股东权益变动表：</td><td></td><td></td><td></td><td></td><td></td></tr>
<tr><td>提取盈余公积</td><td rowspan="3">100</td><td rowspan="3">100</td><td rowspan="3">200</td><td rowspan="3">100</td><td rowspan="3">100</td></tr>
<tr><td>向股东分配利润</td></tr>
<tr><td>未分配利润</td></tr>
</table>

不考虑其他因素，单看风某公司的净利润 100 万元在风妈集团本部和风某公司的个别财务报表分别是如何体现的：

在风妈集团本部个别财务报表中，风某公司的 100 万元净利润被风妈集团本部作为投资收益 100 万元，这 100 万元投资收益最终变成风妈集团本部的净利润 100 万元，然后又在股东权益变动表中进行了利润分配；在风某公司个别财务报表中，100 万元净利润也进行了利润分配。

可可：哦，所以风妈集团本部和风某公司的投资收益与净利润重复了，风妈集团本部和风某公司的利润分配也重复了。

汪姐：是的，因此我们要把对于风妈集团而言虚增的对风某公司的投资收益和风某公司利润分配抵销。

可可：为什么是抵销风某公司的利润分配而不是风妈集团本部的利润分配呢?

汪姐：因为合并财务报表要反映母公司股东权益的变动情况呀。

可可：对哦。

汪姐：如果母公司不是100%控股，还要考虑少数股东损益的抵销。因为子公司当年的净利润可以分为两部分，一部分属于母公司，也就是母公司投资收益，另一部分属于少数股东，也就是少数股东损益。对吧？

可可：对。

汪姐：同时，风某公司的年初未分配利润也要一并抵销。这意味着子公司的利润分配来源不仅是当年净利润，还有年初未分配利润。

抵销分录如下。

借：投资收益　　×××
　　少数股东损益　　×××
　　年初未分配利润　　×××
　　贷：提取盈余公积　　×××
　　　　向股东分配利润　　×××
　　　　年末未分配利润　　×××

对于【案例4-2】来说，母公司投资收益与子公司利润分配抵销分录为

借：投资收益　　1 000 000
　　年初未分配利润　　500 000
　　贷：向股东分配利润　　400 000
　　　　年末未分配利润　　1 100 000

可可：分录里的少数股东损益为什么是在借方呢？

汪姐：借方的意思是：在合并利润表中，这是子公司净利润应该归属于少数股东的部分，要从净利润合并数中减去这部分，才能得到归属于母公司的净利润，所以对于母公司来说是抵减项。

可可：就是说，少数股东损益借方数表示增加少数股东的损益而减少母公司的损益。对吗？

汪姐：是的，后面我们在编制合并工作底稿时会用到这个知识点，所以要记牢哦。

可可：好的。

3. 取得子公司长期股权投资第二年的合并处理

可可：汪姐，我还有个困惑。对子公司长期股权投资第二年、第三年……

在合并抵销时与第一年有什么不同吗?

汪姐：问得好。我们说在取得子公司长期股权投资的第一年，母公司长期股权投资和子公司所有者权益在合并财务报表中的调整抵销有三步：第一步是按权益法调整长期股权投资和投资收益。第二步是抵销母公司长期股权投资和子公司所有者权益。第三步是抵销母公司投资收益和子公司利润分配。

在第二年，我们对第一步处理有所不同，需要在调整计算第一年年末按权益法调整对子公司长期股权投资金额的基础上，按第二年子公司净利润和分派现金股利的情况，调整长期股权投资金额，以此为基础作为第二步中长期股权投资的抵销金额。我们举例说明。

【案例 4-3】沿用【案例 4-2】，假设 20×3 年，风某公司实现净利润 200 万元，分派现金股利 80 万元。不考虑其他因素。

20×3 年，风妈集团调整抵销分录如下。

(1) 将长期股权投资由成本法调整为权益法时，在第一年年末按权益法调整对子公司长期股权投资金额的基础上，按第二年子公司所有者权益的变动，调整长期股权投资金额。第一年调整的投资收益转为年初未分配利润。

借：长期股权投资　　(600 000+2 000 000) 2 600 000
　　贷：投资收益　　2 000 000
　　　　年初未分配利润　　600 000
借：投资收益　　800 000
　　贷：长期股权投资　　800 000

(2) 母公司长期股权投资和子公司所有者权益抵销分录如下。

借：股本　　5 000 000
　　资本公积　　2 000 000
　　盈余公积　　2 500 000
　　未分配利润　　2 300 000
　　贷：长期股权投资　　11 800 000

(3) 母公司投资收益与子公司利润分配抵销分录如下。

借：投资收益　　2 000 000
　　年初未分配利润　　1 100 000
　　贷：向股东分配利润　　800 000
　　　　年末未分配利润　　2 300 000

可可：哦，明白了。第一步调整时，把上年权益法下确认的投资收益 60 万元转为年初未分配利润，再按享有的子公司当年净利润份额调增投资收益 200 万元，按子公司宣布分派现金股利的份额条件确认投资收益 80 万元，同时调增长期股权投资金额 180（60＋200－80）万元。

汪姐：是的，第三年的调整，则把第二年权益法下累计确认的投资收益 180 万元转为年初未分配利润，以此类推。

4.1.2 不同情形下的长期股权投资与所有者权益合并处理思路

汪姐：学习了长期股权投资和所有者权益抵销的基本抵销思路后，咱们接着探讨不同具体情况下的合并处理。有两个影响合并处理的重要因素：一是编制合并财务报表的时间是合并日还是合并日后；二是投资属于同一控制下对子公司投资、非同一控制下对子公司投资还是直接成立子公司。

合并日和合并日后合并处理思路的区别是：合并日不需要考虑母公司投资收益和子公司利润分配的抵销，因为母公司此时还没有投资收益。

同一控制下取得子公司与非同一控制下取得子公司合并处理思路的主要区别：一是前者需要考虑合并前子公司归属于母公司留存收益的恢复；二是后者需要按照支付对价与享有的子公司可辨认净资产公允价值的份额确认商誉或营业外收入；三是后者需要以购买日确定的各项可辨认资产、负债及或有负债的公允价值为基础对子公司财务报表进行调整。

直接成立子公司不存在合并日的合并处理。成立日后的合并处理与同一控制下对子公司投资基本相同，只是不存在合并日前子公司留存收益恢复的问题。

不同情形的抵销调整思路见表 4-2。

表 4-2 长期股权投资与所有者权益抵销调整思路

时 间	同一控制下取得子公司	非同一控制下取得子公司	直接成立子公司
合并日（购买日）	1. 母公司长期股权投资和子公司所有者权益进行抵销； 2. 调整恢复合并前子公司应归属于合并方的留存收益	1. 以购买日的子公司净资产公允价值为基础调整子公司财务报表项目； 2. 母公司长期股权投资和子公司所有者权益进行抵销	不适用

续表

时　间	同一控制下取得子公司	非同一控制下取得子公司	直接成立子公司
合并日（购买日）后	1. 按权益法调整母公司长期股权投资和投资收益； 2. 母公司长期股权投资和子公司所有者权益进行抵销； 3. 母公司投资收益和子公司利润分配进行抵销； 4. 调整恢复合并前子公司应归属于合并方的留存收益	1. 以购买日的子公司净资产公允价值为基础调整子公司财务报表项目； 2. 按权益法调整母公司长期股权投资和投资收益； 3. 母公司长期股权投资和子公司所有者权益进行抵销； 4. 投资收益和子公司利润分配进行抵销	1. 按权益法调整母公司长期股权投资和投资收益； 2. 母公司长期股权投资和子公司所有者权益进行抵销； 3. 母公司投资收益和子公司利润分配进行抵销

可可：非同一控制下取得子公司为什么要以购买日的子公司净资产公允价值为基础对子公司财务报表项目进行调整呢？

汪姐：因为母公司购买子公司是市场行为，本质上是按照公允价值购买的，所以要在合并财务报表中以子公司各项资产、负债的公允价值为基础编制合并财务报表。

可可：同一控制下取得子公司，要把合并前子公司归属于母公司的留存收益进行恢复调整，这又是什么意思呢？

汪姐：同一控制下企业合并的合并双方在合并前后都属于同一个企业集团，相当于一直是一家子，所以视同从最终控制方实施控制开始被合并方就是合并方的子公司，合并双方一直是一体化存续下来的，合并资产负债表应该反映母子公司作为一个整体实现的留存收益情况。在编制合并财务报表时，母公司长期股权投资和子公司所有者权益抵销分录中子公司合并前的留存收益被抵销掉了，所以要恢复被合并方在企业合并前实现的留存收益中归属于合并方的部分。

可可：还是不懂。

汪姐：举个例子。

【案例 4-4】沿用【案例 4-1】，假设风妈集团本部和风某公司属于同一控制下的合并。风某公司合并日的所有者权益组成为：股本 500 万元，资本公积 200 万元，盈余公积 250 万元，未分配利润 50 万元。

合并日风妈集团本部长期股权投资与风某公司所有者权益进行了抵销，包括风某公司的留存收益 300（250+50）万元。假设风某公司的留存收益均为同一最终控制方实施控制后产生的。由于风妈集团和风某公司视同自最终控制方实施控制开始一直是一体化存续下来的，也就是说，风某公司的留存收益应该归属于风妈集团和少数股东（如果有的话），但在合并时，风某公司的留存收益被抵销了，所以要把这300万元留存收益按风妈集团的持股比例调回来，就好像风妈集团自风某公司被最终控制方控制开始就一直是风某公司的母公司一样。

可可：哦，明白了。就是合并财务报表只显示了母公司的留存收益情况，却没有反映子公司合并前辛苦赚到并留存的收益。如果是非同一控制下的企业合并，那自然没问题，因为那已经是过去的事儿、是别人赚的钱了。但同一控制下企业合并却得看做子公司一直是就是自己的，所以要把这些留存收益按自己应该享有的份额调回来。

汪姐：是的。

4.2 同一控制下取得子公司合并日长期股权投资与所有者权益的合并处理

汪姐：母公司长期股权投资和子公司所有者权益的合并处理思路说清楚了，从这一节开始，咱们根据表4-2中的不同情形，通过实例进一步理解长期股权投资与所有者权益抵销调整的方法。

可可：好嘞！我就喜欢实例，实例不枯燥。

汪姐：先说说在合并日，同一控制下取得子公司的长期股权投资与所有者权益合并处理。还记得需要抵销调整的事项有哪些吗？

可可：一是母公司长期股权投资和子公司所有者权益进行抵销，二是调整恢复子公司合并前的留存收益。

汪姐：好，这回我们的案例不能那么简单了，要稍微复杂一点。

【案例4-5】风一公司与风二公司同为风妈集团控制下的子公司。20×2年5月5日，风一公司以银行存款1 800万元取得风二公司80%股权，相关审计、法律服务等费用20万元。风二公司在风妈集团合并财务报表中的净资产账面价值为2 000万元，其组成如下：股本1 000万元，资本公积300万元，盈余公积200万元，未分配利润500万元。

风一公司与风二公司采取的会计政策一致。假设风一公司和风二公司在合并前未发生任何交易和往来。

解析：

同一控制下的企业合并，合并日可编制合并资产负债表、合并利润表、合并现金流量表等合并财务报表。

风一公司对风二公司的初始投资成本为享有的风二公司在最终控制方合并财务报表中的净资产账面价值的份额，即：2 000×80%＝1 600（万元）。相关审计、法律服务费计入当期管理费用。风一公司个别财务报表的会计处理如下。

借：长期股权投资　　16 000 000
　　资本公积　　2 000 000
　　贷：银行存款　　18 000 000

借：管理费用　　200 000
　　贷：银行存款　　200 000

编制合并日合并财务报表时，母公司长期股权投资与子公司所有者权益抵销分录如下。

借：股本　　10 000 000
　　资本公积　　3 000 000
　　盈余公积　　2 000 000
　　未分配利润　　5 000 000
　　贷：长期股权投资　　16 000 000
　　　　少数股东权益　　4 000 000

风二公司留存收益恢复。

借：资本公积　　5 600 000
　　贷：盈余公积　　（2 000 000×80%）1 600 000
　　　　未分配利润　　（5 000 000×80%）4 000 000

编制合并工作底稿见表 4-3。

表 4-3　合并工作底稿（合并资产负债表部分）

20×2 年度　　单位：万元

项　　目	风一公司	风二公司	合计数	调整抵销分录		少数股东权益	合并数
				借方	贷方		
流动资产：							

续表

项　　目	风一公司	风二公司	合计数	调整抵销分录		少数股东权益	合并数
				借方	贷方		
货币资金	800	500	1 300	—	—		1 300
交易性金融资产	—	—	—	—	—		—
衍生金融资产	—	—	—	—	—		—
应收票据	2 000	0	2 000	—	—		2 000
应收账款	2 500	800	3 300	—	—		3 300
预付款项	300	100	400	—	—		400
其他应收款	600	300	900	—	—		900
存货	100	30	130	—	—		130
持有待售资产	—	—	—	—	—		—
一年内到期的非流动资产	—	—	—	—	—		—
其他流动资产							
流动资产合计	6 300	1 730	8 030	—	—		8 030
非流动资产：							
债权投资	—	—	—	—	—		—
其他债权投资	—	—	—	—	—		—
长期应收款	—	—	—	—	—		
长期股权投资	1 600	—	1 600	—	1 600		0
投资性房地产	—	—	—	—	—		—
固定资产	25 000	3 500	28 500	—	—		28 500
在建工程	4 200	550	4 750	—	—		4 750
无形资产	100	20	120				120
开发支出	—	—	—	—	—		—
商誉	—	—	—	—	—		—
长期待摊费用	—	—	—	—	—		—
递延所得税资产	—	—	—	—	—		—
其他非流动资产	—	—	—	—	—		—

续表

项　　目	风一公司	风二公司	合计数	调整抵销分录		少数股东权益	合并数
				借方	贷方		
非流动资产合计	30 900	4 070	34 970	—	1 600		33 370
资产总计	37 200	58 00	43 000	—	1 600		41 400
流动负债：							
短期借款	1 600	500	2 100	—	—		2 100
交易性金融负债	—	—	—	—	—		—
衍生金融负债	—	—	—	—	—		—
应付票据	600	300	900	—	—		900
应付账款	4 300	1 000	5 300	—	—		5 300
预收款项	—	—	—	—	—		—
应付职工薪酬	100	50	150	—	—		150
应交税费	130	60	190	—	—		190
其他应付款	370	290	660	—	—		660
持有待售负债							—
一年内到期的非流动负债	1 100	600	1 700	—	—		1 700
其他流动负债							—
流动负债合计	8 200	2 800	11 000	—	—		11 000
非流动负债：							
长期借款	12 000	1 000	13 000	—	—		13 000
应付债券	—	—	—	—	—		—
长期应付款	—	—	—	—	—		—
其他非流动负债	—	—	—	—	—		—
非流动负债合计	12 000	1 000	13 000	—	—		13 000
负债合计	20 200	3 800	24 000	—	—		24 000
股东权益：							
股本	9 000	1 000	10 000	1 000	—		9 000
其他权益工具	—	—	—	—	—		—

续表

项　　目	风一公司	风二公司	合计数	调整抵销分录		少数股东权益	合并数
				借方	贷方		
其中：优先股	—	—	—	—	—	—	
永续债	—	—	—	—	—	—	
资本公积	5 000	300	5 300	860	—	—	4 440
减：库存股	—	—	—	—	—	—	
其他综合收益	—	—	—	—	—	—	
专项储备	—	—	—	—	—	—	
盈余公积	1 000	200	1 200	200	160	—	1 160
未分配利润	2 000	500	2 500	500	400	—	2 400
归属于母公司或股东权益合计	17 000	2 000	19 000	2 560	560	—	17 000
少数股东权益	—	—	—	—	—	400	400
或股东权益合计	17 000	2 000	19 000	2 560	560	400	17 400
负债和股东权益总计	37 200	5 800	43 000	2 560	560	400	41 400

汪姐：咱们来看看表 4-3 的抵销结果。从表中可以看到，母公司的长期股权投资 1 600 万元和子公司所有者权益项目进行了抵销；抵销后的留存收益按照合并日前归属于最终控制方时进行了恢复；合并资本公积减少到 4 440 万元；少数股东权益 400 万元。

合并工作底稿完成后，就可以据此填列合并资产负债表了。

如需编制合并利润表和合并现金流量表，在没有其他内部交易和往来的情况下，不需要进行抵销和调整，只需要按两家公司的个别报表相同项目简单相加之和填列即可。

需要注意的是，编制合并利润表和合并现金流量表时，由于在同一控制下视为合并前两家企业的股东权益在合并后新企业的联合和继续，因此风二公司在合并前当年实现的利润，也要包含在合并利润中。合并前风二公司当年的现金流入、流出也要包含在合并现金流量中。

4.3 同一控制下取得子公司合并日后长期股权投资与所有者权益的合并处理

4.3.1 抵销分录及合并工作底稿

汪姐：这一节咱们继续通过实例演示同一控制下取得子公司在合并日后的长期股权投资与所有者权益合并处理。还记得这种情况下需要调整抵销的事项有哪些呢？

可可：第一步，按权益法调整长期股权投资和投资收益；第二步，母公司长期股权投资和子公司所有者权益抵销；第三步，投资收益和利润分配也要进行抵销；第四步，调整合并前子公司应归属于母公司的留存收益。

汪姐：很好，那我们看案例。

【案例 4-6】风一公司与风二公司同为风妈集团控制下的子公司，采取的会计政策一致。

20×2 年 1 月 1 日，风一公司以银行存款 1 800 万元取得风二公司 80%股权。风二公司账面净资产为 2 000 万元，公允价值为 2 100 万元。所有者权益组成如下：股本 1 000 万元，资本公积 300 万元，盈余公积 200 万元，未分配利润 500 万元。

20×2 年风二公司取得净利润 150 万元，提取盈余公积 30 万元，向股东宣布并发放股利 100 万元。无其他所有者权益变动。不考虑留存收益恢复因素。

解析：

(1) 编制合并财务报表前，风二公司宣布发放股利，风一公司按成本法会计处理如下。

借：应收股利　　　　(1 000 000×80%) 800 000

　　贷：投资收益　　　　800 000

(2) 编制合并日合并财务报表时，风一公司按权益法调整长期股权投资和投资收益。

借：长期股权投资——投资收益　　(1 500 000×80%) 1 200 000

　　贷：投资收益　　　　1 200 000

借：投资收益　　　　800 000

　　贷：长期股权投资——投资收益　　　　800 000

（3）编制风一公司长期股权投资与风二公司所有者权益抵销分录。

借：股本　　　　　　　　　　　　　　　　　　　10 000 000
　　资本公积　　　　　　　　　　　　　　　　　　3 000 000
　　盈余公积　　　　　　（2 000 000＋300 000）2 300 000
　　未分配利润
　　　[5 000 000＋（1 500 000－300 000－1 000 000）] 5 200 000
　　贷：长期股权投资
　　　　（20 000 000×80%＋1 200 000－800 000）16 400 000
　　　　少数股东权益　　　　　　　　　　　　　　　4 100 000

（4）编制风一公司投资收益与风二公司利润分配抵销分录。

借：投资收益　　　　　　　　　　　　　　　　1 200 000
　　少数股东损益　　　　　　　　　　　　　　　300 000
　　年初未分配利润　　　　　　　　　　　　　5 000 000
　　贷：提取盈余公积　　　　　　　　　　　　　　　300 000
　　　　向股东分配利润　　　　　　　　　　　　　1 000 000
　　　　年末未分配利润　　　　　　　　　　　　　5 200 000

按照调整抵销分录填写合并工作底稿，见表4-4（表中省略了未用到的合并财务报表项目）。

表4-4　合并工作底稿（局部）

编制单位：风妈集团　　　　　　　　20×2年度　　　　　　　　　　单位：万元

项　　目	风一公司	风二公司	合计数	调整分录		抵销分录		少数股东权益	合并数	备注
				借方	贷方	借方	贷方			
资产负债表										
流动资产：										
货币资金	850	550	1 400	—	—	—	—	—	1 400	
应收票据	2 100	0	2 100	—	—	—	—	—	2 100	
应收账款	3 000	900	3 900	—	—	—	—	—	3 900	
预付款项	200	120	320	—	—	—	—	—	320	
其他应收款	700	400	1 100	—	—	—	—	—	1 100	
存货	150	30	180	—	—	—	—	—	180	
流动资产合计	7 000	2 000	9 000	—	—	—	—	—	9 000	

续表

项　　目	风一公司	风二公司	合计数	调整分录		抵销分录		少数股东权益	合并数	备注
				借方	贷方	借方	贷方			
非流动资产：										
长期股权投资	1 600	—	1 600	120	80	—	1 640	—		(1)①
固定资产	26 000	4 000	30 000	—	—	—	—	—	30 000	
在建工程	4 900	580	5 480	—	—	—	—	—	5 480	
无形资产	200	20	220	—	—	—	—	—	220	
非流动资产合计	32 700	4 600	37 300	120	80		1 640	—	35 700	
资产总计	39 700	6 600	46 300	120	80		1 640	—	44 700	
流动负债：										
短期借款	1 300	650	1 950	—	—	—	—	—	1 950	
应付票据	500	700	1 200	—	—	—	—	—	1 200	
应付账款	1 200	1 100	2 300	—	—	—	—	—	2 300	
预收款项	—	—	—	—	—	—	—	—	—	
应付职工薪酬	140	60	200	—	—	—	—	—	200	
应交税费	160	80	240	—	—	—	—	—	240	
其他应付款	400	360	760	—	—	—	—	—	760	
持有待售负债	—	—	—	—	—	—	—	—	—	
一年内到期的非流动负债	1 200	600	1 800	—	—	—	—	—	1 800	
流动负债合计	4 900	3 550	8 450	—	—	—	—	—	8 450	
非流动负债：										
长期借款	12 000	1 000	13 000	—	—	—	—	—	13 000	
非流动负债合计	12 000	1 000	13 000	—	—	—	—	—	13 000	
负债合计	16 900	4 550	21 450	—	—	—	—	—	21 450	
股东权益：										
股本	9 000	1 000	10 000	—	—	1 000	—	—	9 000	(2)②
其他权益工具	—	—	—	—	—	—	—	—	0	
其中：优先股	—	—	—		—		—	—	0	

续表

项目	风一公司	风二公司	合计数	调整分录		抵销分录		少数股东权益	合并数	备注
				借方	贷方	借方	贷方			
永续债									0	
资本公积	5 000	300	5 300	—	—	300	—	—	5 000	(3)①
减：库存股	—	—	—	—	—	—	—	—	0	
其他综合收益	—	—	—	—	—	—	—	—	0	
专项储备	—	—	—	—	—	—	—	—	0	
盈余公积	2 000	230	2 230	—	—	230	—	—	2 000	(4)②
未分配利润	6 800	520	7 320	80	120	1 140	650	30	6 840	(5)③
归属于母公司股东权益合计	22 800	2 050	24 850	80	120	2 670	650	30	22 840	
少数股东权益	—	—	—	—	—	—	—	410	410	
股东权益合计	22 800	2 050	24 850	80	120	2 670	650	380	23 250	
负债和股东权益总计	39 700	6 600	46 300	80	120	2 670	650	380	44 700	
利润表										
一、营业收入	45 000	2 600	47 600	—	—	—	—	—	47 600	
减：营业成本	35 200	2 200	37 400	—	—	—	—	—	37 400	
税金及附加	720	50	770	—	—	—	—	—	770	
销售费用	100	—	100	—	—	—	—	—	100	
财务费用	1 060	150	1 210	—	—	—	—	—	1 210	
加：其他收益	—	—	0	—	—	—	—	—	0	
投资收益（损失以“—”号填列）	80	—	80	80	120	120	—	—	0	(6)④
二、营业利润（亏损以“—”号填列）	8 000	200	8 200	80	120	120	—	—	8 120	
三、利润总额（亏损总额以“—”号填列）	8 000	200	8 200	80	120	120	—	—	8 120	
减：所得税费用	2 000	50	2 050	—	—	—	—	—	2 050	

续表

项目	风一公司	风二公司	合计数	调整分录		抵销分录		少数股东权益	合并数	备注
				借方	贷方	借方	贷方			
四、净利润（净亏损以“—”号填列）	6 000	150	6 150	80	120	120	—	—	6 070	(7)①
五、按所有权归属分类										
1. 归属于母公司股东的净利润（净亏损以“—”号填列）	—	—	—	—	—	—	—	—	6 040	
2. 少数股东损益（净亏损以“—”号填列）	—	—	0	—	—	—	—	—	30	(8)②
六、综合收益总额	6 000	150	6 150	80	120	120	—	—	6 070	
（一）归属于母公司所有者的综合收益总额	—	—	0	—	—	—	—	—	6 040	
（二）归属于少数股东的综合收益总额	—	—	0	—	—	—	—	—	30	
股东权益变动表										
一、年初未分配利润	2 000	500	2 500	—	—	500	—	—	2 000	
二、本年增减变动金额										
其中：净利润	6 000	150	6 150	80	120	120	—	—	6 070	
三、利润分配										
1. 提取盈余公积	1 200	30	1 230	—	—	—	30	—	1 200	(9)③
2. 对股东的分配	—	100	100	—	—	—	100	—	—	(10)④
四、年末未分配利润	6 800	520	7 320	80	120	520 1 140	520 650	30	6 840	(11)⑤ (12)⑥

①②③④⑤⑥见 144、145 页分析。

4.3.2 调整抵销分析

汪姐：咱们按照备注标识的序号来看看每个项目是如何抵销的，背后的逻辑是什么，如何验证抵销结果是否正确等。

（1）母公司长期股权投资的抵销。长期股权初始投资成本为 1 600 万元，成本法调整为权益法时调增长期股权投资 40（120－80）万元，母公司长期股权投资与子公司所有者权益抵销分录中抵销长期股权投资 1 640 万元。假设母公司没有其他长期股权投资，则抵销后的最终长期股权投资为：1 600＋120－80－1 640＝0（元）。

可可：也就是说，如果母公司除了对子公司的投资外，没有别的长期股权投资，比如对联营企业或合营企业投资等，那么最终长期股权投资抵销后的金额应该为 0。对吗？

汪姐：对。咱们继续。

（2）抵销子公司股本。抵销后合并股本应该与母公司个别财务报表中的股本金额相等。

（3）抵销子公司资本公积。在子公司当年资本公积没有发生变动的情况下，抵销后合并资本公积应该与母公司个别财务报表中的资本公积金额相等。

（4）抵销子公司盈余公积。如果不考虑留存收益恢复因素，则抵销后合并盈余公积应该与母公司个别财务报表中的盈余公积金额相等。

（5）抵销子公司未分配利润。注意这里未分配利润的数据是按照所有者权益变动表中“四、年末未分配利润”这一行的数据填写的，合并数据反映的是母公司的年末未分配利润，不包含少数股东权益（因为少数股东权益已经单独列示了）。咱们在第 11 项会讲到这个数据具体是怎么算出来的。

（6）投资收益抵销。按权益法调增投资收益 40（120－80）万元，抵销子公司利润分配减少投资收益 120 万元。最终投资收益金额为：80＋40－120＝0

可可：所以抵销后应该就没有对子公司的投资收益了，对吧？

汪姐：对，合并处理的目的本来就是要把投资收益抵销掉嘛。

（7）合并净利润金额是合并利润表项目运算得出的结果。母公司净利润 6 000 万元，子公司净利润 150 万元，合并抵销后的合并净利润 6 070 万元。这个数据是不是正确呢？我们可以推导验证一下：

我们知道，合并净利润应该是整个集团对外部获取的利润，而母公司

6 000万元利润中却包含了 80 万元按成本法已确认的对子公司的投资收益。这个投资收益是内部收益，需要抵销。抵销后母公司不包含对子公司投资收益的实际净利润是 5 920 万元。而子公司当年有 150 万元净利润，这个净利润是集团真实的盈利，其中 120 万元（150×80%）是归母公司的，还有 30 万元是归少数股东的。5 920＋150＝6 070（万元），因此企业集团的合并净利润是 6 070 万元，其中归属于母公司股东的净利润 6 040 万元。也就是说，如果母公司没有对子公司投资之外的其他投资，也没有长期股权投资和所有者权益抵销之外的其他合并抵销事项，则：

合并净利润＝母公司净利润－母公司成本法下确认的对子公司投资收益＋权益法下归属于母公司对子公司投资收益

通过这种思考，一方面便于我们理解抵销的原理，另一方面也可以验证我们的抵销是否正确。

可可：哇，这个好神奇，不过好像挺有道理的。

汪姐：这也是我想了很久才想明白的，一般人我不告诉他。

可可：哈哈。

（8）少数股东损益：子公司 150 万元的净利润中，有 30 万元少数股东损益，在会计分录中反映在借方，在合并工作底稿反映为增加少数股东的损益 30 万元，而作为净利润的抵减项减少了归属于母公司的净利润。

可可：哦，我记得您前面讲过，少数股东损益借方代表少数股东损益的增加和母公司损益的抵减。

汪姐：没错。

（9）提取盈余公积抵销，属于子公司利润分配抵销。如果不考虑合并前的留存收益恢复，则抵销后合并提取盈余公积应该与母公司个别财务报表中的提取盈余公积金额相等。

注意提取盈余公积抵销的是子公司当年提取的盈余公积，而第 4 项抵销子公司盈余公积抵销的是子公司累计盈余公积。

（10）对股东分配利润抵销，属于子公司利润分配抵销。如果不考虑合并前的留存收益恢复，则抵销后合并对股东分配利润应该与母公司个别财务报表中的对股东分配利润金额相等。注意对股东分配利润抵销的是子公司当年分配的利润。

（11）抵销年末未分配利润。这是母公司长期股权投资与子公司所有者权益抵销，以及母公司投资收益与子公司利润分配抵销的结果，抵销的借贷金额是相等的。

（12）这一项反映对所有者权益变动表各项目借贷方抵销的合计数。借方抵销金额＝500＋120＋520＝1 140（万元），贷方抵销金额＝30＋100＋520＝650（万元）。最终未分配利润金额为：7 320＋（120－80）＋（650－1 140）－30＝6 840（万元）。

4.3.3 原来未分配利润的抵销可以如此简单

可可：汪姐，我觉得【案例 4-6】中期末未分配利润的调整抵销合并好复杂呀，我现在还是晕的。

汪姐：其实有个简单的方法，想不想听？

可可：当然想了，汪姐快说快说。

汪姐：好，咱理一理哈。我们看【案例 4-6】：风一公司个别财务报表中的年末未分配利润为 6 800 万元。其中包含成本法已确认的对风二公司投资收益 80 万元，加上风二公司净利润 150 万元里面应享有的部分 120 万元，所以归属于风一公司的年末未分配利润合并数为 6 800－80＋120＝6 840（万元）。

可可：啊？就这么简单？

汪姐：就这么简单。不过前提是不存在其他影响合并财务报表利润及未分配利润的事项，比如内部商品交易抵销事项等。

可可：不太理解。属于风一公司的未分配利润合并数与子公司提取盈余公积、向股东分配利润等都没关系吗？

汪姐：没关系。

归属于母公司的年末未分配利润合并数＝母公司不包含子公司投资收益的年末未分配利润＋按权益法应享有的子公司净利润的份额

可可：我还是不理解。风二公司明明就提取了盈余公积，分配了利润，为什么归属于母公司的未分配利润合并数却没有受到影响呢？

汪姐：好，咱们按照合并工作底稿中的计算方法再推导一下：

归属于母公司的年末未分配利润合并数＝母公司个别财务报表中的年末未分配利润＋子公司年末未分配利润＋（母公司应享有子公司投资收益份额－子公司宣布发放股利中母公司所占份额）＋（子公司提取盈余公积＋子公司对股东分配股利＋子公司年末未分配利润）＋（子公司年初未分配利润＋母公司应

享有子公司投资收益份额＋子公司年末未分配利润）－少数股东损益　　　（1）

母公司个别财务报表中的年末未分配利润＝母公司不包含对子公司投资收益的未分配利润＋子公司宣布发放股利中母公司所占份额　　　（2）

子公司年末未分配利润＝子公司年初未分配利润＋子公司当年净利润－子公司提取盈余公积－子公司对股东分配股利　　　（3）

子公司当年净利润＝母公司应享有子公司投资收益份额＋少数股东损益　　　（4）

把公式（2）（3）（4）公式代入（1）公式，则：

归属于母公司的年末未分配利润合并数＝（母公司不包含对子公司投资收益的未分配利润＋子公司宣布发放股利中母公司所占份额）＋子公司年初未分配利润＋（母公司应享有子公司投资收益份额＋少数股东损益）－子公司提取盈余公积－子公司对股东分配股利）＋（母公司应享有子公司投资收益份额－子公司宣布发放股利中母公司所占份额）＋（子公司提取盈余公积＋子公司对股东分配股利＋子公司年末未分配利润）－（子公司年初未分配利润＋母公司应享有子公司投资收益份额＋子公司年末未分配利润）－少数股东损益

最终得出：归属于母公司的年末未分配利润合并数＝母公司不包含对子公司投资收益的未分配利润＋母公司应享有子公司投资收益份额

可可：哇，太神奇了！提取盈余公积和对股东分配股利都抵销了。

汪姐：年末未分配利润的合并处理看起来非常复杂，其实最终结果就是母公司不包含对子公司投资收益的未分配利润与母公司应享有子公司投资收益份额之和。

我们可以用这个方法验证年末未分配利润合并抵销的结果。再次强调，这个方法只适用于没有其他影响合并利润及未分配利润的调整抵销，因为一旦利润发生变化，合并未分配利润也会随之变化。

可可：明白了。又学了一招，汪姐，您太神了！

汪姐：其实就是做得多了而已。

4.3.4 编制合并财务报表

汪姐：完成了合并工作底稿，咱们就可以编制合并资产负债表、合并利润表和合并股东权益变动表了，见表 4-5 至表 4-7。

表 4-5　合并资产负债表

会和 01 表

编制单位：风一公司　　　　20×2 年　　　　单位：万元

资　　产	期末余额	年初余额	负债和所有者权益（或股东权益）	期末余额	年初余额
流动资产：			流动负债：		
货币资金	1 400	—	短期借款	1 950	—
交易性金融资产	—	—	交易性金融负债	—	—
衍生金融资产	—	—	衍生金融负债	—	—
应收票据	2 100	—	应付票据	1 200	—
应收账款	3 900	—	应付账款	2 300	—
应收款项融资	—	—	预收款项	—	—
预付款项	320	—	合同负债	—	—
其他应收款	1 100	—	应付职工薪酬	200	—
存货	180	—	应交税费	240	—
持有待售资产	—	—	其他应付款	760	—
一年内到期的非流动资产	—	—	持有待售负债	—	—
其他流动资产	—	—	一年内到期的非流动负债	1 800	—
流动资产合计	9 000	—	其他流动负债	—	—
非流动资产：			流动负债合计	8 450	—
债权投资	—	—	非流动负债：		
其他债权投资	—	—	长期借款	13 000	—
长期应收款	—	—	应付债券	—	—
长期股权投资	—	—	租赁负债	—	—
其他权益工具投资	—	—	长期应付款	—	—
其他非流动金融资产	—	—	预计负债	—	—
投资性房地产	—	—	专项应付款	—	—
固定资产	30 000	—	递延收益	—	—
在建工程	5 480	—	递延所得税负债	—	—
生产性生物资产	—	—	其他非流动负债	—	—
油气资产	—	—	非流动负债合计	13 000	—

续表

资　　产	期末余额	年初余额	负债和所有者权益（或股东权益）	期末余额	年初余额
使用权资产	—	—	负债合计	21 450	
无形资产	220	—	股东权益：		—
开发支出	—	—	股本	9 000	
商誉	—	—	其他权益工具	—	—
长期待摊费用	—	—	其中：优先股	—	—
递延所得税资产	—	—	永续债	—	—
其他非流动资产	—	—	资本公积	5 000	—
非流动资产合计	35 700	—	减：库存股	—	—
			其他综合收益	—	—
			专项储备	—	—
			盈余公积	2 000	—
			未分配利润	6 840	—
			归属于母公司股东权益合计	22 840	—
			少数股东权益	410	—
			股东权益合计	23 250	—
资产总计	44 700	—	负债和股东权益总计	44 700	—

表 4-6　合并利润表

会和 02 表

编制单位：风一公司　　　　　　　20×2 年　　　　　　　单位：万元

项　　目	本期金额	上期金额（略）
一、营业收入	47 600	
减：营业成本	37 400	
税金及附加	770	
销售费用	100	
管理费用	—	
研发费用	—	
财务费用	1 210	
加：其他收益	—	

续表

项　　目	本期金额	上期金额（略）
投资收益（损失以“－”号填列）	—	
净敞口套期收益（损失以“－”号填列）	—	
公允价值变动收益（损失以“－”号填列）	—	
信用减值损失（损失以“－”号填列）	—	
资产减值损失（损失以“－”号填列）	—	
资产处置收益（损失以“－”号填列）	—	
二、营业利润（亏损以“－”号填列）	8 120	
加：营业外收入	—	
减：营业外支出	—	
三、利润总额（亏损总额以“－”号填列）	8 120	
减：所得税费用	2 050	
四、净利润（净亏损以“－”号填列）	6 070	
（一）按经营持续性分类		
1. 持续经营净利润（净亏损以“－”号填列）	6 070	
2. 终止经营净利润（净亏损以“－”号填列）	—	
（二）按所有权归属分类		
1. 归属于母公司股东的净利润（净亏损以“－”号填列）	6 040	
2. 少数股东损益（净亏损以“－”号填列）	30	
五、其他综合收益的税后净额	—	
（一）归属于母公司所有者的其他综合收益的税后净额	—	
（二）归属于少数股东的其他综合收益的税后净额	—	
六、综合收益总额	6 070	
（一）归属于母公司所有者的综合收益总额	6 040	
（二）归属于少数股东的综合收益总额	30	
七、每股收益	—	
（一）基本每股收益	—	
（二）稀释每股收益	—	
（三）归属于少数股东的其他综合收益的税后净额	—	

表 4-7 合并所有者权益变动表

会和 04 表

编制单位:风一公司 20×2 年 单位:万元

项目	本年金额														上年金额(略)													
	归属于母公司所有者权益												少数股东权益	所有者权益合计	归属于母公司所有者权益												少数股东权益	所有者权益合计
	实收资本(或股本)	其他权益			资本公积	减:库存股	其他综合收益	专项储备	盈余公积	一般风险准备	未分配利润	小计			实收资本(或股本)	其他权益			资本公积	减:库存股	其他综合收益	专项储备	盈余公积	一般风险准备	未分配利润	小计		
		优先股	永续债	其他												优先股	永续债	其他										
一、上年年末余额	9 000	—	—	—	5 000	—	—	—	800	—	2 000	16 800	—	16 800														
加:会计政策变更	—	—	—	—	—	—	—	—	—	—	—	—	—	—														
前期差错更正	—	—	—	—	—	—	—	—	—	—	—	—	—	—														
其他	—	—	—	—	—	—	—	—	—	—	—	—	400	400														
二、本年年初余额	9 000	—	—	—	5 000	—	—	—	800	—	2 000	16 800	400	17 200														
三、本年增减变动金额(减少以"—"号填列	—	—	—	—	—	—	—	—	—	—	6 040	6 040	30	6 070														
(一)综合收益总额	—	—	—	—	—	—	—	—	—	—	6 040	6 040	30	6 070														
(二)所有者投入和减少资本	—	—	—	—	—	—	—	—	—	—	—	—	—	—														

续表

项目	本年金额														上年金额（略）													
	归属于母公司所有者权益												少数股东权益	所有者权益合计	归属于母公司所有者权益												少数股东权益	所有者权益合计
	实收资本（或股本）	其他权益			资本公积	减：库存股	其他综合收益	专项储备	盈余公积	一般风险准备	未分配利润	小计			实收资本（或股本）	其他权益			资本公积	减：库存股	其他综合收益	专项储备	盈余公积	一般风险准备	未分配利润	小计		
		优先股	永续债	其他												优先股	永续债	其他										
1. 所有者投入的普通股	—	—	—	—	—	—	—	—	—	—	—	—	—	—														
2. 其他权益工具持有者投入资本	—	—	—	—	—	—	—	—	—	—	—	—	—	—														
3. 股份支付计入所有者权益的金额	—	—	—	—	—	—	—	—	—	—	—	—	—	—														
4. 其他	—	—	—	—	—	—	—	—	—	—	—	—	—	—														
（三）利润分配	—	—	—	—	—	—	—	—	1 200	—	1 200	—	20	20														
1. 提取盈余公积	—	—	—	—	—	—	—	—	1 200		1 200	—	—	—														
2. 提取一般风险准备	—	—	—	—	—	—	—	—	—	—	—	—	—	—														
3. 对所有者（或股东）的分配		—	—	—	—	—	—	—	—	—	—	—	20	20														
4. 其他		—	—	—	—	—	—	—	—	—	—	—	—	—														

续表

项目	本年金额														上年金额(略)													
	归属于母公司所有者权益												少数股东权益	所有者权益合计	归属于母公司所有者权益												少数股东权益	所有者权益合计
	实收资本(或股本)	其他权益			资本公积	减：库存股	其他综合收益	专项储备	盈余公积	一般风险准备	未分配利润	小计			实收资本(或股本)	其他权益			资本公积	减：库存股	其他综合收益	专项储备	盈余公积	一般风险准备	未分配利润	小计		
		优先股	永续债	其他												优先股	永续债	其他										
(四)所有者权益内部结转	—	—	—	—	—	—	—	—	—	—	—	—	—	—														
1. 资本公积转增资本(或股本)	—	—	—	—	—	—	—	—	—	—	—	—	—	—														
2. 盈余公积转增资本(或股本)	—	—	—	—	—	—	—	—	—	—	—	—	—	—														
3. 盈余公积弥补亏损	—	—	—	—	—	—	—	—	—	—	—	—	—	—														
4. 设定受益计划变动额结转留存收益	—	—	—	—	—	—	—	—	—	—	—	—	—	—														
5. 其他综合收益结转留存收益	—	—	—	—	—	—	—	—	—	—	—	—	—	—														
6. 其他	—	—	—	—	—	—	—	—	—	—	—	—	—	—														
四、本期期末余额	9 000	—	—	—	5 000	—	—	—	2 000	—	6 840	22 840	410	23 250														

表 4-5 合并资产负债表中的资产和负债反映的是母公司和子公司合并的资产负债情况。注意所有者权益项目中的股本、资本公积、盈余公积、未分配利润等反映的都是归属于母公司的股东权益情况，少数股东权益则集中在少数股东权益项目反映。

表 4-6 合并利润表反映的是母公司和子公司合并的收支和盈利状况，在净利润项目中按所有权归属区分了归属于母公司的净利润和少数股东损益。

表 4-7 合并所有者权益变动表中部分项目填列说明如下：

（1）“（三）利润分配”中的“1. 提取盈余公积”项目在“盈余公积”列和“未分配利润”列金额一致，但在计算本年年末余额和股东权益合计时，“盈余公积”列的提取盈余公积是相加的关系，而“未分配利润”列的提取盈余公积是相减的关系。因为提取盈余公积会使年末盈余公积增加，但是会减少年末未分配利润。因此：

盈余公积本期期末余额＝期初余额（800 万元）＋提取盈余公积（1 200 万元）＝2 000（万元）

未分配利润本期期末余额＝期初余额（2 000 万元）＋综合收益增加的未分配利润（6 040 万元）－提取盈余公积（1 200 万元）＝6 840（万元）

（2）少数股东权益年末余额＝年初少数股东权益金额［400（2 000×20%）］万元＋子公司净利润中归属于少数股东的损益［30（150×20%）］万元－已分配给少数股东的股利［20（100×20%）］万元＝410（万元）

4.4 非同一控制下取得子公司购买日长期股权投资与所有者权益的合并处理

汪姐：下面咱们继续学习非同一控制下取得子公司购买日长期股权投资和所有者权益合并处理。先看看购买日的调整抵销。

先考考你，这种情况和同一控制下对子公司投资相比，抵销思路有什么相同和不同的地方？

可可：我想想啊。对了，非同一控制下取得子公司购买日的合并处理有三步，第一步是将子公司可辨认资产和负债的账面价值调整为公允价值，这是和同一控制下取得子公司相似的地方；第二步是母公司长期股权投资和子公司所有者权益的抵销，这是二者相同的地方；第三步是同一控制下取得子公司还要考虑留存收益恢复问题，这也是二者不同的地方。

汪姐：好。思路清楚了，咱们继续看实例。

【案例 4-7】20×2 年 5 月 5 日，风一公司以银行存款 1 800 万元取得甲公司 80%股权，相关审计、法律服务等费用 20 万元。甲公司可辨认净资产的账面价值为 2 000 万元。权益项目组成如下：股本 1 000 万元，资本公积 300 万元，盈余公积 200 万元，未分配利润 500 万元。

风一公司与甲公司采取的会计政策一致，且在合并前无关联关系。

购买日甲公司公允价值与账面价值有差额的资产如下：

应收账款账面价值 800 万元，公允价值 700 万元；存货账面价值 300 万元，公允价值 500 万元；固定资产账面价值 3 500 万元，公允价值 3 900 万元。

解析：

非同一控制下的企业合并，合并日只需要编制合并资产负债表。

（1）按可辨认资产和负债公允价值调整甲公司财务报表项目。

借：存货　　　　　　　（5 000 000—3 000 000）2 000 000

　　固定资产　　　　（39 000 000—35 000 000）4 000 000

　　贷：应收账款　　　　（8 000 000—7 000 000）1 000 000

　　　　资本公积　　　　　　　　　　　　　　　5 000 000

（2）母公司长期股权投资与子公司所有者权益抵销。

非同一控制下的企业合并初始投资成本金额该如何确认，还记得吗？

可可：我得好好回忆一下……啊，想起来了。在母公司个别财务报表上，非同一控制下企业合并的长期股权投资初始投资成本为购买方支付对价的公允价值，因为从母公司的角度认为这是市场购买，所以要以购买方付出的代价作为成本。

汪姐：所以在编制合并财务报表时，要对比企业合并成本和取得被投资方可辨认净资产公允价值份额，企业合并成本大于合并中取得的被购买方可辨认净资产公允价值份额的差额，需要在合并财务报表中列示为商誉。而企业合并成本小于合并中取得的被购买方可辨认净资产公允价值份额的部分，则需要在合并财务报表中计入当期损益（营业外收入）。因为合并财务报表是以权益法为基础的。

可可：同一控制下的企业合并就不涉及初始投资成本和应享有子公司所有者权益份额出现差额的问题吗？

汪姐：是的。同一控制下的企业合并不管是母公司个别财务报表还是合并财务报表都是以子公司在最终控制方合并财务报表中的净资产账面价值作为初始投资成本的。两者的计量基础一致，所以用不着调整。这也是二者一个不相同的地方。

可可：哦，明白了。

汪姐：经过第一步的调整，子公司资本公积增加了500万元。因此，子公司可辨认净资产公允价值为：1 000＋（300＋500）＋200＋500＝2 500（万元）

归属于母公司的所有者权益份额为：2 500×80％＝2 000（万元）

因此，应计入营业外收入的金额为：2 000－1 800＝200（万元）

少数股东权益金额为：2 500×20％＝500（万元）

母公司长期股权投资与子公司所有者权益公允价值抵销分录如下：

借：股本　　10 000 000

　　资本公积　　8 000 000

　　盈余公积　　2 000 000

　　未分配利润　　5 000 000

　　贷：长期股权投资　　18 000 000

　　　　少数股东权益　　5 000 000

　　　　营业外收入　　2 000 000

编制合并工作底稿见表4-8。

表4-8　合并工作底稿

编制单位：　　20×2年度　　单位：万元

项　　目	风一公司	甲公司	合计数	调整分录		抵销分录		少数股东权益	合并数
				借方	贷方	借方	贷方		
流动资产：									
货币资金	800	500	1 300	—	—	—	—	—	1 300
交易性金融资产	—	—	—	—	—	—	—	—	—
衍生金融资产	—	—	—	—	—	—	—	—	—
应收票据	2 000	0	2 000	—	—	—	—	—	2 000
应收账款	2 300	800	3 100	—	100	—	—	—	3 000
预付款项	300	100	400	—	—	—	—	—	400

续表

项　　目	风一公司	甲公司	合计数	调整分录		抵销分录		少数股东权益	合并数
				借方	贷方	借方	贷方		
其他应收款	600	300	900	—	—	—	—	—	900
存货	100	300	400	200	—	—	—	—	600
持有待售资产	—	—	—	—	—	—	—	—	—
一年内到期的非流动资产	—	—	—	—	—	—	—	—	—
其他流动资产	—	—	—	—	—	—	—	—	—
流动资产合计	6 100	2 000	8 100	200	100	—	—	—	8 200
非流动资产：									
债权投资	—	—	—	—	—	—	—	—	—
其他债权投资	—	—	—	—	—	—	—	—	—
长期应收款	—	—	—	—	—	—	—	—	—
长期股权投资	1 800	—	1 800	—	—	—	1 800	—	—
投资性房地产	—	—	—	—	—	—	—	—	—
固定资产	25 000	3 500	28 500	400	—	—	—	—	28 900
在建工程	4 200	280	4 480	—	—	—	—	—	4 480
无形资产	100	20	120	—	—	—	—	—	120
开发支出	—	—	—	—	—	—	—	—	—
商誉	—	—	—	—	—	—	—	—	—
长期待摊费用	—	—	—	—	—	—	—	—	—
递延所得税资产	—	—	—	—	—	—	—	—	—
其他非流动资产	—	—	—	—	—	—	—	—	—
非流动资产合计	31 100	3 800	34 900	400	—	—	1 800	—	33 500
资产总计	37 200	5 800	43 000	600	100	—	1 800	—	41 700
流动负债：									
短期借款	1 600	500	2 100	—	—	—	—	—	2 100
交易性金融负债	—	—	—	—	—	—	—	—	—
衍生金融负债	—	—	—	—	—	—	—	—	—
应付票据	600	300	900	—	—	—	—	—	900

续表

项　　目	风一公司	甲公司	合计数	调整分录		抵销分录		少数股东权益	合并数
				借方	贷方	借方	贷方		
应付账款	4 300	1 000	5 300	—	—	—	—	—	5 300
预收款项	—	—	—	—	—	—	—	—	—
应付职工薪酬	100	50	150	—	—	—	—	—	150
应交税费	130	60	190	—	—	—	—	—	190
其他应付款	370	290	660	—	—	—	—	—	660
持有待售负债	—	—	—	—	—	—	—	—	—
一年内到期的非流动负债	1 100	600	1 700	—	—	—	—	—	1 700
流动负债合计	8 200	2 800	11 000	—	—	—	—	—	11 000
非流动负债：									
长期借款	12 000	1 000	13 000	—	—	—	—	—	13 000
应付债券	—	—	—	—	—	—	—	—	—
长期应付款	—	—	—	—	—	—	—	—	—
其他非流动负债	—	—	—	—	—	—	—	—	—
非流动负债合计	12 000	1 000	13 000	—	—	—	—	—	13 000
负债合计	20 200	3 800	24 000	—	—	—	—	—	24 000
股东权益：									
股本	9 000	1 000	10 000	—	—	1 000	—	—	9 000
其他权益工具	—	—	—	—	—	—	—	—	—
其中：优先股	—	—	—	—	—	—	—	—	—
永续债	—	—	—	—	—	—	—	—	—
资本公积	5 000	300	5 300	—	500	800	—	—	5 000
减：库存股	—	—	—	—	—	—	—	—	—
其他综合收益	—	—	—	—	—	—	—	—	—
专项储备	—	—	—	—	—	—	—	—	—
盈余公积	1 000	200	1 200	—	—	200	—	—	1 000
未分配利润	2 000	500	2 500	—	—	500	200	—	2 200

续表

项　　目	风一公司	甲公司	合计数	调整分录		抵销分录		少数股东权益	合并数
				借方	贷方	借方	贷方		
归属于母公司所有者权益（或股东权益）合计	17 000	2 000	19 000	—	500	2 500	200	—	17 200
少数股东权益	—	—	—	—	—	—	—	500	500
所有者权益（或股东权益）合计	17 000	2 000	19 000	—	500	2 500	200	500	17 700
负债和所有者权益（或股东权益）总计	37 200	5 800	43 000	—	500	2 500	200	500	41 700

汪姐：咱们一起看看表 4-8 的抵销结果。从表中可以看到，母公司的长期股权投资按照实际支付对价 1 800 万元确认，在合并中与子公司股东权益项目进行了抵销。

需要注意的是，未分配利润的抵销：由于母公司长期股权投资成本小于应享有子公司股东权益份额，在合并抵销时确认了营业外收入 200 万元。这 200 万元最终影响的是未分配利润金额，因此未分配利润合并金额为：

母公司未分配利润（2 000 万元）＋子公司未分配利润（500 万元）－抵销子公司未分配利润（500 万元）＋确认合并产生的营业外收入增加未分配利润（200 万元）＝2 200（万元）。

如果母公司长期股权投资成本大于应享有子公司股东权益份额，则应在合并抵销时确认为商誉，在合并资产负债表中单独列示。

4.5 非同一控制下取得子公司合并日后长期股权投资与所有者权益抵销调整

4.5.1 抵销思路有关问题说明及抵销分录

1. 抵销思路有关问题说明

汪姐：咱们趁热打铁，继续学习长期股权投资与所有者权益抵销的最后一种情况——非同一控制下取得子公司合并日后的抵销调整处理。

可可：汪姐，长期股权投资和所有者权益的合并抵销情况好多好复杂呀！

汪姐：是的，长期股权投资要区分同一控制下对子公司投资、非同一控制下对子公司投资、对联营企业或合营企业投资等。长期股权投资的合并抵销要区分同一控制、非同一控制、合并日、合并日后，还可能涉及追加投资、减少投资、处置投资、母子公司之间相互持股等等多种情况。

可可：妈呀，我太难了。

汪姐：可这也是合并财务报表最有趣的地方呀。其实我刚学的时候也是晕乎乎的，后来越学越觉得有意思。就像我之前说过的，这很像密室逃脱破解一系列难题的过程，不是吗？

可可：也对，好吧，那咱们就继续破解难题吧。

汪姐：好，那咱们先回忆一下，非同一控制下取得子公司合并日后的抵销调整思路是什么？

可可：第一步，以子公司购买日的可辨认净资产公允价值为基础调整子公司财务报表项目；第二步，母公司长期股权投资和子公司所有者权益抵销；第三步，母公司投资收益和子公司利润分配抵销。

汪姐：没错，咱们解释一下这个思路。

1）以子公司购买日的可辨认净资产公允价值为基础调整子公司财务报表项目。

这一点与合并日的处理有所不同，需要将子公司购买日可辨认资产、负债调整为公允价值的基础上，调整由于可辨认资产、负债在合并日后的变化对合并财务报表产生的影响。

可可：这是什么意思呢？

汪姐：比如，购买日子公司存货账面价值 300 万元，公允价值 400 万元，到了年末，这些存货全部对外销售了。合并日我们在做合并处理时，应该将购买日存货的账面价值调整为公允价值，即：

借：存货　　1 000 000

　　贷：资本公积　　1 000 000

在合并日后，我们除了做上述处理之外，还需要反映由于可辨认资产、负债在合并日后的变化对合并财务报表产生的影响。

可可：因为子公司的存货已经出售，变成当年的营业成本了，是吧？

汪姐：没错。子公司个别财务报表按照 300 万元确认存货价值，年底全部销售了，在子公司个别财务报表中存货变成了 300 万元营业成本。而在合并财务报表中以购买日子公司存货的公允价值确认的存货 400 万元也应该变成营业成本 400 万元。所以我们要把差额 100 万元调整为营业成本。

可可：如果存货没有完全销售，就只调整已销售的部分，对吧？

汪姐：对，咱们再说说固定资产。假如子公司个别财务报表按照 3 500 万元确认某项固定资产价值，折旧年限为 10 年，当年固定资产折旧金额为 350 万元。而在合并财务报表中以购买日子公司固定资产的公允价值确认金额为 3 900 万元，固定资产折旧金额为 390 万元。这会出现什么问题？

可可：个别财务报表和合并财务报表中的折旧金额相差了 40 万元。

汪姐：所以，合并财务报表调增累计折旧和管理费用（或营业成本等）项目。对吧？

可可：对。

汪姐：是这个思路，所以调整分录如下：

（1）将购买日子公司可辨认净资产账面价值调整为公允价值

借：存货　　1 000 000

　　固定资产　　4 000 000

　　贷：资本公积　　5 000 000

（2）调整子公司资产和负债公允价值与原账面价值的差额对子公司本年净利润的影响

借：营业成本　　1 000 000

　　管理费用（或营业成本等）　　400 000

　　贷：存货　　1 000 000

　　　　固定资产　　400 000

2）权益法下投资收益的确认。

汪姐：由于合并财务报表是以子公司可辨认资产和负债的公允价值为基础的，子公司的净利润也要调整为公允价值为基础的净利润。假设子公司个别财务报表中当年净利润为 340 万元，那么合并财务报表中子公司净利润应该调整为：

340－100－40＝200（万元）

假设母公司持股比例为 80％，则按权益法计算的母公司投资收益＝200×80％＝160（万元）

少数股东损益＝200×20％＝40（万元）

可可：哦，没想到子公司可辨认资产和负债公允价值与账面价值的差异会带来这么多后续问题呀。

汪姐：可不是嘛。可能会影响合并财务报表的资产、负债、净利润、未分配利润，还会影响母公司投资收益和少数股东的损益等。

可可：要是没有这些差异就好了，那就简单多了。

汪姐：哈哈，看来你不但长得美，想得也很美呀！

2. 抵销分录

【案例 4-8】 20×2 年 1 月 1 日，风一公司以银行存款 2 300 万元取得甲公司 80%股权，相关审计、法律服务等费用 20 万元。甲公司可辨认净资产的账面价值为 2 000 万元，组成如下：股本 1 000 万元，资本公积 300 万元，盈余公积 200 万元，未分配利润 500 万元。

风一公司与甲公司采取的会计政策一致，且在合并前无关联关系。

20×2 年甲公司账面净利润 340 万元，提取盈余公积 50 万元，向股东宣布并已发放股利 100 万元，无其他所有者权益变动。

甲公司公允价值与账面价值有差额的资产变动情况如下：

购买日某批存货账面价值 300 万元，公允价值 400 万元，到年底已全部出售；

购买日某项用于生产的固定资产账面价值 3 500 万元，公允价值 3 900 万元，固定资产在未来 10 年平均折旧，折旧费用计入生产成本。

解析：

1）按可辨认资产和负债公允价值调整合并财务报表项目。

借：存货	1 000 000	
固定资产	4 000 000	
贷：资本公积		5 000 000
借：营业成本	1 000 000	
营业成本	400 000	
贷：存货		1 000 000
固定资产		400 000

汪姐：我们还需要计算出子公司可辨认净资产公允价值基础下的净利润、未分配利润、母公司投资收益、少数股东损益等，作为后面抵销的依据。

净利润、母公司投资收益、少数股东损益分别是 200（340－100－40）万元、160 万元和 40 万元。

年末未分配利润＝年初未分配利润（500 万元）＋调整后的净利润（200 万元）－当年提取盈余公积（50 万元）－分配股利（100 万元）＝550（万元）

年末少数股东权益＝年初少数股东权益 500 万元［（2 000＋100＋400）×20%］＋净利润中包含的少数股东损益 40 万元－分配股利 20 万元（100×20%）＝520（万元）

2）母公司长期股权投资与子公司所有者权益抵销。

汪姐：这一部分的处理思路是这样：首先，在合并财务报表中长期股权投资初始投资成本可能涉及要确认商誉或营业外收入的问题，因为初始投资成本与享有的子公司所有者权益份额可能有差额，要在合并财务报表中体现。其次，要把长期股权投资和投资收益从成本法调整为权益法。第三，把母公司长期股权投资和子公司所有者权益进行抵销。第四，如果宣布发放的股利尚未发放，则还需对母公司的应收股利和子公司的应付股利进行抵销。

（1）母公司个别财务报表长期股权投资和投资收益会计处理如下。

①购买日会计分录。

借：长期股权投资　　23 000 000

　　贷：银行存款　　23 000 000

②宣布发放股利时会计分录。

借：应收股利　　（1 000 000×80%）800 000

　　贷：投资收益　　800 000

③收到股利时会计分录。

借：银行存款　　800 000

　　贷：应收股利　　800 000

（2）按权益法调整长期股权投资和投资收益。

借：长期股权投资　　（2 000 000×80%）1 600 000

　　贷：投资收益　　1 600 000

借：投资收益　　800 000

　　贷：长期股权投资　　800 000

（3）抵销母公司长期股权投资和子公司所有者权益。

长期股权投资与享有子公司所有者权益份额的差额为：2 300－（2 000＋100＋400）×80%＝300（万元），因此合并财务报表应确认商誉 300 万元。

借：股本　　10 000 000

　　资本公积　　8 000 000

　　盈余公积　　2 500 000

未分配利润　　　　　　　　　　　　　　　　　5 500 000

商誉　　　　　　　　　　　　　　　　　　　　3 000 000

贷：长期股权投资

(23 000 000+1 600 000−800 000) 23 800 000

少数股东权益　　　　　　　　　　　　　　　5 200 000

(3) 母公司投资收益和子公司利润分配抵销：

借：投资收益　　　　　　　　　　　　　　　1 600 000

少数股东损益　　　　　　　　　　　　　　　400 000

年初未分配利润　　　　　　　　　　　　　5 000 000

贷：提取盈余公积　　　　　　　　　　　　　　500 000

向股东分配利润　　　　　　　　　　　　1 000 000

年末未分配利润　　　　　　　　　　　　5 500 000

(4) 假设子公司宣布发放的股利尚未发放，则需抵销母公司和子公司之间的内部债权债务，本例中已经发放，因此无须抵销。

4.5.2 合并工作底稿及合并财务报表

汪姐：根据调整抵销分录，可编制合并工作底稿见表 4-9。

表 4-9 合并工作底稿（局部）

20×2 年度　　　　　　　　　　　　单位：万元

项　目	风公司	甲公司	合计数	调整分录		抵销分录		少数股东权益	合并数
				借方	贷方	借方	贷方		
资产负债表									
流动资产：									
货币资金	850	550	1 400	—	—	—	—	—	1 400
应收票据	2 100	—	2 100	—	—	—	—	—	2 100
应收账款	3 300	900	4 200	—	—	—	—	—	4 200
预付款项	200	120	320	—	—	—	—	—	320
其他应收款	700	400	1 100	—	—	—	—	—	1 100
存货	230	600	830	100	100	—	—	—	830
流动资产合计	7 380	2 570	9 950	100	100	—	—	—	9 950

续表

项　目	风一公司	甲公司	合计数	调整分录		抵销分录		少数股东权益	合并数
				借方	贷方	借方	贷方		
非流动资产：									
长期股权投资	2 300	—	2 300	160	80	—	2 380	—	0
固定资产	26 000	4 000	30 000	400	40	—	—	—	30 360
在建工程	4 900	580	5 480	—	—	—	—	—	5 480
无形资产	200	50	250	—	—	—	—	—	250
商誉	—	—	—	300	—	—	—	—	300
非流动资产合计	33 400	4 630	38 030	860	120	—	2 380	—	36 390
资产总计	40 780	7 200	47 980	960	220	—	2 380	—	46 340
流动负债：									
短期借款	2 000	700	2 700	—	—	—	—	—	2 700
应付票据	800	700	1 500	—	—	—	—	—	1 500
应付账款	1 200	1 400	2 600	—	—	—	—	—	2 600
预收款项	—	—	—	—	—	—	—	—	—
应付职工薪酬	180	60	240	—	—	—	—	—	240
应交税费	200	140	340	—	—	—	—	—	340
其他应付款	400	360	760	—	—	—	—	—	760
持有待售负债									
一年内到期的非流动负债	1 200	600	1 800	—	—	—	—	—	1 800
流动负债合计	5 980	3 960	9 940	—	—	—	—	—	9 940
非流动负债：									
长期借款	12 000	1 000	13 000	—	—	—	—	—	13 000
非流动负债合计	12 000	1 000	13 000	—	—	—	—	—	13 000
负债合计	17 980	4 960	22 940	—	—	—	—	—	22 940
股东权益：									
股本	9 000	1 000	10 000	—	—	1 000	—	—	9 000
资本公积	5 000	300	5 300	—	500	800	—	—	5 000
盈余公积	2 000	250	2 250	—	—	250	—	—	2 000

续表

项　　目	风一公司	甲公司	合计数	调整分录		抵销分录		少数股东权益	合并数
				借方	贷方	借方	贷方		
未分配利润	6 800	690	7 490	220	160	1 210	700	40	6 880
归属于母公司股东权益	22 800	2 240	25 040	220	660	3 260	700	40	22 880
少数股东权益	—	—	—	—	—	—	—	520	520
股东权益合计	22 800	2 240	25 040	220	660	3 260	700	480	23 400
负债和股东权益总计	40 780	7 200	47 980	220	660	3 260	700	480	46 340
利润表									
一、营业收入	45 000	2 953	47 953	—	—	—	—	—	47 953
减：营业成本	34 800	2 300	37 100	140	—	—	—	—	37 240
税金及附加	720	50	770	—	—	—	—	—	770
销售费用	100	—	100	—	—	—	—	—	100
管理费用	400	50	450	—	—	—	—	—	450
财务费用	1 060	100	1 160	—	—	—	—	—	1 160
加：其他收益	—	—	0	—	—	—	—	—	0
投资收益（损失以“—”号填列）	80	—	80	80	160	160	—	—	0
公允价值变动损益	—	—	—	—	—	—	—	—	—
信用减值损失	—	—	—	—	—	—	—	—	—
二、营业利润（亏损以“—”号填列）	8 000	453	8 453	220	160	160	—	—	8 233
三、利润总额（亏损总额以“—”号填列）	8 000	453	8 453	220	160	160	—	—	8 233
减：所得税费用	2 000	113	2 113	—	—	—	—	—	2 113
四、净利润（净亏损以“—”号填列）	6 000	340	6 340	220	160	160	—	—	6 120
五、按所有权归属分类	—	—	0	—	—	—	—	—	—

续表

项　　目	风一公司	甲公司	合计数	调整分录		抵销分录		少数股东权益	合并数
				借方	贷方	借方	贷方		
1. 归属于母公司股东的净利润（净亏损以“—”号填列）	—	—	—	—	—	—	—	—	6 080
2. 少数股东损益（净亏损以“—”号填列）	—	—	0	—	—	—	—	40	40
六、综合收益总额	6 000	340	6 340	220	160	160	—	—	6 120
（一）归属于母公司所有者的综合收益总额	—	—	0	—	—	—	—	—	6 080
（二）归属于少数股东的综合收益总额	—	—	0	—	—	—	—	—	40
股东权益变动表	—	—	0	—	—	—	—	—	—
一、年初未分配利润	2 000	500	2 500	—	—	500	—	—	2 000
二、本年增减变动金额	—	—	—	—	—	—	—	—	—
其中：净利润	6 000	340	6 340	220	160	160	—	—	6 120
三、利润分配									
1. 提取盈余公积	1 200	50	1 250	—	—	—	50	—	1 200
2. 对股东的分配	—	100	100	—	—	—	100	—	—
四、年末未分配利润	6 800	690	7 490	220	160	550 1 210	550 700	40	6 880

根据合并工作底稿编制合并资产负债表，见表 4-10。

表 4-10　合并资产负债表

会和 01 表

编制单位：风一公司　　　　20×2 年　　　　单位：万元

资　　产	期末余额	年初余额（略）	负债和所有者权益（或股东权益）	期末余额	年初余额（略）
流动资产：			流动负债：		

续表

资　　产	期末余额	年初余额（略）	负债和所有者权益（或股东权益）	期末余额	年初余额（略）
货币资金	1 400		短期借款	2 700	
交易性金融资产	—		交易性金融负债	—	
衍生金融资产	—		衍生金融负债	—	
应收票据	2 100		应付票据	1 500	
应收账款	4 200		应付账款	2 600	
应收款项融资	—		预收款项	—	
预付款项	320		合同负债	—	
其他应收款	1 100		应付职工薪酬	240	
存货	830		应交税费	340	
持有待售资产	—		其他应付款	760	
一年内到期的非流动资产	—		持有待售负债	—	
其他流动资产	—		一年内到期的非流动负债	1 800	
流动资产合计	9 950		其他流动负债	—	
非流动资产：	—		流动负债合计	9 940	
债权投资	—		非流动负债：	—	
其他债权投资	—		长期借款	13 000	
长期应收款	—		应付债券	—	
长期股权投资	—		租赁负债	—	
其他权益工具投资	—		长期应付款	—	
其他非流动金融资产	—		预计负债	—	
投资性房地产	—		专项应付款	—	
固定资产	30 360		递延收益	—	
在建工程	5 480		递延所得税负债	—	
生产性生物资产	—		其他非流动负债	—	
油气资产	—		非流动负债合计	13 000	
使用权资产	—		负债合计	22 940	
无形资产	250		股东权益：	—	
开发支出	—		股本	9 000	

续表

资　　产	期末余额	年初余额（略）	负债和所有者权益（或股东权益）	期末余额	年初余额（略）
商誉	300		其他权益工具	—	
长期待摊费用	—		其中：优先股	—	
递延所得税资产	—		永续债	—	
其他非流动资产	—		资本公积	5 000	
非流动资产合计	36 390		减：库存股	—	
			其他综合收益	—	
			专项储备	—	
			盈余公积	2 000	
			未分配利润	6 880	
			归属于母公司股东权益合计	22 880	
			少数股东权益	520	
			股东权益合计	23 400	
资产总计	46 340		负债和股东权益总计	46 340	

根据合并工作底稿编制合并利润表，见表4-11。

表4-11　合并利润表

会和02表

编制单位：风一公司　　　　20×2年　　　　单位：万元

项　　目	本期金额	上期金额（略）
一、营业收入	47 953	
减：营业成本	37 240	
税金及附加	770	
销售费用	100	
管理费用	450	
研发费用	—	
财务费用	1 160	
加：其他收益	0	
投资收益（损失以“—”号填列）	0	

续表

项　　目	本期金额	上期金额（略）
净敞口套期收益（损失以“—”号填列）	—	
公允价值变动收益（损失以“—”号填列）	—	
信用减值损失（损失以“—”号填列）	—	
资产减值损失（损失以“—”号填列）	—	
资产处置收益（损失以“—”号填列）	—	
二、营业利润（亏损以“—”号填列）	8 233	
加：营业外收入	—	
减：营业外支出	—	
三、利润总额（亏损总额以“—”号填列）	8 233	
减：所得税费用	2 113	
四、净利润（净亏损以“—”号填列）	6 120	
（一）按经营持续性分类	—	
1. 持续经营净利润（净亏损以“—”号填列）	6 120	
2. 终止经营净利润（净亏损以“—”号填列）	—	
（二）按所有权归属分类	—	
1. 归属于母公司股东的净利润（净亏损以“—”号填列）	6 080	
2. 少数股东损益（净亏损以“—”号填列）	40	
五、其他综合收益的税后净额	—	
（一）归属于母公司所有者的其他综合收益的税后净额	—	
（二）归属于少数股东的其他综合收益的税后净额	—	
六、综合收益总额	6 120	
（一）归属于母公司所有者的综合收益总额	6 080	
（二）归属于少数股东的综合收益总额	40	
七、每股收益	—	
（一）基本每股收益	—	
（二）稀释每股收益	—	

根据合并工作底稿编制合并所有者权益变动表，见表 4-12。

表 4-12　合并所有者权益变动表

会和 04 表

编制单位:风一公司　　　　20×2 年　　　　单位:万元

项　目	本年金额														上年金额(略)													
	归属于母公司所有者权益												少数股东权益	所有者权益合计	归属于母公司所有者权益												少数股东权益	所有者权益合计
	实收资本(或股本)	其他权益			资本公积	减:库存股	其他综合收益	专项储备	盈余公积	一般风险准备	未分配利润	小计			实收资本(或股本)	其他权益			资本公积	减:库存股	其他综合收益	专项储备	盈余公积	一般风险准备	未分配利润	小计		
		优先股	永续债	其他												优先股	永续债	其他										
一、上年年末余额	9 000	—	—	—	5 000	—	—	—	800	—	2 000	16 800	—	16 800														
加:会计政策变更	—	—	—	—	—	—	—	—	—	—	—	—	—	—														
前期差错更正	—	—	—	—	—	—	—	—	—	—	—	—	—	—														
其他	—	—	—	—	—	—	—	—	—	—	—	—	500	500														
二、本年年初余额	9 000	—	—	—	5 000	—	—	—	800	—	2 000	16 800	500	17 300														
三、本年增减变动金额(减少以“—”号填列	—	—	—	—	—	—	—	—	—	—	6 080	6 080	40	6 120														
(一)综合收益总额	—	—	—	—	—	—	—	—	—	—	6 080	6 080	40	6 120														
(二)所有者投入和减少资本	—	—	—	—	—	—	—	—	—	—	—	—	—	—														

续表

项目	本年金额														上年金额（略）													
	归属于母公司所有者权益												少数股东权益	所有者权益合计	归属于母公司所有者权益												少数股东权益	所有者权益合计
	实收资本（或股本）	其他权益工具			资本公积	减：库存股	其他综合收益	专项储备	盈余公积	一般风险准备	未分配利润	小计			实收资本（或股本）	其他权益工具			资本公积	减：库存股	其他综合收益	专项储备	盈余公积	一般风险准备	未分配利润	小计		
		优先股	永续债	其他												优先股	永续债	其他										
1. 所有者投入的普通股	—	—	—	—	—	—	—	—	—	—	—	—	—	—														
2. 其他权益工具持有者投入资本	—	—	—	—	—	—	—	—	—	—	—	—	—	—														
3. 股份支付计入所有者权益的金额	—	—	—	—	—	—	—	—	—	—	—	—	—	—														
4. 其他	—	—	—	—	—	—	—	—	—	—	—	—	—	—														
（三）利润分配	—	—	—	—	—	—	—	—	1 200	—	1 200	—	20	20														
1. 提取盈余公积	—	—	—	—	—	—	—	—	1 200	—	1 200	—	—	—														
2. 提取一般风险准备	—	—	—	—	—	—	—	—	—	—	—	—	—	—														
3. 对所有者（或股东）的分配	—	—	—	—	—	—	—	—	—	—	—	—	20	20														
4. 其他	—	—	—	—	—	—	—	—	—	—	—	—	—	—														

续表

项目	本年金额														上年金额(略)													
	归属于母公司所有者权益												少数股东权益	所有者权益合计	归属于母公司所有者权益												少数股东权益	所有者权益合计
	实收资本(或股本)	其他权益工具			资本公积	减:库存股	其他综合收益	专项储备	盈余公积	一般风险准备	未分配利润	小计			实收资本(或股本)	其他权益工具			资本公积	减:库存股	其他综合收益	专项储备	盈余公积	一般风险准备	未分配利润	小计		
		优先股	永续债	其他												优先股	永续债	其他										
(四)所有者权益内部结转	—	—	—	—	—	—	—	—	—	—	—	—	—	—														
1. 资本公积转增资本(或股本)	—	—	—	—	—	—	—	—	—	—	—	—	—	—														
2. 盈余公积转增资本(或股本)	—	—	—	—	—	—	—	—	—	—	—	—	—	—														
3. 盈余公积弥补亏损	—	—	—	—	—	—	—	—	—	—	—	—	—	—														
4. 设定受益计划变动额结转留存收益	—	—	—	—	—	—	—	—	—	—	—	—	—	—														
5. 其他综合收益结转留存收益	—	—	—	—	—	—	—	—	—	—	—	—	—	—														
6. 其他	—	—	—	—	—	—	—	—	—	—	—	—	—	—														
四、本期期末余额	9 000	—	—	—	5 000	—	—	—	2 000	—	6 880	22 880	520	23 400														

4.6 多个子公司的合并工作底稿编制

在实务中，如果子公司较多，仅靠抵销调整分录编制合并工作底稿会非常烦琐，也很容易出错。这时候我们可以考虑用更简便的方法来编制合并财务报表，主要包括两个方面：一是考虑采用成本法而不是权益法进行调整抵销；二是用补充资料辅助编制合并工作底稿。

4.6.1 采用成本法进行合并抵销

汪姐：咱风妈集团有几十个子公司，如果将成本法核算结果调整为权益法后再编制合并财务报表，可能会非常复杂，并且很容易出错。所以今天咱们探讨一下更简便实用的合并方法。

可可：好啊好啊！我也觉得这么多子公司，如果一笔一笔地做抵销调整分录，然后还要计算加总，真不敢保证自己能不出错。

汪姐：好，那咱们尝试一下用成本法来编制合并财务报表。

可可：啊？不是说合并财务报表要用权益法吗？

汪姐：按 2006 年版《合并财务报表准则》的相关规定，企业只能采用“模拟权益法”编制合并财务报表。但是 2014 年版《合并财务报表准则》修订后，删除了按照权益法调整子公司财务报表的硬性规定。也就是说，新准则没有规定合并财务报表不能用“成本法”编制，这使得成本法下直接编制合并财务报表有了依据。

在考试时，咱们还是将成本法调整为权益法后再进行合并抵销处理，但是在实务中，可以根据企业集团的实际情况选择使用成本法或者权益法。

可可：如何用成本法进行抵销呢？

汪姐：成本法合并抵销的思路如下。第一步，母公司的初始投资成本和子公司的所有者权益的抵销；第二步，成本法下的投资收益和子公司向股东分配利润的抵销；第三步，子公司盈余公积的抵销；第四步，如果有少数股东，还要涉及少数股东权益的调整（假设不存在其他子公司所有者权益变化）。

可可：这怎么理解呢？或者怎么知道抵销的结果是不是正确呢？

汪姐：咱们可以用刚学过的权益法抵销分录推导。

（1）按权益法调整长期股权投资和投资收益。

借：长期股权投资　　　　　　　　（权益法下增加金额 A）

　　贷：投资收益　　　　　　　　　　　　　　　A

借：投资收益[母公司收到股利金额（成本法下增加金额）B]
　　贷：长期股权投资　　　　　　　　　（母公司收到股利金额B）

（2）抵销母公司长期股权投资和子公司所有者权益。

借：股本　　　　　　　　　　　　　　　　　　×××
　　资本公积　　　　　　　　　　　　　　　　　C
　　盈余公积　　　　　　　　（年初金额D＋当年新增E）
　　未分配利润　　　　　　　（年初金额F＋当年新增G）
　　商誉　　　　　　　　　　　　　　　　　　　H
　　贷：长期股权投资
　（初始成本Ⅰ＋权益法下增加金额A－母公司收到股利金额B）
　　　　少数股东权益
（年初金额J＋权益法下增加金额K－少数股东收到股利金额L）

（3）母公司投资收益和子公司利润分配抵销。

借：投资收益　　　　　　　　　（权益法下增加金额A）
　　少数股东损益　　　　　　　（权益法下增加金额K）
　　年初未分配利润　　　　　　　　　　　　　　F
　　贷：提取盈余公积　　　　　　　　　　　　　　E
　　　　向股东分配利润
　　　　（母公司收到股利金额B＋少数股东收到股利金额L）
　　　　年末未分配利润　　　　（年初金额F＋当年新增G）

可可：这些分录被您标注了之后看起来好像有很多借贷方相同的项目。

汪姐：没错，咱们把所有借方和所有贷方分列，看看有哪些能抵销。

借：长期股权投资　　　　　　　（权益法下增加金额A）
　　股本　　　　　　　　　　　　　　　　　　×××
　　投资收益　　　　　　　　（母公司收到股利金额B）
　　投资收益　　　　　　　　　（权益法下增加金额A）
　　资本公积　　　　　　　　　　　　　　　　　C
　　盈余公积　　　　　　　　（年初金额D＋当年新增E）
　　未分配利润　　　　　　　（年初金额F＋当年新增G）
　　商誉　　　　　　　　　　　　　　　　　　　H
　　少数股东损益　　　　　　　（权益法下增加金额K）
　　年初未分配利润　　　　　　　　　　　　　　F

贷：投资收益　　　　　（权益法下增加金额 A）
长期股权投资　　　　　（母公司收到股利金额 B）
长期股权投资
（初始成本 I＋权益法下增加金额 A－母公司收到股利金额 B）
少数股东权益
（年初金额 J＋权益法下增加金额 K－少数股东收到股利金额 L）
提取盈余公积　　　　　（当年新增 E）
向股东分配利润
（母公司收到股利金额 B＋少数股东收到股利金额 L）
年末未分配利润　　　　　（年初金额 F＋当年新增 G）

把借贷方相同的项目互相抵销后。

借：股本　　　　　×××
投资收益　　　　　（成本法下金额 B）
资本公积　　　　　C
盈余公积　　　　　（年初金额 D＋当年新增 E）
商誉　　　　　H
年初未分配利润　　　　　F
少数股东损益　　　　　（权益法下金额 K）
贷：长期股权投资　　　　　（初始成本 I）
少数股东权益
（年初金额 J＋权益法下金额 K 收到股利 L）
提取盈余公积　　　　　E
向股东分配利润
（母公司收到股利金额 B＋少数股东收到股利金额 L）

我们再把这些项目组合一下，最终得出成本法抵销分录：

(1) 母公司长期股权初始投资成本和子公司股东权益额抵销。

借：股本　　　　　×××
资本公积　　　　　C
盈余公积　　　　　（年初金额 D）
年初未分配利润　　　　　F
商誉　　　　　H
贷：长期股权投资　　　　　（初始成本 I）

少数股东权益　　　　　　　　　　　　（年初金额 J）

（2）母公司成本法下投资收益与子公司向股东分配利润抵销。

借：投资收益　　　　　　　　　　　　（母公司收到股利 B）

　　贷：向股东分配利润　　　　　　　　　　（母公司收到股利 B）

（3）子公司盈余公积抵销

借：盈余公积　　　　　　　　　　　　　　（当年新增 E）

　　贷：提取盈余公积　　　　　　　　　　　　　　　　E

（4）少数股东权益和少数股东损益抵销

借：少数股东损益　　　　　　　　　　（权益法下金额 K）

　　贷：少数股东权益

（权益法下金额 K—少数股东收到股利 L）

　　　　向股东分配股利　　　　　　　（少数股东收到股利 L）

注意，为了区分母公司和少数股东的利润分配情况，我把“向股东分配股利”项目拆分了。

可可：您这样拆分了之后，正好是四个方面的抵销，一是母公司初始投资成本和子公司股东权益抵销；二是母公司投资收益和子公司向股东分配利润的抵销；三是提取盈余公积的抵销；四是少数股东权益的抵销。

汪姐：是不是权益法和成本法的结果一致？

可可：还真是呢，汪姐 YYDS！

汪姐：啥是 YYDS 啊？

可可：还有汪姐您不知道的呀，这是网络语，永远的神。

汪姐：哈哈，我竟无言以对。这也是网络语。

可可：这个网络语有点古老啊。

4.6.2 用抵销分录列表辅助编制合并工作底稿

汪姐：在第 3 章，我们讲过抵销调整补充资料表（表 3-13、表 3-14、表 3-15 等）和抵销分录列表（表 3-18），以这些补充资料为辅助，能让合并财务报表的编制工作变得更快捷准确。

首先，我们要收集母公司长期股权投资和各子公司所有者权益信息，通过子公司上交的所有者权益补充资料表编制长期股权投资明细表，见表 4-13。

表 4-13　风妈集团长期股权投资明细表

编制单位：风妈集团　　　　20×2 年　　　　单位：万元

被投资方	投资日期	是否纳入合并	初始投资成本	商誉	持股比例	子公司所有者权益										母公司当年收到股利	少数股东损益
						年初数					当年变动金额						
						实收资本	资本公积	盈余公积	未分配利润	其他	净利润	盈余公积	分配股利	未分配利润	其他所有者权益变动		
风一公司		是	50 000	—	100%	30 000	5 000	6 000	9 000	—	2 000	400	600	1 000	—	600	—
风二公司		是	22 000	2 000	80%	15 000	3 000	2 000	5 000	—	1 000	200	0	800	—	0	—
风三公司		是	39 000	3 000	90%	27 000	6 000	3 000	4 000	—	1 500	300	200	1 000	—	180	20
……																	

根据表 4-13 编制抵销分录列表，见表 4-14。

表 4-14　风妈集团长期股权投资和所有者权益抵销分录列表

编制单位：风妈集团　　　　20×2 年　　　　单位：万元

序号	摘　　要	报表项目	借方金额	贷方金额	关联公司
1	风妈集团长期股权投资与风一公司所有者权益抵销	实收资本	30 000	—	风妈集团与风一公司
2		资本公积	5 000	—	风妈集团与风一公司
3		盈余公积	6 000	—	风妈集团与风一公司
4		未分配利润	9 000	—	风妈集团与风一公司
5		长期股权投资	—	50 000	风妈集团与风一公司
6	风妈集团长期股权投资与风二公司所有者权益抵销	实收资本	15 000	—	风妈集团与风二公司
7		资本公积	3 000	—	风妈集团与风二公司
8		盈余公积	2 000	—	风妈集团与风二公司
9		未分配利润	5 000	—	风妈集团与风二公司
10		商誉	2 000	—	风妈集团与风二公司
11		长期股权投资	—	22 000	风妈集团与风二公司
12		少数股东权益	—	5 000	风妈集团与风二公司
13	风妈集团长期股权投资与风三公司所有者权益抵销	实收资本	27 000	—	风妈集团与风三公司
14		资本公积	6 000	—	风妈集团与风三公司
15		盈余公积	3 000	—	风妈集团与风三公司
16		未分配利润	4 000	—	风妈集团与风三公司

续表

序号	摘　要	报表项目	借方金额	贷方金额	关联公司
17	风妈集团长期股权投资与风三公司所有者权益抵销	商誉	3 000	—	风妈集团与风三公司
18		长期股权投资	—	39 000	风妈集团与风三公司
19		少数股东权益	—	4 000	风妈集团与风三公司
20	风妈集团投资收益与风一公司股利分配抵销	投资收益	600	—	风妈集团与风一公司
21		向股东分配股利	—	600	风妈集团与风一公司
22	风妈集团投资收益与风三公司股利分配抵销	投资收益	180	—	风妈集团与风三公司
23		向股东分配股利	—	180	风妈集团与风三公司
24	风一公司盈余公积抵销	盈余公积	400	—	风一公司
25		提取盈余公积	—	400	风一公司
26	风二公司盈余公积抵销	盈余公积	200	—	风二公司
27		提取盈余公积	—	200	风二公司
28	风三公司盈余公积抵销	盈余公积	300	—	风三公司
29		提取盈余公积	—	300	风三公司
30	风二公司少数股东权益抵销	少数股东损益	200	—	风妈集团与风二公司
31		少数股东权益	—	200	风妈集团与风二公司
32	风三公司少数股东权益抵销	少数股东损益	150	—	风妈集团与风三公司
33		少数股东权益	—	130	风妈集团与风三公司
34		向股东分配股利	—	20	风妈集团与风三公司
合计			122 030	122 030	—

可可：抵销分录列表的借方合计和贷方合计应该相等吧？

汪姐：没错，咱们编制抵销分录列表时注意检查一下借贷方合计金额是否相等，以验证抵销分录是否正确。

编制好抵销分录列表后，按照“报表项目”列进行排序，见表 4-15。

表 4-15 抵销分录列表：按“报表项目”列排序

编制单位：风妈集团　　　　20×2 年　　　　单位：万元

序号	摘　　要	报表项目	借方金额	贷方金额	关联公司
2	—	资本公积	5 000	—	风妈集团与风一公司
7	—	资本公积	3 000	—	风妈集团与风二公司
14	—	资本公积	6 000	—	风妈集团与风三公司
5	—	长期股权投资	—	50 000	风妈集团与风一公司
11	—	长期股权投资	—	22 000	风妈集团与风二公司
18	—	长期股权投资	—	39 000	风妈集团与风三公司
3	—	盈余公积	6 000	—	风妈集团与风一公司
8	—	盈余公积	2 000	—	风妈集团与风二公司
15	—	盈余公积	3 000	—	风妈集团与风三公司
25	风一公司盈余公积抵销	盈余公积	400	—	风一公司
27	风二公司盈余公积抵销	盈余公积	200	—	风二公司
29	风三公司盈余公积抵销	盈余公积	300	—	风三公司
21	—	向股东分配股利	—	600	风妈集团与风一公司
24	—	向股东分配股利	—	180	风妈集团与风三公司
	—	向股东分配股利	—	20	风妈集团与风三公司

续表

序号	摘　　要	报表项目	借方金额	贷方金额	关联公司
4	—	未分配利润	9 000	—	风妈集团与风一公司
9	—	未分配利润	5 000	—	风妈集团与风二公司
16	—	未分配利润	4 000	—	风妈集团与风三公司
20	风妈集团投资收益与风一公司股利分配抵销	投资收益	600	—	风妈集团与风一公司
22	风妈集团投资收益与风三公司股利分配抵销	投资收益	180	—	风妈集团与风三公司
26	—	提取盈余公积	—	400	风一公司
28	—	提取盈余公积	—	200	风二公司
30	—	提取盈余公积	—	300	风三公司
1	风妈集团长期股权投资与风一公司所有者权益抵销	实收资本	30 000	—	风妈集团与风一公司
6	风妈集团长期股权投资与风二公司所有者权益抵销	实收资本	15 000	—	风妈集团与风二公司
13	风妈集团长期股权投资与风三公司所有者权益抵销	实收资本	27 000	—	风妈集团与风三公司
31	风二公司少数股东权益抵销	少数股东损益	200	—	风妈集团与风二公司
33	风三公司少数股东权益抵销	少数股东损益	150	—	风妈集团与风三公司
12	—	少数股东权益	—	5 000	风妈集团与风二公司
19	—	少数股东权益	—	4 000	风妈集团与风三公司
32	—	少数股东权益	—	200	风妈集团与风二公司
34	—	少数股东权益	—	130	风妈集团与风三公司

续表

序号	摘　　要	报表项目	借方金额	贷方金额	关联公司
10	—	商誉	2 000	—	风妈集团与风二公司
17	—	商誉	3 000	—	风妈集团与风三公司
合计			122 030	122 030	—

再按照“报表项目”列进行分类汇总，汇总过程如图 4-1 所示。

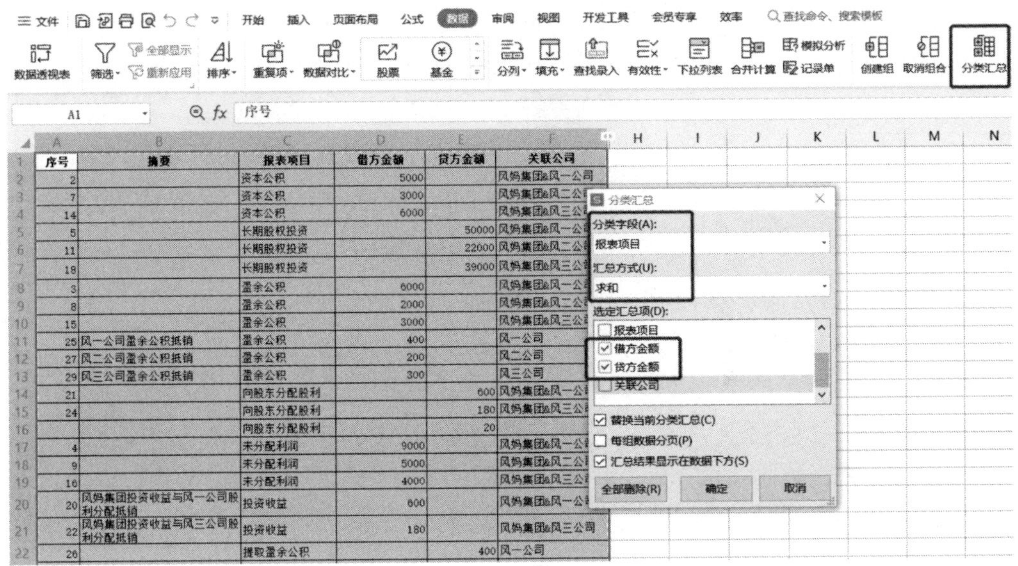

图 4-1　在 excel 中对报表项目进行分类汇总操作图

汇总结果见表 4-16。

表 4-16　抵销分录列表按报表项目分类汇总表

编制单位：风妈集团　　　　20×2 年　　　　单位：万元

序号	摘　　要	报表项目	借方金额	贷方金额	关联公司
2	—	资本公积	5 000	—	风妈集团与风一公司
7	—	资本公积	3 000	—	风妈集团与风二公司
14	—	资本公积	6 000	—	风妈集团与风三公司
—	—	资本公积 汇总	14 000	0	—

续表

序号	摘　　要	报表项目	借方金额	贷方金额	关联公司
5	—	长期股权投资	—	50 000	风妈集团与风一公司
11	—	长期股权投资	—	22 000	风妈集团与风二公司
18	—	长期股权投资	—	39 000	风妈集团与风三公司
—	—	长期股权投资 汇总	0	111 000	
3	—	盈余公积	6 000	—	风妈集团与风一公司
8	—	盈余公积	2 000	—	风妈集团与风二公司
15	—	盈余公积	3 000	—	风妈集团与风三公司
25	风一公司盈余公积抵销	盈余公积	400	—	风一公司
27	风二公司盈余公积抵销	盈余公积	200	—	风二公司
29	风三公司盈余公积抵销	盈余公积	300	—	风三公司
—	—	盈余公积 汇总	11 900	0	
21	—	向股东分配股利	—	600	风妈集团与风一公司
24	—	向股东分配股利	—	180	风妈集团与风二公司
—	—	向股东分配股利	—	20	风妈集团与风三公司
—	—	向股东分配股利 汇总	0	800	
4	—	未分配利润	9 000	—	风妈集团与风一公司
9	—	未分配利润	5 000	—	风妈集团与风二公司
16	—	未分配利润	4 000	—	风妈集团与风三公司
—	—	未分配利润 汇总	18 000	0	—
20	风妈集团投资收益与风一公司股利分配抵销	投资收益	600	—	风妈集团与风一公司

续表

序号	摘　要	报表项目	借方金额	贷方金额	关联公司
22	风妈集团投资收益与风三公司股利分配抵销	投资收益	180	—	风妈集团与风三公司
—	—	投资收益 汇总	780	0	—
26	—	提取盈余公积	—	400	风一公司
28	—	提取盈余公积	—	200	风二公司
30	—	提取盈余公积	—	300	风三公司
—	—	提取盈余公积 汇总	0	900	
1	风妈集团长期股权投资与风一公司所有者权益抵销	实收资本	30 000	—	风妈集团与风一公司
6	风妈集团长期股权投资与风二公司所有者权益抵销	实收资本	15 000	—	风妈集团与风二公司
13	风妈集团长期股权投资与风三公司所有者权益抵销	实收资本	27 000	—	风妈集团与风三公司
—	—	实收资本 汇总	72 000	0	
31	风二公司少数股东权益抵销	少数股东损益	200	—	风妈集团与风二公司
33	风三公司少数股东权益抵销	少数股东损益	150	—	风妈集团与风三公司
—	—	少数股东损益 汇总	350	0	—
12	—	少数股东权益	—	5 000	风妈集团与风二公司
19	—	少数股东权益	—	4 000	风妈集团与风二公司
32	—	少数股东权益	—	200	风妈集团与风二公司
34	—	少数股东权益	—	130	风妈集团与风三公司
—	—	少数股东权益 汇总	0	9 330	—

续表

序号	摘　　要	报表项目	借方金额	贷方金额	关联公司
10	—	商誉	2 000	—	风妈集团与风二公司
17	—	商誉	3 000	—	风妈集团与风三公司
—	—	商誉 汇总	5 000	0	—
总计			122 030	122 030	—

表4-16对“报表项目”列进行筛选，筛选条件为包含“汇总”的行，如图4-2所示。

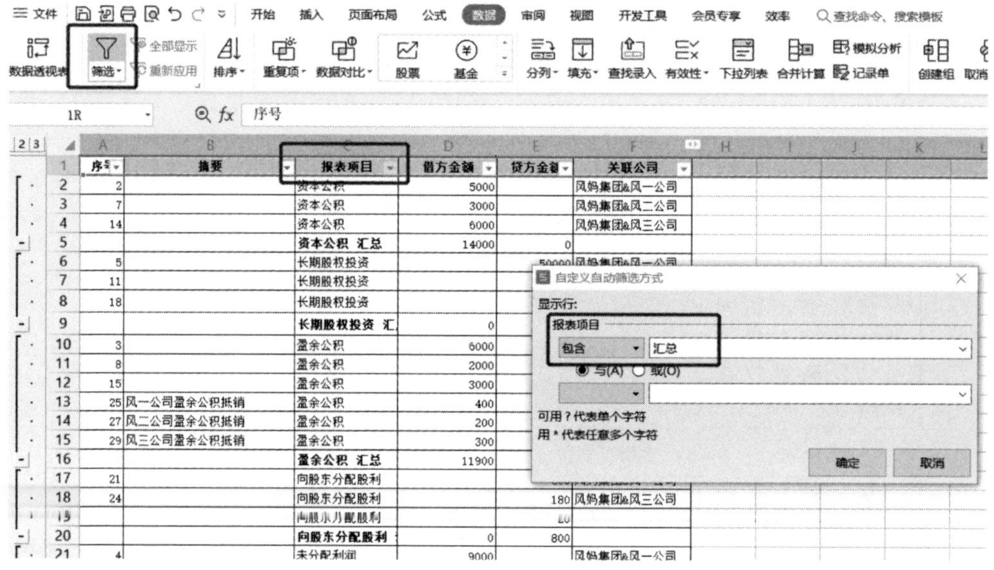

图4-2　在excel中对报表项目进行筛选操作图

最终得到各项目汇总数，见表4-17。

表4-17　抵销分录列表按报表项目分类汇总结果

编制单位：风妈集团　　　　20×2年　　　　单位：万元

序号	摘要	报表项目	借方金额	贷方金额	关联公司
—	—	资本公积 汇总	14 000	0	—
—	—	长期股权投资 汇总	0	111 000	—
—	—	盈余公积 汇总	11 900	0	—
—	—	向股东分配股利 汇总	0	800	—

续表

序号	摘要	报表项目	借方金额	贷方金额	关联公司
—	—	未分配利润 汇总	18 000	0	—
—	—	投资收益 汇总	780	0	—
—	—	提取盈余公积 汇总	0	900	—
—	—	实收资本 汇总	72 000	0	—
—	—	少数股东损益 汇总	350	0	—
—	—	少数股东权益 汇总	0	9 330	—
—	—	商誉 汇总	5 000	0	—

可可：这个抵销分录列表确实挺好用的。不管有多少个子公司、多少条分录，只要把数据录入到抵销分录列表里，然后用分类汇总工具就能很快搞定。

汪姐：是啊，所以要熟练掌握这项工具。

可可：编制合并财务报表的人一定都是 excel 高手。

汪姐：高手不敢说，肯定得熟练掌握一些必要的 excel 工具。还有一点要注意，越是子公司数量众多，越要注意在抵销列表中的录入顺序，可以先给子公司排好顺序，然后按顺序、按抵销分录的类别录入，这样按清晰的规则操作，以免录入时重复或者遗漏。

可可：嗯，记住啦。

汪姐：有了表 4-17 的汇总数据，就可以填写合并工作底稿了，见表 4-18。

表 4-18　风妈集团合并工作底稿（局部）

编制单位：风妈集团　　　　20×2 年　　　　单位：万元

项　　目	风妈集团	风一公司	风二公司	风三公司	合计数	调整抵销分录		少数股东权益	合并数
						借方	贷方		
长期股权投资	111 000	—	—	—	111 000	—	111 000	—	0
商誉	—	—	—	—	0	5 000	—	—	5 000
股本	200 000	30 000	15 000	27 000	272 000	72 000	—	—	200 000
资本公积	80 000	5 000	3 000	6 000	94 000	14 000	—	—	80 000

续表

项目	风妈集团	风一公司	风二公司	风三公司	合计数	调整抵销分录		少数股东权益	合并数
						借方	贷方		
盈余公积	20 000	6 400	2 200	3 300	31 900	11 900	—	—	20 000
未分配利润	80 000	10 000	5 800	5 000	100 800	18 780	1 700	350	83 370
归属于母公司股东权益	380 000	51 400	26 000	41 300	498 700	116 680	1 700	350	383 370
少数股东权益	—	—	—	—	0	—	—	9 330	9 330
股东权益合计	380 000	51 400	26 000	41 300	498 700	116 680	1 700	8 980	392 700
利润表									
投资收益（损失以“—”号填列）	780	—	—	—	—	780	—	—	0
四、净利润（净亏损以“—”号填列）	35 000	2 000	1 000	1 500	39 500	780	—	—	38 720
1. 归属于母公司股东的净利润（净亏损以“—”号填列）	—	—	—	—	—	—	—	—	38 370
2. 少数股东损益（净亏损以“—”号填列）	—	—	—	—	—	—	—	350	350
股东权益变动表					0				
一、年初未分配利润	50 000	9 000	5 000	4 000	68 000	18 000	—	—	50 000
二、本年增减变动金额	—	—	—	—	0	—	—	—	—
其中：净利润	35 000	2 000	1 000	1 500	39 500	780	—	—	38 720
三、利润分配					0				
1. 提取盈余公积	5 000	400	200	300	5 900		900		
2. 对股东的分配		600		200	800		800		
四、年末未分配利润	80 000	10 000	5 800	5 000	100 800	18 780	1 700	350	83 370

可可：怎么能知道合并抵销后的结果是不是正确的呢？

汪姐：可以验证呀。

（1）子公司部分所有者权益项目是否全部抵销。包括股本、资本公积、盈余公积等。从表 4-17 中可以看出，这几个项目已经抵销了；

（2）少数股东权益＝年初少数股东权益＋权益法下当年少数股东损益－少数股东收到股利＝9 000＋350－20＝9 330，与合并工作底稿结果一致；

（3）合并净利润＝母公司净利润－母公司收到股利＋子公司净利润＝35 000－780＋4 500＝38 720，与合并工作底稿一致；

（4）属于母公司股东的年末未分配利润＝母公司不包含对子公司投资收益的未分配利润＋母公司应享有子公司投资收益份额＝80 000－780＋（2 000×100%＋1 000×80%＋1 500×90%）＝83 370，与合并工作底稿一致。

数据核对无误，是不是就能保证结果的正确性了呢？

可可：好神奇！

汪姐：还要强调一下，这些验证公式只在没有其他影响合并净利润、合并未分配利润的事项及不存在子公司其他变动的情况下有效。在实务中，合并抵销列表可以作为我们的日常使用工具，不仅是长期股权投资和所有者权益，债权债务、内部商品交易等合并抵销都可以使用。像咱风妈集团这样子公司众多的企业集团，这可以说是必备工具了，能大大提高合并财务报表的编制效率。

可可：我记住啦，今后工作中一定会运用好的。

本章小结

汪姐：母公司长期股权投资和子公司所有者权益的合并处理咱们就讲到这儿吧。

可可：这一章信息量太大了。

汪姐：是不是复杂又“烧脑”，刺激又好玩呀？

可可：哈哈。“烧脑”是真“烧脑”，好玩也还挺好玩的。

汪姐：好，那咱们还是用思维导图回顾一下这部分内容，让它在大脑中更长久地留存，如图 4-3 所示。

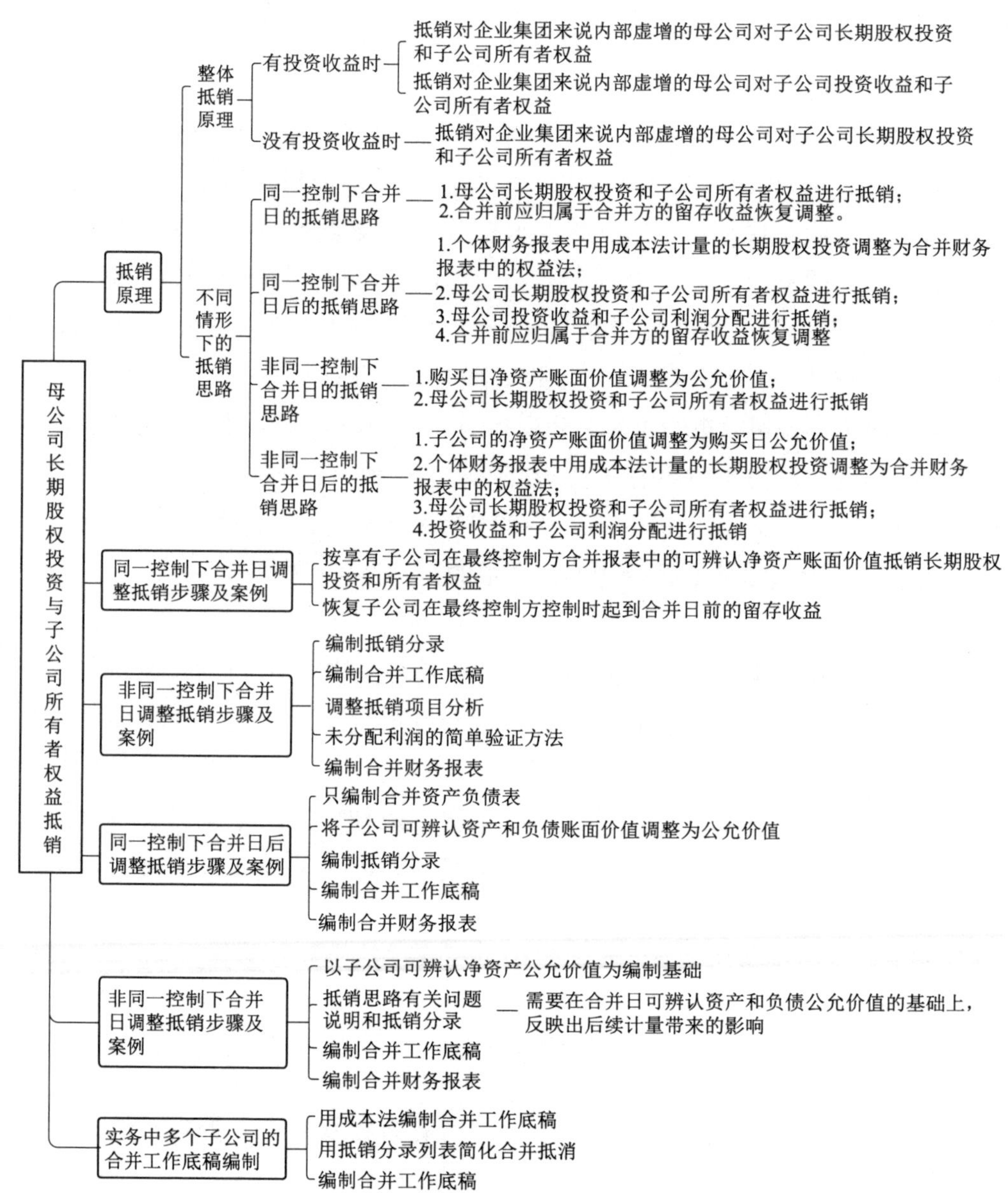
母公司长期股权投资与子公司所有者权益抵销
抵销原理
整体抵销原理
有投资收益时
抵销对企业集团来说内部虚增的母公司对子公司长期股权投资和子公司所有者权益
抵销对企业集团来说内部虚增的母公司对子公司投资收益和子公司所有者权益
没有投资收益时
抵销对企业集团来说内部虚增的母公司对子公司长期股权投资和子公司所有者权益
不同情形下的抵销思路
同一控制下合并日的抵销思路
1.母公司长期股权投资和子公司所有者权益进行抵销；
2.合并前应归属于合并方的留存收益恢复调整。
同一控制下合并日后的抵销思路
1.个体财务报表中用成本法计量的长期股权投资调整为合并财务报表中的权益法；
2.母公司长期股权投资和子公司所有者权益进行抵销；
3.母公司投资收益和子公司利润分配进行抵销；
4.合并前应归属于合并方的留存收益恢复调整
非同一控制下合并日的抵销思路
1.购买日净资产账面价值调整为公允价值；
2.母公司长期股权投资和子公司所有者权益进行抵销
非同一控制下合并日后的抵销思路
1.子公司的净资产账面价值调整为购买日公允价值；
2.个体财务报表中用成本法计量的长期股权投资调整为合并财务报表中的权益法；
3.母公司长期股权投资和子公司所有者权益进行抵销；
4.投资收益和子公司利润分配进行抵销
同一控制下合并日调整抵销步骤及案例
按享有子公司在最终控制方合并报表中的可辨认净资产账面价值抵销长期股权投资和所有者权益
恢复子公司在最终控制方控制时起到合并日前的留存收益
非同一控制下合并日调整抵销步骤及案例
编制抵销分录
编制合并工作底稿
调整抵销项目分析
未分配利润的简单验证方法
编制合并财务报表
同一控制下合并日后调整抵销步骤及案例
只编制合并资产负债表
将子公司可辨认资产和负债账面价值调整为公允价值
编制抵销分录
编制合并工作底稿
编制合并财务报表
非同一控制下合并日调整抵销步骤及案例
以子公司可辨认净资产公允价值为编制基础
抵销思路有关问题说明和抵销分录
需要在合并日可辨认资产和负债公允价值的基础上，反映出后续计量带来的影响
编制合并工作底稿
编制合并财务报表
实务中多个子公司的合并工作底稿编制
用成本法编制合并工作底稿
用抵销分录列表简化合并抵消
编制合并工作底稿

图 4-3　小结思维导图

第 5 章
内部债权债务的合并处理

经过汪姐这些天通俗易懂的讲解，可可之前对合并财务报表那种望而生畏的感觉已经完全消失了，反而觉得合并财务报表还挺有趣的，甚至有点迫不及待地想要继续学下去。

现在，最难搞的母公司长期股权投资与子公司所有者权益合并处理终于学完了。可可甚至都有点佩服自己了。这都学会了，还有啥好怕的？她也很感激汪姐，让自己心头的十万个为什么一一找到了答案。有这么好的老师，这么难得的学习机会，真的要好好珍惜才好。

想到这儿，可可又赶紧拿出之前记的笔记，认真复习学过的知识。

汪姐走进来，看到可可认真的样子很是欣慰。

汪姐：复习呢？

可可：是啊，我在复习您讲过的知识呢。尤其是长期股权投资和所有者权益的调整抵销这部分，虽然学的时候好像懂了，但还得反复琢磨，不然总是一知半解，还很容易忘，各种情形下的合并处理很容易弄混淆。

汪姐：确实如此。你有空的时候也可以多做些习题，效果会更好。

可可：好的，汪姐，咱们今天学什么呀？

汪姐：学完了最难的长期股权投资和所有者权益合并处理，今天咱们学个简单的，内部债权债务的合并处理。

5.1　内部债权债务合并处理思路

汪姐：内部债权债务的合并处理思路是把对于整个企业集团来说虚拟的内部债权债务项目抵销掉。

可可：嗯，我知道，债权债务嘛，就是子公司欠了母公司的钱，子公司觉得这钱得还给母公司呀，所以记上应付款项，母公司觉得子公司欠我钱得还呀，所以记上应收款项。但是对于企业集团来说，不就是左口袋的钱挪到右口袋了吗？哪有什么应收应付呀！所以赶紧抵销了吧！

汪姐：哈哈，瞧你这说的有声有色的，还挺形象。

可可：嘿嘿，我也就只知道这点儿了。

汪姐：大体思路也就这样。举个例子，风妈集团本部销售给子公司风一公司一批商品，成本为 80 万元，售价为 100 万元（不考虑增值税），风一公司尚未付款。风妈集团本部记账：

借：应收账款　　1 000 000

　　贷：营业收入　　1 000 000

借：营业成本　　800 000

　　贷：存货　　800 000

风一公司记账：

借：存货　　1 000 000

　　贷：应付账款　　1 000 000

假设编制合并财务报表时，风一公司这批存货尚未对外销售。在合并抵销前，上述交易产生的合计数据见表 5-1。

表 5-1　内部债权债务抵销表　　单位：万元

项　　目	借　　方	贷　　方	备　　注
应收账款	100	—	—
存货	20	—	借方－贷方＝100－80＝20（万元）

续表

项　　目	借　　方	贷　　方	备　　注
应付账款	—	100	—
营业收入	—	100	—
营业成本	80	—	—
合计	200	200	—

这就出现了两个问题；一是内部商品交易的抵销问题，我们后面会详说；二是内部债权债务的抵销问题。

内部债权债务，就像你刚才说的那样，对于企业集团来说，左口袋的钱挪到右口袋，是不应该有应收或应付款项的，因为既没有增加企业集团的资产，也没有增加企业集团的负债。所以要把应收账款 100 万元和应付账款 100 万元抵销。

可可：就这么简单?

汪姐：基本思路就这么简单。但是不同债权债务项目可能涉及的合并抵销事项不完全相同，见表 5-2。

表 5-2　债权债务可能涉及的合并抵销事项表

序　　号	项　　目	可能涉及的合并抵销事项	备　　注
1	应收账款与应付账款	应收账款与应付账款、坏账准备与信用减值损失、递延所得税资产与所得税费用等	连续编制合并财务报表时注意区分坏账准备及递延所得税的上期和当期抵销处理
2	应收票据与应付票据	应收票据与应付票据、坏账准备与信用减值损失、递延所得税资产与所得税费用等	
3	预付账款与预收账款	预付账款与预收账款、坏账准备与信用减值损失、递延所得税资产与所得税费用等	
4	其他应收款与其他应付款	其他应收款与其他应付款（包括应收利息与应付利息、应收股利与应付股利、其他应收款和其他应付款等）、坏账准备与信用减值损失、递延所得税资产与所得税费用等	

续表

序　号	项　目	可能涉及的合并抵销事项	备　注
5	长期债券投资与应付债券	债权投资与应付债券、应收利息与应付利息、投资收益与财务费用等	不同类型的债券有不同的处理
6	长期应收款与长期应付款	长期应收款和长期应付款、财务费用和在建工程等	如果涉及融资性质的内部资产购买业务，可能涉及财务费用和在建工程的抵销

5.2 内部应收应付款项及其坏账准备的合并处理

对于内部应收账款与应付账款、应收票据与应付票据、预付账款与预收账款、其他应收款与其他应付款等，编制合并财务报表时一方面要抵销应收款项及其对应的应付款项，另一方面要抵销个别财务报表中计提的内部坏账准备，同时要对内部坏账准备产生的递延所得税进行抵销处理。

5.2.1 当期产生的内部应收应付款项及其坏账准备的合并处理

汪姐：对于应收款项，包括应收账款、应收票据、预付账款，以及其他应收款等，企业需要根据预计可收回情况计提坏账准备，同时确认信用减值损失。在合并财务报表合并处理中，也需要同时抵销应收账款（坏账准备）和信用减值损失。

可可：明白，还是那个理儿。对于企业集团来说，不就是把左口袋的钱挪到右口袋去用了嘛，哪有什么信用减值损失呀。

汪姐：一旦涉及信用减值损失，又会影响递延所得税。因为在计算企业所得税时，不能把还未实际发生的信用减值损失作为税前扣除，因此产生了一项递延所得税资产。

对于企业集团来说，既然没有损失，也就不存在递延所得税了，所以要把个别财务报表中确认的递延所得税资产和所得税费用进行抵销。

具体分录如下：

（1）内部应收账款和应付账款抵销。

借：应付款项　　　　　　　　　　　　　　　×××

贷：应收款项　　　　　　　　　　×××

（2）内部坏账准备和信用减值损失抵销。

借：应收账款　　　　　　　　　　×××

贷：资产减值损失　　　　　　　　　　×××

（3）内部信用减值损失产生的递延所得税抵销。

借：所得税费用　　　　　　　　　　×××

贷：递延所得税资产　　　　　　　　　　×××

可可：递延所得税抵销是怎么回事?

汪姐：内部应收款项计提坏账准备时，个别财务报表会产生递延所得税。对于整个企业集团来说，这个坏账并不存在，也不需要计提坏账准备，所以也就没有递延所得税了。因此在编制合并财务报表时需要抵销递延所得税。

【案例 5-1】风某公司为风妈集团子公司。20×2 年 12 月 31 日，风妈集团本部本期个别财务报表中对风某公司的应收账款余额为 500 万元，计提坏账准备 10 万元，并确认了递延所得税资产 2.5 万元；风妈集团本部对风某公司应收票据余额为 1 000 万元。

编制合并财务报表时的抵销分录如下。

借：应付账款　　　　　　　　　　5 000 000

贷：应收账款　　　　　　　　　　5 000 000

借：应付票据　　　　　　　　　　10 000 000

贷：应收票据　　　　　　　　　　10 000 000

借：应收账款　　　　　　　　　　100 000

贷：资产减值损失　　　　　　　　　　100 000

借：所得税费用　　　　　　　　　　25 000

贷：递延所得税资产　　　　　　　　　　25 000

编制合并工作底稿见表 5-3。

表 5-3　合并工作底稿（局部）

编制单位：风妈集团　　　　　　20×2 年　　　　　　单位：万元

项　　目	风妈集团本部	风某公司	合计数	调整分录		抵销分录		少数股东权益	合并数
				借方	贷方	借方	贷方		
资产负债表项目									

续表

项　　目	风妈集团本部	风某公司	合计数	调整分录		抵销分录		少数股东权益	合并数
				借方	贷方	借方	贷方		
……									
应收账款	490	—	490	—	—	10	500	—	0
应收票据	1 000	—	1 000	—	—	—	1 000	—	0
……									
递延所得税资产	2.5	—	2.5	—	—	—	2.5	—	0
……									
应付账款	—	500	500	—	—	500	—	—	0
应付票据	—	1 000	1 000	—	—	1 000	—	—	0
利润表项目									
……									
信用减值损失（损失以“—”号填列）	10	—	10	—	—	—	10	—	0
……									
营业利润（亏损以“—”号填列）	−10	—	−10	—	—	—	10	—	0
……									
所得税费用	−2.5	—	−2.5	—	—	2.5	—	—	0
净利润（净亏损以“—”号填列）	−7.5	—	−7.5	—	—	2.5	10	—	0
股东权益变动表项目									
期初未分配利润									
……									
期末未分配利润	−7.5	—	−7.5	—	—	2.5	10	—	0

5.2.2 连续编制合并财务报表时内部应收应付款项及其坏账准备的合并处理

汪姐：对于连续编制合并财务报表时内部应收应付款项的合并处理，我们还是从内部应收应付款项的抵销、坏账准备的抵销以及递延所得税的抵销三个方面来分析。

（1）内部应收应付款项的抵销方法与首次编制合并财务报表相同，只需将应收款项和应付款项的余额进行抵销；

（2）内部应收款项计提的坏账准备的合并处理分为两步。

第一步，按上期抵销的坏账准备余额抵销坏账准备和期初未分配利润项目（相当于把上期坏账准备对合并财务报表的影响延续到本期）。抵销分录为

借：应收账款、应收票据等（上期内部坏账准备余额）×××

　　贷：期初未分配利润　　　（上期内部坏账准备余额）×××

第二步，比较本期和上期内部坏账准备余额，根据其差额抵销补提或冲销的坏账准备和信用减值损失。若本期内部坏账准备余额大于上期，抵销分录为

借：应收账款、应收票据等

（本期内部坏账准备余额－上期内部坏账准备余额）×××

　　贷：信用减值损失

　　（本期内部坏账准备余额－上期内部坏账准备余额）×××

若本期内部坏账准备余额小于上期，抵销分录为

借：信用减值损失

（上期内部坏账准备余额－本期内部坏账准备余额）×××

　　贷：应收账款、应收票据等

　　（上期内部坏账准备余额－本期内部坏账准备余额）×××

（3）因计提坏账准备产生的递延所得税资产的抵销与坏账准备的处理方法相似。

第一步，按上期抵销的内部递延所得税资产余额抵销期初未分配利润和递延所得税资产项目。抵销分录为

借：期初未分配利润（上期内部递延所得税资产余额）×××

　　贷：递延所得税资产

　　　　　　　　（上期内部递延所得税资产余额）×××

第二步，比较本期和上期的内部递延所得税资产余额，按其差额继续抵销补记或冲减的所得税费用和递延所得税资产。

（若差额小于0，则做相反分录）

可可：若本期内部递延所得税资产余额大于上期，抵销分录为

借：期初未分配利润　　　　（本期内部递延所得税资产余额－上期内部递延所得税资产余额）×××

　　贷：递延所得税资产　　　　（本期内部递延所得税资产余额－上期内部递延所得税资产余额）×××

若本期内部递延所得税资产余额小于上期，抵销分录为

借：递延所得税资产　　　　（上期内部递延所得税资产余额－本期内部递延所得税资产余额）×××

　　贷：期初未分配利润　　　　（上期内部递延所得税资产余额－本期内部递延所得税资产余额）×××

为了让我们更直观地看出连续编制合并财务报表时不同情况下的内部坏账准备及相关递延所得税资产的不同合并处理，我列了一个表格，见表 5-4。

表 5-4　连续编制合并财务报表时的内部坏账准备及相关递延所得税资产合并处理

项　目		抵销上期	抵销本期
内部坏账准备抵销	本期内部坏账准备余额－上期内部坏账准备余额＞0	借：应收账款、应收票据等（上期内部坏账准备余额）××× 贷：期初未分配利润（上期内部坏账准备余额）×××	借：应收账款、应收票据等（本期余额－上期余额）××× 贷：信用减值损失（本期余额－上期余额）×××
	本期内部坏账准备余额－上期内部坏账准备余额＝0		余额与上期相同，不需要做处理
	本期内部坏账准备余额－上期内部坏账准备余额＜0		借：信用减值损失（上期余额－本期余额）××× 贷：应收账款、应收票据等（上期余额－本期余额）×××
内部递延所得税资产抵销	本期内部坏账准备余额－上期内部坏账准备余额＞0	借：期初未分配利润（上期内部递延所得税资产余额）××× 贷：递延所得税资产（上期内部递延所得税资产余额）×××	借：所得税费用（本期余额－上期余额）××× 贷：递延所得税资产（本期余额－上期余额）×××

续表

<table>
<tr><th colspan="2">项　　目</th><th>抵销上期</th><th>抵销本期</th></tr>
<tr><td rowspan="2">内部递延所得税资产抵销</td><td>本期内部坏账准备余额－上期内部坏账准备余额＝0</td><td rowspan="2">借：期初未分配利润（上期内部递延所得税资产余额）×××
贷：递延所得税资产（上期内部递延所得税资产余额）×××</td><td>余额与上期相同，不需要做处理</td></tr>
<tr><td>本期内部坏账准备余额－上期内部坏账准备余额<0</td><td>借：递延所得税资产（上期余额－本期余额）×××
贷：所得税费用（上期余额－本期余额）×××</td></tr>
</table>

可可：也就是说，无论本期内部坏账准备余额减去上期内部坏账准备余额的结果大于零、等于零还是小于零，都需要对上期的内部坏账准备做同样的合并处理，但对本期的合并处理则有所不同。当结果等于零时，不需要做处理；结果大于零时，需要抵销补提的坏账准备，借记“应收账款”，贷记“信用减值损失”；结果小于零时，则做相反的分录，贷记“应收账款”，借记“信用减值损失”。

与内部坏账准备所对应的内部递延所得税资产的抵销也是这样。无论本期内部坏账准备余额减去上期内部坏账准备余额的结果大于零、等于零还是小于零，都需要对上期的内部递延所得税资产做同样的合并处理。区别在于对本期的合并处理。当结果等于零时，不需要做处理；结果大于零时，需要抵销补记的递延所得税资产，借方记“所得税费用”，贷方记“递延所得税资产”；结果小于零时，则做相反的分录，借方记“递延所得税资产”，贷方记“所得税费用”。

汪姐：没错。咱们还是看案例。

【案例 5-2】风妈集团有风一公司、风二公司和风三公司三个子公司。20×1 年 12 月 31 日，风妈集团本部本期个别财务报表中对风一公司的应收账款为 500 万元，计提坏账准备 10 万元，并确认了递延所得税资产 2.5 万元；对风二公司的应收账款为 1 000 万元，计提坏账准备 50 万元，并确认了递延所得税资产 12.5 万元；对风三公司应收票据为 2 000 万元，计提坏账准备 100 万元，并确认了递延所得税资产 25 万元。

20×2 年 12 月 31 日，风妈集团本部本期个别财务报表中对风一公司的应收账款为 800 万元，坏账准备增加至 20 万元，递延所得税资产余额 5 万元；对风二公司的应收账款为 700 万元，坏账准备金额不变；对风三公司应收票据为 1 200 万元，本期冲减坏账准备 40 万元，并减少了递延所得税资产 10 万元。

可可：咱风妈集团也太亏了吧，咋三个子公司欠咱的钱都得计提坏账啊。

汪姐：哈哈，本故事纯属虚构，如有雷同纯属巧合。

可可：我看这个案例中这三家子公司正好对应了表5-4的三种情况。

汪姐：是的，这样咱们就能把三种情况都对比着搞清楚了嘛。我们一起看看合并抵销分录。

1）20×2年，合并工作底稿对风一公司的抵销分录如下。（内部应收账款坏账准备本期余额大于上期余额时的合并处理）。

（1）按当年内部应收账款余额抵销内部应收账款与应付账款。

借：应付账款　　8 000 000

　　贷：应收账款　　8 000 000

（2）按上年内部坏账准备余额抵销应收账款和年初未分配利润。

借：应收账款　　100 000

　　贷：年初未分配利润　　100 000

（3）按本年内部坏账准备余额与上年坏账准备余额的差额抵销补提的坏账准备。

借：应收账款　　（200 000－100 000）100 000

　　贷：信用减值损失　　100 000

（4）按上年内部递延所得税资产余额抵销递延所得税资产和年初未分配利润。

借：年初未分配利润　　25 000

　　贷：递延所得税资产　　25 000

（5）按本年内部递延所得税资产余额与上年的差额抵销补记的递延所得税资产。

借：所得税费用　　［（200 000－100 000）×25%］25 000

　　贷：递延所得税资产　　25 000

2）20×2年合并工作底稿对风二公司的抵销分录如下（内部应收账款坏账准备本期余额等于上期余额时的合并处理）。

（1）按当年内部应收账款余额抵销内部应收账款与应付账款抵销。

借：应付账款　　7 000 000

　　贷：应收账款　　7 000 000

（2）按上年内部坏账准备余额抵销应收账款和年初未分配利润。

借：应收账款　　500 000

贷：年初未分配利润　　500 000

(3) 按上年内部递延所得税资产余额抵销递延所得税资产和年初未分配利润。

借：年初未分配利润　　125 000

贷：递延所得税资产　　125 000

3) 20×2 年合并工作底稿对风三公司的抵销分录如下（内部应收账款坏账准备本期余额小于上期余额时的合并处理）。

(1) 按当年内部应收账款余额抵销内部应收账款与应付账款抵销。

借：应付票据　　12 000 000

贷：应收票据　　12 000 000

(2) 按上年内部坏账准备余额抵销应收账款和年初未分配利润。

借：应收票据　　1 000 000

贷：年初未分配利润　　1 000 000

(3) 按上年内部坏账准备余额与本年坏账准备余额的差额抵销冲减的坏账准备。

借：信用减值损失　　400 000

贷：应收票据　　400 000

(4) 按上年内部递延所得税资产余额抵销递延所得税资产和年初未分配利润。

借：年初未分配利润　　250 000

贷：递延所得税资产　　250 000

(5) 按上年内部递延所得税资产余额与本年的差额抵销冲销的递延所得税资产。

借：递延所得税资产　　100 000

贷：所得税费用　　100 000

编制合并工作底稿（局部）见表 5-5。

表 5-5　合并工作底稿（局部）

编制单位：风妈集团　　20×2 年　　单位：万元

项　目	风妈集团本部	风一公司	风二公司	风三公司	合计数	调整分录		抵销分录		少数股东权益	合并数
						借方	贷方	借方	贷方		
资产负债表项目											

续表

项目	风妈集团本部	风一公司	风二公司	风三公司	合计数	调整分录		抵销分录		少数股东权益	合并数
						借方	贷方	借方	贷方		
……											
应收账款	1 430	—	—	—	1 430	—	—	—	1 430	—	0
应收票据	1 140	—	—	—	1 140	—	—	—	1 140	—	0
……											
递延所得税资产	32.5	—	—	—	32.5	—	—	—	32.5	—	0
……											
应付账款	—	800	700	—	1 500	—	—	1 500	—	—	0
应付票据	—	—	—	1 200	1 200	—	—	1 200	—	—	0
利润表项目											
……											
信用减值损失（损失以“—”号填列）	−30	—	—	—	−30	—	—	30	—	—	0
……											
营业利润（亏损以“—”号填列）	30	—	—	—	30	—	—	30	—	—	0
……											
所得税费用	7.5	—	—	—	7.5	—	—	—	7.5	—	0
净利润（净亏损以“—”号填列）	22.5	—	—	—	22.5	—	—	30	7.5	—	0
股东权益变动表项目											
期初未分配利润	−120	—	—	—	−120	—	—	—	120	—	0
……											
期末未分配利润	−97.5	—	—	—	−97.5	—	—	30	127.5	—	0

5.3 公司债券内部交易的合并处理

汪姐：如果企业集团内部的一家成员企业发行债券而另一家成员企业购买其发行的公司债券，则形成了公司债券的内部交易。

可可：明白，所以要对购买方的债券投资和债券发行方的应付债券进行抵销。

汪姐：嗯，还有呢?

可可：没了，我只知道这些。

汪姐：那还想不想多知道些呢?

可可：当然想了。

汪姐：那咱就具体讲讲。首先，咱得了解一些公司债券的基本知识，知道公司债券是以什么方式发行的，有哪些种类，发行的途径有哪些，怎么进行会计处理，等等。

5.3.1 公司债券在个别财务报表中的会计核算

1. 公司债券相关知识

（1）面值发行、溢价发行和折价发行。

汪姐：按照发行价格与债券面值的对比情况，公司债券可以分为面值发行、溢价发行和折价发行。面值发行就是发行价格等于债券面值；溢价发行就是发行价格高于债券面值，这种情况一般是在债券的票面利率高于市场利率时，因为利息付得多，发行价格自然就高；折价发行就是发行价格低于债券面值，这时一般债券票面利率低于市场利率，因为利息支付得少，就要给投资者一些补偿，所以要折价发行。

溢价发行或折价发行时，每年的实际利息费用和支付利息金额会有差额，这个差额就是利息调整。

可可：利息调整的意思是不是说，因为票面利率和市场利率不一样，导致债券发行价格里面实质上包含调整的利息金额。如果利率高，就会溢价发行，这个溢价实际就是多出来的利息调整；如果利率低，就会折价发行，这个折去的价格实际就是少付的利息调整。

汪姐：是的，对于一年期以上的债券，如果有利息调整，就会涉及今后各年的利息摊销。需要注意的是，利息调整需要用实际利率法进行摊销。实际利率法就是在确认利息费用的时候，不是按照票面利率，而是按照实际利率计算债券的摊余成本和各期利息费用的方法。这个实际利率就是在计算债券存续期间的未来现金流量折现为该债券当前账面价值的利率。

可可：那这个实际利率一般等于市场利率吗？

汪姐：在实务中通常是的，也可以通过债券各期现金流量的折现率计算得出。咱们以分期付息、到期一次还本的公司债券为例，来说明一下利息费用的计算。

【案例 5-3】风一公司 20×1 年 1 月 1 日经批准发行分期付息、到期一次还本的 5 年期公司债券。该债券票面总额为 30 000 000 元，票面利率为 6%，市场利率 5%，票面利率高于市场利率，因此为溢价发行，发行价格为 31 298 100元（为方便计算，以下数值取整数）。

风一公司每年支付利息金额为：30 000 000×6%＝1 800 000（元）

20×1 年，实际利息费用＝年初债券摊余成本×市场利率＝31 298 100×5%＝1 564 905（元）

利息调整金额＝1 800 000－1 564 905＝235 095（元）

20×2 年，实际利息费用＝（31 298 100－235 095）×5%

＝31 063 005×5%＝1 553 150（元）

利息调整金额＝1 800 000－1 553 150＝246 850（元）

20×3 年，实际利息费用＝（31 063 005－246 850）×5%

＝30 816 155×5%＝1 540 808（元）

利息调整金额＝1 800 000－1 540 808＝259 192（元）

20×4 年，实际利息费用＝（30 816 155－259 192）×5%

＝30 556 963×5%＝1 527 848（元）

利息调整金额＝1 800 000－1 527 848＝272 152（元）

20×5 年，利息调整金额＝（31 298 100－30 000 000）－235 095－246 850－259 192－272 152＝284 811（元）

实际利息费用＝1 800 000－284 811＝1 515 189（元）

为了更直观地显示变化过程，我们列表看看，见表 5-6。

表 5-6　利息费用计算表　　单位：元

日期	支付利息	实际利息费用	摊销的利息调整（偿还本金）	摊余成本	备注
	a	b=期初 d×5%	c=a−b	d=期初 d−c	
20×1 年 1 月 1 日	—	—	—	31 298 100	—
20×1 年 12 月 31 日	1 800 000	1 564 905	235 095	31 063 005	—
20×2 年 12 月 31 日	1 800 000	1 553 150	246 850	30 816 155	—
20×3 年 12 月 31 日	1 800 000	1 540 808	259 192	30 556 963	—
20×4 年 12 月 31 日	1 800 000	1 527 848	272 152	30 284 811	—
20×5 年 12 月 31 日	1 800 000	1 515 189	284 811	30 000 000	最终 d 为债券面值，为了调整债券尾数，最后一年 c=年初 d−年末 d，最后一年 b=a−c。
合计	9 000 000	7 701 900	1 298 100		合计 a=合计 b+合计 c

可可：每年都根据摊余成本和市场利率计算利息费用，实际支付的利息比利息费用要多，这多出来的部分就相当于归还了部分债券本金，所以下一年债券的摊余成本就要减去这归还的债券本金部分，以此类推。对吧？

汪姐：是啊。

可可：那最后一年为什么利息费用是倒推的呢？

汪姐：主要是直接计算的利息费用和倒推利息费用会有一点尾数差额，如果直接计算的话就有可能出现勾稽关系不平的情况。最终，我们要保证摊余成本等于债权面值 30 000 000 元，摊销的利息调整合计等于债券溢价，利息费用合计金额加摊销的利息调整合计金额等于支付利息合计金额。

可可：哦，原来是这样。

汪姐：本例中的公司债券是分期付息、到期一次还本的，也就是说需要每年按照票面金额支付利息，到期时按照债券面值偿还本金。除了这种还款方式，公司债券可以选择到期一次还本，这种方式下发行方每年不需要支付利息，只需要计提利息费用，债券到期时一次还本付息即可。

（2）直接和间接取得的公司债券。

按照购买途径的不同，债券可以分为直接从债券发行方取得的公司债券和间接取得的公司债券。

可可：间接取得是什么意思呢？

汪姐：就是从第三方取得，比如从二级市场取得。

可可：哦，这两种途径在合并抵销时的主要差别在哪里呢？

汪姐：差别主要在于第三方要获取一定的利益，因此直接购买和从第三方购买的价格肯定是不一样的。比如甲乙公司是母子公司。债券发行方甲公司发行了 1 000 万元债券，如果乙公司直接从甲公司购买，价格是 1 000 万元，如果乙公司从第三方购买，价格是 1 100 万元，此时乙公司的债券投资是 1 100 万元，而甲公司的应付债券只有 1 000 万元。差额 100 万元是第三方的收益。如果乙公司从第三方购买的价格是 900 万元，则乙公司债券投资是 900 万元，甲公司应付债券是 1 000 万元，差额是第三方的损益。

可可：哦，因为第三方本身会有收益或损失，所以从第三方购买比直接购买要多付或者少付一些钱，这些钱就是第三方的收益或损失。也因为这个原因，在合并抵销时发行方和购买方的抵销项目金额也会有差额。

汪姐：没错，债券发行方的应付债券和购买方的债权投资有差额，购买方的利息收入和发行方的利息费用也会有差额，这些差额都要在合并抵销时进行反映。后面我会详细介绍。

2. 公司债券在个别财务报表中的会计核算

汪姐：咱们来看看内部债券交易是如何在交易双方个别财务报表中进行核算的。

1）债券发行时的会计处理。

（1）债券发行方的会计处理。

债券发行时，债券发行方按收到款项的金额，借记“银行存款”，按债券面值，贷记“应付债券——面值”。（注意，不管是面值发行、溢价发行还是折价发行，都要按面值贷记“应付债券——面值”明细科目）；溢价发行时，还需将“银行存款”大于“应付债券——面值”的差额贷记“应付债券——利息调整”；折价发行时，还需将“银行存款”小于“应付债券——面值”的差额借记“应付债券——利息调整”。

（2）债券购买方的会计处理。

按照交易目的的不同，债券购买方的债券可划分为三种不同的金融资产：以公允价值计量其变动计入当期损益的金融资产（交易性金融资产）、以摊余成本计量的金融资产（债权投资）和以公允价值计量其变动计入其他综合收益的金融资产（其他债权投资）。交易性金融资产的交易目的主要是随时交易，不是为了固定收息，因此以公允价值计量且其变动计入损益；债权投资交易的目的是固定收息，因此以摊余成本计量；其他债权投资交易的目的是固定收息且可用于交易，因此以公允价值计量且其变动计入其他综合收益。交易性金融资产与其他债权投资的区别在于，前者是完全为了交易目的，后者是既为交易也为收取稳定现金流。

如果购买方将债券作为债权投资，则在取得债券投资时，应当按照该投资的面值，借记“债权投资——成本”，按实际支付价款，贷记“银行存款”，按其差额，借记或贷记“债权投资——利息调整”。

2）持有期间的会计处理。

（1）债券发行方的会计处理。

对于分期付息、到期一次还本的公司债券，每年年底，企业根据债券取得资金的用途等，按利息费用金额借记“财务费用”“在建工程”等科目，按应付利息金额贷记“应付利息”科目，二者的差额借记或贷记“应付债券——利息调整”科目。实际支付利息时，按支付利息金额借记“应付利息”，贷记“银行存款”。

对于到期一次还本付息的公司债券，每年年底，企业根据债券取得资金的用途等，按利息费用金额借记“财务费用”“在建工程”等科目，按应付利息金额贷记“应付债券——应计利息”科目，二者的差额借记或贷记“应付债券——利息调整”科目。

（2）债券购买方作为债权投资的会计处理。

对于分期付息、到期一次还本的公司债券，每年年底，购买方按应收利息金额借记“应收利息”科目，按摊余成本乘以实际利率的金额贷记“投资收益”科目，二者的差额借记或贷记“债权投资——利息调整”科目。实际收到利息时，按收到利息金额借记“应收利息”，贷记“银行存款”。

对于到期一次还本付息的公司债券，每年年底，购买方按应收利息金额借记“债权投资——应收利息”科目，按摊余成本乘以实际利率的金额贷记“投资收益”科目，二者的差额借记或贷记“债权投资——利息调整”科目。

3）债券偿还的会计处理。

(1) 债券发行方的会计处理。

对于分期付息、到期一次还本的公司债券，到期偿还债券并支付最后一次利息时，企业根据债券取得资金的用途等，按债券面值借记“应付债券——面值”科目，按利息费用金额借记“财务费用”“在建工程”等科目，按偿还的本金及支付的最后一期利息金额贷记“银行存款”，差额借记或贷记“应付债券——利息调整”科目。

对于到期一次还本付息的公司债券，到期支付本息时，借记“应付债券——面值”科目，借记“应付债券——应计利息”科目，贷记“银行存款”科目。

(2) 债券购买方作为债权投资的会计处理。

收回投资时，应按实际收到金额借记“银行存款”，按其账面余额，贷记“债权投资——成本”，“债权投资——应计利息”，按计算的利息调整金额借记或贷记“债权投资——利息调整”，按其差额借记或贷记“投资收益”科目。

5.3.2 公司债券内部交易的合并处理

汪姐：知道了公司债券在个别财务报表中的会计处理，咱们来看看合并时如何进行抵销处理。

可可：就是把两家公司相应的内部交易项目抵销掉，让这些内部债权和债务、收益和费用都统统变为零呗。出来混，早晚都要还的。

汪姐：哈哈，没错。咱们根据债券购买途径，分别看看合并处理过程。

1. 成员企业直接取得其他成员企业发行的公司债券的合并处理

(1) 公司债券内部交易当期的合并处理。

汪姐：根据咱们刚才讲的债券发行当年发行方和购买方在个别财务报表中的会计处理，你能说说年末合并财务报表中的合并抵销应该怎么处理吗？

可可：首先得抵销债券发行时发行方和购买方确认的债券面值和利息调整，然后要抵销年末双方确认的利息收入和利息费用、债券利息调整、应收和应付利息等。

汪姐：没错，所以抵销分录为：第一，抵销债券发行时发行方和购买方确认的债券面值和利息调整，借记“应付债券”，贷记“债权投资”。第二，抵销年末双方确认的利息收益和利息费用、债券利息调整、应收利息和应付利息等，借记“投资收益”“应付利息”“应付债券”等，贷记“财务费用”“在建工程”“应收利息”“债权投资”等。

（2）公司债券内部交易以后期间的合并处理。

汪姐：债券发行以后期间的合并处理为：抵销当年债券发行方和购买方确认的利息费用和利息收益、债券利息调整、应付利息和应收利息等，借记“投资收益”“应付利息”“应付债券”等，贷记“财务费用”“在建工程”“应收利息”“债权投资”等。

可可：到了最后一年，债券投资收回了，也就不存在合并抵销问题了。

汪姐：注意，最后一年可不是没有合并抵销问题了哦。债券是收回了，但是当年双方确认的损益还是要调整的。

可可：哦，对。那以前年度的损益是不是就不用抵销了？

汪姐：可以不抵销，因为都变成了未分配利润嘛。好了，说了这么久，是不是又有点晕了？咱还是赶紧用案例来帮助理解吧。

可可：早就盼着案例了。

【案例 5-4】沿用【案例 5-3】，风一公司的子公司风某公司以 31 298 100 元的价格直接从风一公司购买其发行的面值 30 000 000 元的 5 年期债券。

根据表 5-6 利息费用计算表（为方便计算，本例中数值取值整数），得出风一公司和风某公司编制合并财务报表时债券相关项目金额见表 5-7。

表 5-7　风一公司和风某公司债券相关项目明细表　　单位：元

日期	风一公司			风某公司		
	应付债券	财务费用	应付利息	债权投资	投资收益	应收利息
20×1 年 12 月 31 日	31 063 005	1 564 905	1 800 000	31 063 005	1 564 905	1 800 000
20×2 年 12 月 31 日	30 816 155	1 553 150	1 800 000	30 816 155	1 553 150	1 800 000
20×3 年 12 月 31 日	30 556 963	1 540 808	1 800 000	30 556 963	1 540 808	1 800 000
20×4 年 12 月 31 日	30 284 811	1 527 848	1 800 000	30 284 811	1 527 848	1 800 000
20×5 年 12 月 31 日		1 515 189			1 515 189	

其中：应付债券和债权投资余额等于债券摊余成本，财务费用（或在建工程等）和投资收益余额等于实际利息费用，应付利息和应收利息等于应付未付的利息金额。

20×1 年，风一公司合并抵销分录如下。

借：应付债券

　　　　[31 298 100－（1 800 000－1 564 905）] 31 063 005

　　贷：债权投资　　　　　　　　　　　　　　　　31 063 005

借：投资收益　　　　　　　（31 298 100×5%）1 564 905

　　贷：财务费用　　　　　　　　　　　　　　　　1 564 905

借：其他应付款——应付利息　　　　　　　　1 800 000

　　贷：其他应收款——应收利息　　　　　　　　1 800 000

20×2 年，风一公司合并抵销分录如下。

借：应付债券

　　　　[31 063 005－（1 800 000－1 553 150）] 30 816 155

　　贷：债权投资　　　　　　　　　　　　　　　　30 816 155

借：投资收益　　　　　　　（31 063 005×5%）1 553 150

　　贷：财务费用　　　　　　　　　　　　　　　　1 553 150

借：其他应付款——应付利息　　　　　　　　1 800 000

　　贷：其他应收款——应收利息　　　　　　　　1 800 000

20×3 年，风一公司合并抵销分录如下。

借：应付债券　　　　　　　　　　　　　　30 556 963

　　贷：债权投资　　　　　　　　　　　　　　　　30 556 963

借：投资收益　　　　　　　　　　　　　　1 540 808

　　贷：财务费用　　　　　　　　　　　　　　　　1 540 808

借：其他应付款——应付利息　　　　　　　　1 800 000

　　贷：其他应收款——应收利息　　　　　　　　1 800 000

20×4 年，风一公司合并抵销分录如下。

借：应付债券　　　　　　　　　　　　　　30 284 811

　　贷：债权投资　　　　　　　　　　　　　　　　30 284 811

借：投资收益　　　　　　　　　　　　　　1 527 848

　　贷：财务费用　　　　　　　　　　　　　　　　1 527 848

借：其他应付款——应付利息　　　　　　　　　　1 800 000

　　贷：其他应收款——应收利息　　　　　　　　　　1 800 000

20×5 年债券偿还，风一公司合并抵销分录如下。

借：投资收益　　　　　　　　　　　　　　　　　1 515 189

　　贷：财务费用　　　　　　　　　　　　　　　　　1 515 189

2. 成员企业间接取得其他成员企业发行的公司债券的合并处理

汪姐：咱们前面讲过，如果购买方是从第三方购买的公司债券，第三方可能有一部分收益或损失，所以债券发行方和购买方的债券摊余成本，以及利息收入和费用金额都可能不一致。

可可：所以抵销的时候不能抵销第三方收益或损失的部分，只能按照债券发行方的债券摊余成本和利息费用金额抵销。

汪姐：对，第三方收益或损失对于企业集团来说是实实在在的外部费用或收益，所以抵销时不能包含这个部分。咱们也举例说明一下。

【案例 5-5】沿用【案例 5-3】，风一公司的子公司风某公司以 31 840 000 元的价格从第三方购买风一公司发行的面值 30 000 000 元的 5 年期债券，风某公司采用的实际利率为 4.6%。

风某公司债券投资相关明细见表 5-8。

表 5-8　风某公司债券投资收益及摊销成本明细表　　　　单位：元

日期	应收利息	实际利息收入	摊销的利息调整	摊余成本	备注
	a	b=期初 d×4.6%	c=a−b	d=期初 d−c	
20×1 年 1 月 1 日	—	—	—	31 840 000	
20×1 年 12 月 31 日	1 800 000	1 464 640	335 360	31 504 640	
20×2 年 12 月 31 日	1 800 000	1 449 213	350 787	31 153 853	
20×3 年 12 月 31 日	1 800 000	1 433 077	366 923	30 786 930	
20×4 年 12 月 31 日	1 800 000	1 416 199	383 801	30 403 129	
20×5 年 12 月 31 日	1 800 000	1 396 870	403 129	30 000 000	
合 计	9 000 000	7 160 000	1 840 000		(合计 a=合计 b+合计 c)

风一公司和风某公司债券相关项目明细见表 5-9。

表 5-9　风一公司和风某公司债券相关项目明细表　　单位：元

日期	风一公司			风某公司		
	应付债券	财务费用＝摊余成本×5％	应付利息	债权投资	投资收益＝摊余成本×4.6％	应收利息
20×1 年 12 月 31 日	31 063 005	1 564 905	1 800 000	31 504 640	1 464 640	1 800 000
20×2 年 12 月 31 日	30 816 155	1 553 150	1 800 000	31 153 853	1 449 213	1 800 000
20×3 年 12 月 31 日	30 556 963	1 540 808	1 800 000	30 786 930	1 433 077	1 800 000
20×4 年 12 月 31 日	30 284 811	1 527 848	1 800 000	30 403 129	1 416 199	1 800 000
20×5 年 12 月 31 日	—	1 515 189	—	—	1 396 870	—

可可：表 5-9 中，风一公司应付债券和风某公司的债权投资金额不同，风一公司的财务费用和风某公司的投资收益金额也不同。

汪姐：对，所以合并抵销的时候，借记“应付债券”，贷记“债权投资”或“其他债权投资”等科目，两者的差额借记“投资收益”或贷记“财务费用”。

可可：差额为什么要这样处理呢？

汪姐：如果债券投资大于应付债券，说明第三方有收益，整个企业集团有损失，所以相当于减少了投资收益；如果债券投资小于应付债券，说明第三方有让利，整个企业集团相当于少付了债券利息，所以减少财务费用。我们来看看内部债券交易当年的合并抵销分录：

20×1 年风一公司合并抵销分录如下。

(1) 应付债券与债权投资抵销。

借：应付债券　　31 063 005

　　投资收益　　441 635

　　贷：债权投资　　31 504 640

(2) 利息收入与利息费用抵销。

借：投资收益　　1 464 640

　　投资收益　　(1 564 905－1 464 640) 100 265

　　贷：财务费用　　1 564 905

(3) 应收利息和应付利息抵销。

借：其他应付款——应付利息　　　　　　　　　　1 800 000

　　贷：其他应收款——应收利息　　　　　　　　　　1 800 000

因第三方造成的投资收益的减少为：441 635＋100 265＝541 900（元）。这个金额正好与风某公司购买债券的价差相等［购买价差＝31 840 000－31 298 100＝541 900（元）］。

可可：哦，也就是说，这 541 900 元在购买债券的当期就相当于整个企业集团的损失，或者说是投资收益的减少了。

汪姐：是的，这个损失体现在两部分：一部分是风一公司应付债券和风某公司的债权投资的差额 441 635 元；另一部分是风一公司的财务费用和风某公司的投资收益的差额 100 265 元。

可可：所以两部分差额之和正好是第三方赚取的价差。哇，每一步都是能相互印证的！

汪姐：没错。

20×2 年，风一公司合并抵销分录如下。

（1）调整以前年度内部交易债券抵销处理对本年年初未分配利润的影响：

借：未分配利润　　　　　　　　　　441 635

　　贷：债权投资　　　　　　　　　　441 635

（2）内部交易债券当年抵销处理。

借：应付债券　　　　　　　　　　30 816 155

　　贷：投资收益　　　　　　　　　　103 937

　　　　债权投资　　　　（31 153 853－441 635）30 712 218

借：投资收益　　　　　　　　　　1 449 213

　　投资收益　　　　　　　　　　103 937

　　贷：财务费用　　　　　　　　　　1 553 150

借：其他应付款——应付利息　　　　　　　　　　1 800 000

　　贷：其他应收款——应收利息　　　　　　　　　　1 800 000

可可：从这些 20×2 年的合并抵销分录看，因第三方造成的投资损失为：441 635＋103 937－103 937＝441 635（元）。看起来怎么第三方收益变少了？

汪姐：首先，当年没有因第三方影响造成企业集团的损失（103 937－103 937＝0）是对的。因为第三方差价造成的损失是在第一年就发生了嘛。所以理应是对年初未分配利润造成影响。

可可：那为什么第三方收益好像又减少了 100 265（541 900—441 635）元呢？

汪姐：减少的 100 265 元是上年发行方财务费用和购买方投资收益的差额，这部分差额已经反映在年初未分配利润中了。分录如下。

借：未分配利润（风某公司上年投资收益）　　　　1 464 640

　　未分配利润（第三方差价造成上年投资损失）　　100 265

　　贷：未分配利润（风一公司上年财务费用）　　　　1 564 905

可可：哦，借方贷方都是未分配利润，所以就不用再做这条分录了。

汪姐：是的，因为每一年的投资收益和财务费用差额都是对第三方价差的一次调整，所以看起来每年合并时由于第三方造成的损失都在减少。其实只是因为这些损失已经在个别财务报表的投资收益和财务费用的差额中逐年累计体现了。

可可：哎妈呀，太“烧脑”了！我以为只有长期股权投资抵销才会那么“烧脑”呢。

汪姐：要我说你还太厉害了呢！这么“烧脑”的东西都学会了。好了，每年的合并抵销方法咱都知道了，咱就不继续往下推了。你要是有兴趣就自己回家再继续练习，看看结果是不是和咱们说的结论一致。

可可：好的！

5.4　内部长期应付款和长期应收款的合并处理

当企业集团内部成员企业为另一成员企业提供商品和劳务时采用递延方式、具有融资性质、提供融资租赁等，就会产生内部长期应收款和长期应付款。

汪姐：长期应收款和长期应付款常常与融资租赁或者融资性销售有关。由于这种交易具有融资性质，就会涉及长期应收款、长期应付款，以及需要长期摊销的融资费用。

可可：您能举例说说吗？

汪姐：好的，比如风一公司需要一项固定资产，但资金不足，于是从风二公司以融资租赁的方式取得这项设备。风二公司按照未来应收款项的总额记“长期应收款”科目，按照未来应收款项折现额与公允价值中较低的金额确认营业收入，长期应收款与营业收入的差额记入“未实现融资收益”。

可可：也就是说这个差额实际上是由于风一公司付款时间太长而给风二公司的融资补偿。

汪姐：对，但是与这个融资补偿相应的收益是在融资期间逐渐实现而不是一次性完成的，是一项长期收益，当期并没有完全实现，所以会有“未实现融资收益”。风二公司需要按照实际利率法计算每期的融资收入，并冲减未实现融资收益。

可可：哦，和债券利息收入的计算方法还挺像的。

汪姐：是的，确实有相同之处。他们都属于长期债权，所以都采用实际利率法确认相关收益。

可可：那风一公司如何进行会计处理呢？

汪姐：风一公司应将未来应付的购买价款总额记入“长期应付款”科目，同时按照购买价款的现值与公允价值较低金额记入“固定资产”等科目，两者的差额记入“未确认融资费用”科目。对未确认融资费用进行摊销时，借记“财务费用”或“在建工程”等科目，贷记“未确认融资费用”科目。编制合并财务报表时，我们需要把对于整个企业集团来说虚增的项目余额进行抵销。

可可：您先别告诉我哈，让我自己试试。首先是内部长期应收款和长期应付款需要抵销。其次，双方的内部收入和内部成本费用肯定需要抵销，就是“营业收入”和“财务费用”、“在建工程”等项目抵销。最后，“未确认融资费用”和“未实现融资收益”要抵销。

汪姐：思路是对的。需要说明的是：在合并财务报表中，“未实现融资费用”作为长期应付款的抵减项，未实现融资收入作为长期应收款的抵减项，所以是一并进行抵销的。

可可：那就是第一，长期应收款和长期应付款需要抵销。第二，“营业收入”、“财务费用”和“在建工程”等抵销。

汪姐：是的。

本章小结

汪姐：好了，内部债权债务的合并处理就讲到这儿。还需要提醒你哦，对于咱们这种子公司众多的企业集团，在实务中编制合并财务报表时要用好抵销分录列表，把所有集团成员公司的债权债务抵销分录进行分类汇总后再填列合并工作底稿。

可可：好，就是您反复强调的编制合并工作底稿的补充材料、辅助工具嘛，我会好好用的。

汪姐：好，那咱们还是用思维导图的方式回顾一下内部债权债务抵销的内容，加深记忆，如图 5-1 所示。

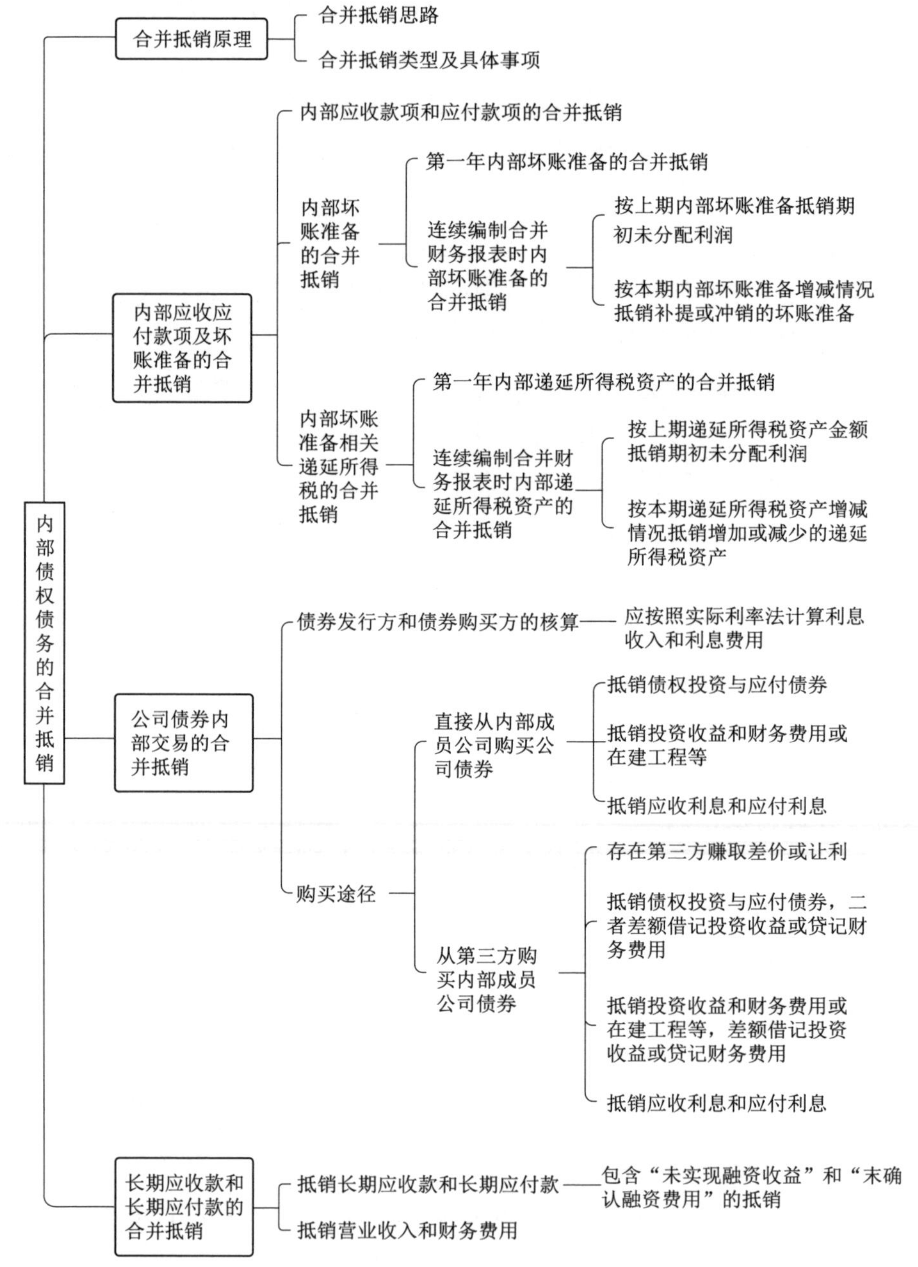

图 5-1　小结思维导图

第 6 章
内部商品交易的合并处理

又是新的一天。可可的合并财务报表学习已经过半，她丝毫不敢懈怠。

学完长期股权投资合并抵销时，可可觉得自己已经挺厉害了，她甚至想过，即便汪姐这个老师现在离开，说不定自己也能驾驭得了合并财务报表工作了呢。

可是学了汪姐口中“简单的”内部债权债务合并抵销，可可发现一点也不轻松：就那个内部债券的合并抵销，也挺难的呀。尤其是企业集团内部成员公司从第三方购买另一个内部成员公司的债券，那个捣乱的第三方价差，搞得购买方和发行方债券摊余成本和利息金额都不一致，处理起来那叫一个麻烦！看来每一章的学习都不是轻而易举、随随便便就能搞定的，自己还是继续当个好学生吧。

6.1 内部商品交易合并抵销思路

汪姐：今天咱们学习合并财务报表的内部商品交易的合并处理。

可可：汪姐，我记得您说过，合并抵销事项一共有四类。咱们已经学了长期股权投资与所有者权益抵销、内部债权债务抵销，应该就剩两类，内部商品交易抵销和内部长期资产抵销了吧？

汪姐：没错，内部长期资产交易可以说是一种特殊的内部商品交易，二者有很多相似之处。

可可：太好了，终于快学完了。

汪姐：怎么，学累了？

可可：累倒是不累，就是想快点学完，早点满足一下成就感。

汪姐：嗯，那咱们就一鼓作气，争取早点学完。

可可：好的。

汪姐：我们还是用案例来说明内部商品交易抵销的原理。

【案例 6-1】 20×1 年，风妈集团本部销售给子公司风一公司一批商品，成本为 80 万元，售价为 100 万元（不考虑增值税），风一公司尚未付款。

风妈集团本部会计处理如下。

借：应收账款　　1 000 000

　　贷：营业收入　　1 000 000

借：营业成本　　800 000

　　贷：存货　　800 000

风一公司会计处理如下。

借：存货　　1 000 000

　　贷：应付账款　　1 000 000

假设编制合并财务报表时，风一公司这批存货尚未对外销售。在合并抵销前，合并数据见表 6-1。

表 6-1　各项目合并数据分析表

项　　目	借方	贷方	备注
应收账款	100	—	—
存货	20	—	借方 100－贷方 80＝20（万元）
应付账款	—	100	—
营业收入	—	100	—
营业成本	80	—	—
合计	200	200	—

这个例子涉及两个合并抵销问题。一个是内部商品交易的抵销问题，另一个是内部债权债务的抵销问题。内部债权债务的合并抵销我们已经知道了，现在我们来说内部商品交易的抵销。

可可：我知道，对于企业集团来说，内部债权债务是右口袋欠左口袋钱，内部商品交易是把左口袋的东西挪到右口袋来用了。

汪姐：只是左口袋挪到右口袋吗？左口袋把东西挪到右口袋之后，右口袋是不是还要继续对外销售呢？

可可：哦，对啊。

汪姐：所以后续这些东西可能全都没有对外销售，可能全都对外销售了，也可能对外销售了一部分，那这三种情况的合并处理是有区别的，咱们分别进行学习。

6.2 内部商品交易未实现对外销售时的合并处理

汪姐：咱们看案例 6-1，假如内部销售的商品完全留在企业集团内部，没有对外销售，对于整个集团来说，风妈集团销售给风一公司的商品不应该有营业收入和营业成本，也不可能有存货的增加，而是应该就有一批成本为 80 万元的存货而已。这点你同意吗？

可可：同意。风妈集团确认的 100 万元营业收入和 80 万元营业成本，以及从风妈集团挪到风一公司的存货增加的 20 万元，都不应该有。

汪姐：为什么说增加的 20 万元存货不能有呢？

可可：这批存货在风妈集团的时候成本是 80 万元，结果到了风一公司就变成 100 万元，就是个左口袋挪右口袋而已，凭什么存货价值就变多了呀？不应该嘛。

汪姐：也就是说，风一公司的存货里面其实包含了两部分。一部分是整个风妈集团真正的存货成本 80 万元，这个是集团实实在在存在的。另一部分就是风妈集团本部虚增的销售毛利了。

可可：对！就是虚增的毛利。东西也没对外销售，从风妈集团本部到风一公司也就相当于内部调拨而已。

汪姐：好，那我们抵销的逻辑就很清楚了。风妈集团本部（销售方）的销售收入和销售成本不存在，所以要抵销。风一公司（购买方）的存货中包含的虚增销售毛利也不存在，所以也要抵销。因此抵销分录为

借：营业收入 1 000 000

　　贷：营业成本 800 000

　　　　存货 （1 000 000—800 000）200 000

6.3 内部商品交易全部实现对外销售时的合并处理

汪姐：咱们接着通过案例看看内部商品交易全部实现对外销售时的合并处理。

【案例 6-2】沿用【案例 6-1】，20×1 年，风妈集团本部销售给子公司风一公司一批商品，成本为 80 万元，售价为 100 万元（不考虑增值税）。假设这批存货风一公司全部实现了对外销售，销售价格为 110 万元。这时候，就不是左口袋挪右口袋了，整个集团的收益是实实在在的。

可可：对，整个集团的收入是 110 万元，成本是 80 万元。

汪姐：就是这样，不管风妈集团本部和风一公司之间如何调整，整个集团的成本没变，最终的收入也只能是风一公司将商品出售到外部的收入。所以咱们抵销的结果得让风妈集团的收入是风一公司（购买方）的营业收入 110 万元，成本是风妈集团本部（销售方）的营业成本 80 万元，中间风妈集团本部确认的收入 100 万元和风一公司确认的成本 100 万元就要抵销掉。抵销分录为

借：营业收入 1 000 000

　　贷：营业成本 1 000 000

可可：那没有存货什么事吗？

汪姐：没有啊。你想想，风妈集团本部把存货销售给风一公司时，它的存货就没了，风一公司又把存货销售给外部公司，它也没存货了。存货都没了，还抵销什么呢？

可可：哦，也对。可是总感觉风一公司的存货和风妈集团本部的存货不一样，还包含了一个风妈集团本部的毛利呢。

汪姐：毛利也随着风一公司的对外销售成为整个风妈集团真实的对外收益了呀。

可可：嗯。

汪姐：为了让你彻底弄明白，咱们来看看整个会计处理过程。

风妈集团本部将商品销售给风一公司的会计处理如下。

借：应收账款　　1 000 000

　　贷：营业收入　　1 000 000

借：营业成本　　800 000

　　贷：存货　　800 000

风一公司购买商品的会计处理如下。

借：存货　　1 000 000

　　贷：应付账款　　1 000 000

风一公司对外销售商品的会计处理如下。

借：营业成本　　1 000 000

　　贷：存货　　1 000 000

借：银行存款　　1 100 000

　　贷：营业收入　　1 100 000

看到没？存货由销售方转到购买方，然后在对外销售时结转为营业成本。由于整个集团真正的成本是风妈集团本部的那 80 万元，所以风一公司的这个虚拟的 100 万元成本就要和风妈集团本部虚拟的 100 万元收入进行抵销。这样整个集团的收入和成本才不会虚增。

可可：明白了。对于整个风妈集团来说，我这个商品买来时 80 万元，从左口袋挪到了右口袋，又从右口袋卖了出去，卖价 110 万元，所以我的成本是 80 万元，收入是 110 万元，中间左口袋确认的内部收入 100 万元和右口袋确认的内部成本 100 万元是虚拟的，需要抵销掉。商品在销售的过程中都变成了成本，所以也没存货什么事儿了。

汪姐：正是如此。

6.4　内部商品交易部分实现对外销售时的合并处理

汪姐：咱们继续用案例说明内部商品交易部分实现对外销售时的合并处理。

【案例 6-3】沿用【案例 6-1】，20×1 年，风妈集团本部销售给子公司风一公司一批商品，成本为 80 万元，售价为 100 万元（不考虑增值税）。假设这批存货部分实现了对外销售，比如销售了 40%。

这时候，左口袋挪到右口袋的商品有一部分实实在在地卖掉了，这部分商品实现的收益也是实实在在的。这时候我们该怎么处理呢？

可可：这不就是前面那两种情况的结合嘛。把这批存货一分为二，划清界限，一部分存货实现了销售，另一部分存货没有实现销售，不就好处理了吗？

汪姐：说得好！那你来试试，看怎么做合并抵销分录吧。

可可：好的，那就先把风一公司购买存货的40%按照全部实现对外销售处理，抵销内部购销双方的收入和成本。

借：营业收入　　（1 000 000×40%）400 000

　　贷：营业成本　　400 000

然后存货的60%按照全部未实现对外销售处理，抵销销售方的收入和成本，抵销购买方存货中含有的毛利。

借：营业收入　　（1 000 000×60%）600 000

　　贷：营业成本　　（800 000×60%）480 000

　　　　存货　　［（1 000 000－800 000）×60%］120 000

汪姐：完全正确。这是内部商品交易的一种很好理解的合并抵销方法。下面我要介绍内部商品交易合并抵销的第二种方法，这种方法会计处理更简单，后面咱们还会用到。

可可：好啊好啊。

汪姐：把你刚才做过的抵销分录重新组合，变成这样。

(1) 按内部销售方的收入金额抵销收入和成本。

借：营业收入　　1 000 000

　　贷：营业成本　　1 000 000

(2) 按期末存货价值中包含的未实现内部交易损益的金额，抵销存货和成本。

借：营业成本　　120 000

　　贷：存货　　120 000

可可：这样看起来确实很简单。但是为什么可以这样做呢？我不理解这么做的逻辑是什么？

汪姐：咱们可以换个思路，先假设所有存货都实现了对外销售，所以要按风妈集团本部的收入金额进行收入和成本的抵销，抵销分录如下。

借：营业收入　　1 000 000

　　贷：营业成本　　1 000 000

实际上有60%的存货没有实现对外销售，这些存货中包含的内部毛利应该和营业成本进行抵销，抵销分录如下。

借：营业成本　　　　　　　　　　　　　　　　　　　　　　120 000

　　贷：存货　　　　　　［（1 000 000－800 000）×60%］120 000

可可：好像是这么回事儿，但还有点晕。

汪姐：咱们回顾【案例 6-1】和【案例 6-2】，当存货全部实现对外销售时，抵销分录如下。

借：营业收入　　　　　　　　　　　　　　　　　　　　　1 000 000

　　贷：营业成本　　　　　　　　　　　　　　　　　　　　　1 000 000

当存货全部未实现对外销售时，抵销分录如下。

借：营业收入　　　　　　　　　　　　　　　　　　　　　1 000 000

　　贷：营业成本　　　　　　　　　　　　　　　　　　　　　　800 000

　　　　存货　　　　　　　　　　　（1 000 000－800 000）200 000

发现这两笔分录的区别了吗？

可可：区别就是有没有抵销存货毛利。

汪姐：也就是说，当存货全部未实现对外销售时，抵销的是全部存货包含的毛利。因此，当存货部分未实现对外销售时，只需要抵销没有实现对外销售存货的毛利。这样是不是就能理解了？

可可：哦，懂了。风一公司销售了 40%的存货，所以对企业集团来说，这部分存货的全部利润都已经实现了。可是剩下的 60%却没实现，所以内部销售毛利就要抵销掉。好玩好玩！

6.5　内部商品交易中的涉税合并处理

汪姐：在编制合并财务报表时，由于对内部商品交易进行合并抵销处理，可能会产生相关税费的合并抵销问题，比如企业所得税、土地增值税、增值税等。

6.5.1　集团内部商品交易相关所得税的合并处理

汪姐：我们知道，内部商品交易可能存在全部实现对外销售、全部未实现对外销售和部分实现对外销售三种情况。在后两种情况下，也就是内部采购的商品没有完全实现对外销售的情况下，合并财务报表可能涉及递延所得税资产或递延所得税负债的确认。

可可：这是为什么呢？

汪姐：这是因为内部购买方的存货中包含了内部销售方的存货成本和毛利两部分，这个咱们前面提到过。比如对于内部购买方来说，存货的成本是100万元，而对于内部销售方和整个企业集团来说，存货的成本是80万元。虚增的20万元（100－80）毛利被内部销售方当作收益，缴纳企业所得税5万元（20×25%）。但是由于存货并没有对外销售，企业集团实际上没有对外实现这部分收益，所以缴纳的5万元所得税也不应该是企业集团的费用，而只能作为一项递延所得税资产。等到这个商品对外出售了，这项递延所得税资产才能转为真实的费用。

可可：也就是说，由于内部购买方还没有将内部交易商品对外销售，所以内部销售方的20万元所得对于整个企业集团来说是虚增的，企业所得税也是虚的，只能作为递延所得税处理。

汪姐：对，《企业会计准则》规定，企业所得税采用资产负债表债务法核算，当资产、负债的账面价值与其计税基础存在差异时，应当按照准则规定确认所产生的递延所得税资产或递延所得税负债。如在案例6-1中，对于购买方风一公司来说，这批存货的计税基础是100万元，存货的账面价值也是100万元，不存在差异；但是对于整个风妈集团来说，存货只是挪了地方，存货的账面价值应该是内部销售方风妈集团本部的存货成本，即80万元。这时候就出现了资产账面价值和计税基础的暂时性差异。

可可：等到风一公司这批存货对外销售了，整个风妈集团资产账面价值和计税基础的差异就不存在了，所以二者之间的差异是暂时性的，不是永久性的。暂时性的差异就会产生递延所得税资产和递延所得税负债的问题，意思是现在还不是，以后会是，所以现在只能是资产或负债，今后才会增加所得税费用或减少所得税费用。对吗？

汪姐：对的。

【案例6-4】沿用【案例6-1】，20×1年，风妈集团本部销售给子公司风一公司一批商品，成本为80万元，售价为100万元（不考虑增值税），风一公司全部未对外销售。企业所得税税率为25%，则合并财务报表应确认递延所得税（100－80）×25%＝5（万元），抵销分录如下。

借：递延所得税资产　　　　50 000

　　贷：所得税费用　　　　50 000

6.5.2 集团内部转让房地产缴纳的土地增值税的合并处理

汪姐：如果集团内部销售的商品是房地产，那么销售方是要缴纳土地增值税的。

【案例 6-5】风妈集团本部向风一公司销售房地产须缴纳土地增值税 1 000 万元。则风妈集团本部的会计处理如下：

借：税金及附加　　10 000 000

　　贷：应交税金——应交土地增值税　　10 000 000

可可：咱风妈集团还有房地产业务呢？

汪姐：假设嘛。

可可：好吧，那这里的土地增值税相当于是风妈集团本部的一项费用了。

汪姐：是的，如果风一公司从风妈集团本部购买的房地产是自用的，那么缴纳的土地增值税是风妈集团实实在在需要承担的，编制合并财务报表时也不存在抵销的问题。

但如果风一公司购买房地产是为了出售目的，那买来的房地产就相当于风一公司的一项存货。在风一公司出售该房地产之前，对于整个风妈集团来说，不应该有土地增值税这个费用，因为房地产根本没有对外出售，也没有真正的对外收入，为啥要有费用呢，对吧？所以风妈集团本部缴纳的土地增值税就不能作为集团的费用，而要调整为一项递延资产，等风一公司将房地产出售时，再将土地增值税转入当期损益。

可可：也就是说，这个土地增值税虽然缴了，但是对于风妈集团来说，还不能算费用。只有风一公司将房地产出售了，那时集团才是真正的出售，土地增值也是那时才能实现。现在是提前缴了，所以是一项递延资产。

汪姐：对，我们将这项递延资产在合并抵销分录中作为非流动资产项目处理。

在风一公司没有出售房地产前，抵销分录如下。

借：非流动资产　　10 000 000

　　贷：税金及附加　　10 000 000

假设风一公司在以后年度出售该房地产，出售当年的抵销分录如下。

(1) 抵销以前年度土地增值税对年初未分配利润的影响。

借：非流动资产　　10 000 000

　　贷：年初未分配利润　　10 000 000

（2）将已缴纳的土地增值税转入当期损益。

借：税金及附加　　10 000 000

　　贷：非流动资产　　10 000 000

6.5.3 集团内部商品交易单方计提增值税的合并处理

汪姐：按照税法规定，某些自产产品属于增值税免税项目，可以免征增值税，而购入这些产品的企业属于增值税应税项目，也可以抵扣增值税进项税。当这种情况发生在企业集团内部成员公司之间，且购买方没有全部将购入的产品实现对外销售时，就可能涉及增值税的合并抵销。

【案例 6-6】沿用【案例 6-1】，20×1 年，风妈集团本部销售给子公司风一公司一批商品，成本为 80 万元，售价为 100 万元（不考虑增值税）。假设案例中的收入、成本和存货金额都是不含增值税的。这批存货的增值税税率为 13%。这时风妈集团本部和风一公司的个别财务报表账务处理如下。

风妈集团本部销售商品的账务处理如下。

借：应收账款　　1 130 000

　　贷：营业收入　　1 000 000

　　　　应交税费——应缴增值税（销项税额）　　130 000

借：营业成本　　800 000

　　贷：存货　　800 000

风一公司购买商品的账务处理如下。

借：存货　　1 000 000

　　应交税费——应缴增值税（进项税额）　　130 000

　　贷：应付账款　　1 130 000

从风妈集团看，增值税销项税额和进项税额合计为零，不需要进行合并抵销。

假设这批存货对于风妈集团本部属于免征增值税的项目，而对于风一公司是增值税应税项目，可以计算增值税进项税额用于抵扣，增值税税率为 13%。

可可：怎么还会有这种情况啊?

汪姐：按照税法规定，某些自产产品销售是可以免征增值税的。

可可：哦。

汪姐：这种情况下风妈集团本部账务处理如下：

借：应收账款　　1 000 000

　　贷：营业收入　　1 000 000

风一公司账务处理如下。

借：存货　　　　　　　　　　　　　　　　885 000

　　应交税费——应缴增值税（进项税额）　　115 000

　　贷：应付账款　　　　　　　　　　　　　　1 000 000

可可：这时候风一公司购买的商品金额与风妈集团本部的营业收入金额就不相等了。

汪姐：对啊，那这 11.50 万元对于集团来说算是什么呢?

可可：我觉得是一个隐形的利益。

汪姐：如果这些商品对外销售了，那就是集团的收益，由于增值税的优惠，集团多了一部分利润。如果商品未实现对外销售，那整个集团的利益就没有实现，所以应该算是一项递延收益。

当年商品全部实现对外销售的合并抵销处理如下。

借：营业收入　　　　　　　　　　　　　　1 000 000

　　贷：营业成本　　　　　　　　　　　　　　885 000

　　　　其他收益　　　　　　　　　　　　　　115 000

当年商品全部未实现对外销售的合并抵销处理如下。

借：营业收入　　　　　　　　　　　　　　1 000 000

　　贷：营业成本　　　　　　　　　　　　　　800 000

　　　　存货　　　　（1 000 000－800 000－115 000） 85 000

　　　　递延收益　　　　　　　　　　　　　　115 000

6.6 连续编制合并财务报表时内部商品交易的合并处理

汪姐：接下来咱们说说在连续编制合并财务报表的情况下，内部商品交易应该怎么进行合并处理。

可可：如果上年的内部商品交易未完全对外销售，就需要考虑上年未实现对外销售的存货对年初未分配利润产生的影响吧?

汪姐：是的，如果上年内部商品交易已经在上年全部实现了对外销售，也就是说，上年的内部商品交易已经对当年没有任何影响了，这时就不需要上年的内部商品交易情况了，当年内部商品交易的合并处理应当与第一次编制合并财务报表时相同。

如果上年内部商品交易没有在上年完全实现对外销售，也就是说，当年年初有内部交易存货余额，就需要考虑这些内部交易存货对当期的影响。

处理思路是这样的：先假定购买方上期未实现对外销售的存货在当期已经全部销售了，那这些存货里包含的未实现内部销售损益在本期也实现了。再假定当年内部交易商品也全部实现了对外销售。最后按照当期期末没有对外销售的内部交易商品包含的未实现内部交易损益抵销营业成本，也就是把实际并没有对外销售的存货中包含的内部毛利抵销掉。

【案例 6-7】沿用【案例 6-1】，20×1 年，风妈集团本部销售给子公司风一公司一批商品，成本为 80 万元，售价为 100 万元，风一公司当年未对外销售该商品。20×2 年，风妈集团本部又向风一公司出售该商品，收入 300 万元，成本 240 万元。风一公司当年对外实现销售收入 200 万元，毛利 25%。风妈集团本部和风一公司的企业所得税税率均为 25%。

(1) 风妈集团本部 20×1 年编制合并财务报表时编制合并抵销分录如下。

①抵销内部销售收入和成本。

借：营业收入　　　　　　　　　　　　　　1 000 000

　　贷：营业成本　　　　　　　　　　　　　　1 000 000

②抵销未实现对外销售的存货中包含的内部毛利。

借：营业成本　　　　　　　　　　　　　　200 000

　　贷：存货　　　　　　　　　　　　　　　　200 000

③确认递延所得税资产。

借：递延所得税资产　　　　（20 000×25%）50 000

　　贷：所得税费用　　　　　　　　　　　　　50 000

(2) 风妈集团本部 20×2 年编制合并财务报表时编制合并抵销分录如下。

①调整年初未分配利润：

借：年初未分配利润　　　　　　　　　　　200 000

　　贷：营业成本　　　　　　　　　　　　　　200 000

可可：贷方的营业成本是什么意思呢？

汪姐：首先，调整上年未实现对外销售的存货对年初未分配利润的影响。

借：年初未分配利润　　　　　　　　　　　200 000

　　贷：存货　　　　　　　　　　　　　　　　200 000

这能理解吧？

可可：能，年初未分配利润就是上年抵销的营业成本嘛。

汪姐：好，现在假设这些存货全部对外销售了，存货结转为成本，内部毛利也变成外部收益了，所以要抵销存货和销售成本。

借：存货　200 000

　　贷：营业成本　200 000

两笔分录合起来，编制如下。

借：年初未分配利润　200 000

　　贷：营业成本　200 000

可可：哦，明白了。

汪姐：好，那咱们再看当年的抵销。

②假定风妈集团本部当年销售给风一公司的存货全部实现了对外销售，抵销内部营业收入和营业成本。

借：营业收入　3 000 000

　　贷：营业成本　3 000 000

③抵销未实现对外销售的存货中包含的内部毛利。

风一公司年末存货＝年初存货 100 万元＋当期购入 300 万元－当期销售 200×75%＝250（万元）

包含的内部毛利为：250×20%＝50（万元）

抵销分录如下。

借：营业成本　500 000

　　贷：存货　500 000

可可：也就是说，先假定上期和当期的存货全部对外销售进行合并抵销，再把实际并没有对外销售的存货中包含的内部毛利抵销掉。

汪姐：对的。

④确认递延所得税资产：

借：递延所得税资产　（500 000×25%）125 000

　　贷：所得税费用　125 000

6.7 存货跌价准备的合并处理

6.7.1 初次编制合并财务报表时存货跌价准备的合并处理

汪姐：根据《企业会计准则》的规定，在资产负债表日，存货应当按照成本与可变现净值孰低计量。当存货成本高于可变现净值时，存货应按可变现净值计量，同时按照成本高于可变现净值的差额计提存货跌价准备，计入当期损益。

在这种情况下，编制合并财务报表时还需要考虑存货跌价准备的合并处理。

如【案例 6-1】中，风一公司从风妈集团本部购入 100 万元存货。到了年末，这些存货的可变现净值降到了 100 万元以下。这时，风一公司就要计提存货跌价准备。在风妈集团编制合并财务报表时，我们需要考虑是否要对计提的存货跌价准备进行合并抵销。

可可：我觉得这得看这批存货的可变现净值是否高于风妈集团本部的成本 80 万元。

汪姐：厉害！看出问题的关键了。你接着说。

可可：嘿嘿。因为存货的可变现净值如果在 80 万元以上 100 万元以下，那么虽然对于风一公司而言存货的可变现净值低于成本，但是对于整个风妈集团来说，存货的价值并没有低于存货真正的成本 80 万元。那么这时候就应该把风一公司计提的存货跌价准备进行抵销。

汪姐：是的。那如果存货的可变现净值低于 80 万元了呢？

可可：那这时候对整个集团来说，有了真正的存货跌价损失，所以可变现净值低于 80 万元的部分，计提存货跌价准备是没错的，不需要抵销。需要抵销的风一公司计提的跌价准备中高于风妈集团本部成本但低于风一公司成本的那部分，也就是 20（100－80）万元的存货跌价准备是需要在编制合并财务报表时进行抵销的。

汪姐：非常同意，我们看案例。

（1）内部交易商品的可变现净值低于内部购买方取得成本，但高于内部销售方销售成本。

【案例 6-8】沿用【案例 6-1】，20×1 年，风妈集团本部销售给子公司风一公司一批商品，成本为 80 万元，售价为 100 万元（不考虑增值税）。年底风一公司从风妈集团本部购入的这批存货的可变现净值为 85 万元，风一公司计提存货跌价准备 15 万元。

风妈集团编制本期合并财务报表时，应进行如下抵销处理。

①抵销内部销售收入和成本。

借：营业收入　　　　　　　　　　　　　　1 000 000

贷：营业成本　　1 000 000

②抵销未实现对外销售的存货中包含的内部毛利。

借：营业成本　　200 000

贷：存货　　200 000

③抵销风一公司计提的存货跌价准备。

借：存货　　150 000

贷：资产减值损失　　150 000

④调整递延所得税资产。

上述抵销分录导致合并财务报表中存货项目的账面价值减少了5（20—15）万元，但其计税基础不受影响，因此需要增加递延所得税资产为：5×25%=1.25（万元）

借：递延所得税资产　　12 500

贷：所得税费用　　12 500

（2）内部交易商品的可变现净值低于内部购买方取得成本，且低于内部销售方销售成本。

【案例6-9】沿用【案例6-1】，20×1年，风妈集团本部销售给子公司风一公司一批商品，成本为80万元，售价为100万元（不考虑增值税）。年底风一公司从风妈集团本部购入的这批存货的可变现净值为70万元，风一公司计提存货跌价准备30万元。

风妈集团编制本期合并财务报表时，应进行如下抵销处理。

①抵销内部销售收入和成本。

借：营业收入　　1 000 000

贷：营业成本　　1 000 000

②抵销未实现对外销售的存货中包含的内部毛利。

借：营业成本　　200 000

贷：存货　　200 000

③抵销风一公司计提的存货跌价准备。

存货可变现净值70万元低于整个风妈集团的成本80万元。因此需要抵销20（100—80）万元的存货跌价准备，10（80—70）万元是风妈集团真实的存货跌价损失，所以不需要抵销。

借：存货　　　　　　　　　　　　　　　　　　　　200 000

　　贷：资产减值损失　　　　　　　　　　　　　　　　200 000

抵销后存货项目的账面价值没有增减，计税基础也没有变化，因此不需要调整递延所得税资产。

可可：就是说，抵销未实现对外销售的存货中包含的内部毛利时，存货项目的账面价值减少了 20 万元，抵销风一公司计提的存货跌价准备时，存货项目的账面价值又增加了 20 万元，最终存货项目没有增加也没减少，所以也不会对递延所得税产生影响。是吗？

汪姐：是的。

6.7.2 连续编制合并财务报表时存货跌价准备的合并处理

汪姐：在连续编制合并财务报表进行合并处理时，需要考虑两个方面，一是上期的存货跌价准备对期初未分配利润的影响，二是本期存货跌价准备的合并处理。

1. 存货及跌价准备与上期相同的合并处理

如果本期存货及跌价准备与上期相同，也就是说，本期既没有增加也没有减少存货及存货跌价准备。此时只需要按照上年的抵销分录，调整对年初未分配利润的影响。

【案例 6-10】沿用【案例 6-8】，20×1 年，风妈集团本部销售给子公司风一公司一批商品，成本为 80 万元，售价为 100 万元（不考虑增值税）。年底风一公司从风妈集团本部购入的这批存货未对外销售，可变现净值为 85 万元，风一公司计提存货跌价准备 15 万元。20×2 年底，该存货仍未实现对外销售，可变现净值不变。

20×2 年，风妈集团编制本期合并财务报表时，应进行如下抵销处理。

（1）抵销上期未实现对外销售的存货对年初未分配利润的影响。

借：年初未分配利润　　　　　　　　　　　　　　　200 000

　　贷：存货　　　　　　　　　　　　　　　　　　　　200 000

（2）抵销风一公司计提的存货跌价准备对年初未分配利润的影响。

借：存货　　　　　　　　（1 000 000－850 000）150 000

　　贷：年初未分配利润　　　　　　　　　　　　　　　150 000

(3) 确认递延所得税资产对年初未分配利润的影响。

借：递延所得税资产　　12 500

　　贷：年初未分配利润　　12 500

可可：就是把上期抵销分录中的损益项目全部换成年初未分配利润。

汪姐：没错，不过对于调整分录借方和贷方都是损益类项目的，就不需要在本年重复抵销了。

可可：嗯嗯，那样借方和贷方都变成了年初未分配利润，就没有必要再抵销了。

2. 存货及跌价准备与上期不同的合并处理

如果本期存货及跌价准备与上期不同，则一方面需要调整对年初未分配利润的影响，另一方面需要编制当期存货及其跌价准备的相关抵销分录。

【案例 6-11】 沿用【案例 6-1】，20×1 年，风妈集团本部销售给子公司风一公司一批商品，成本为 80 万元，售价为 100 万元（不考虑增值税）。年底风一公司从风妈集团本部购入的这批存货未对外销售，可变现净值为 90 万元，风一公司计提存货跌价准备 10 万元。

20×2 年，风一公司以 300 万元的价格购买风妈集团本部销售成本为 240 万元的该商品。风一公司当年该商品的对外销售收入合计 300 万元，毛利 30%。风一公司年末存货成本为 190 万元（年初存货 100 万元＋当期购入 300 万元－当期销售 300×70%＝190 万元），可变现净值为 180 万元，风一公司年末存货跌价准备余额为 10 万元。

20×2 年，风妈集团编制本期合并财务报表时，应进行如下抵销处理。

(1) 上年未对外销售的存货全部对外销售，抵销上期未实现对外销售的存货对年初未分配利润的影响。

借：年初未分配利润　　200 000

　　贷：营业成本　　200 000

抵销风一公司计提的存货跌价准备对年初未分配利润的影响。

借：营业成本　　(1 000 000－900 000) 100 000

　　贷：年初未分配利润　　100 000

(2) 确认递延所得税资产对年初未分配利润的影响。

借：所得税费用　　25 000

　　贷：年初未分配利润　　25 000

可可：这和存货及跌价准备与上期完全相同的情况下的合并处理不同的是：把上期抵销分录中的存货项目都变成营业成本了，递延所得税资产也变成了所得税费用。

汪姐：是的，因为我们假定存货都实现了对外销售嘛。

（3）假定当年风妈集团本部销售给风一公司的存货全部实现了对外销售，抵销内部营业收入和营业成本。

借：营业收入　　　　3 000 000

　　贷：营业成本　　　　3 000 000

（4）抵销未实现对外销售的存货中包含的内部毛利。

借：营业成本　　（1 900 000×30％）570 000

　　贷：存货　　　　570 000

（5）抵销风一公司计提的存货跌价准备。

风一公司年末存货的成本为190万元，但对于风妈集团来说，该存货的实际成本为：190×70％＝133万元。133＜180。因此，应将风一公司计提的存货跌价准备全部抵销。

借：存货　　　　100 000

　　贷：资产减值损失　　　　100 000

（6）确认递延所得税资产。

存货账面价值减少了37（57－20）万元，因此，应增加递延所得税资产为：37×25％＝9.25（万元）。

借：递延所得税资产　　　　92 500

　　贷：所得税费用　　　　92 500

可可：递延所得税资产是直接根据存货的增减计算出来的。

汪姐：没错。

可可：对了汪姐，我发现您是不是有点偷懒啊？就这个【案例6-1】您在这一章从头用到尾，难道风妈集团就只有这么一批存货吗？

汪姐：哈哈，我还真不是偷懒。其实我是想让案例尽可能简单，这样你学习新的知识点的时候，能快速复习前面的知识点，同时又不会增加理解难度。怎么，你嫌简单啊？那咱们来个难的？

可可：不用不用，现在这样挺好的，案例简单，学起来更轻松。

本章小结

汪姐：内部商品交易的合并抵销咱们就讲到这儿，现在咱们用思维导图回顾一下主要内容吧，如图 6-1 所示。

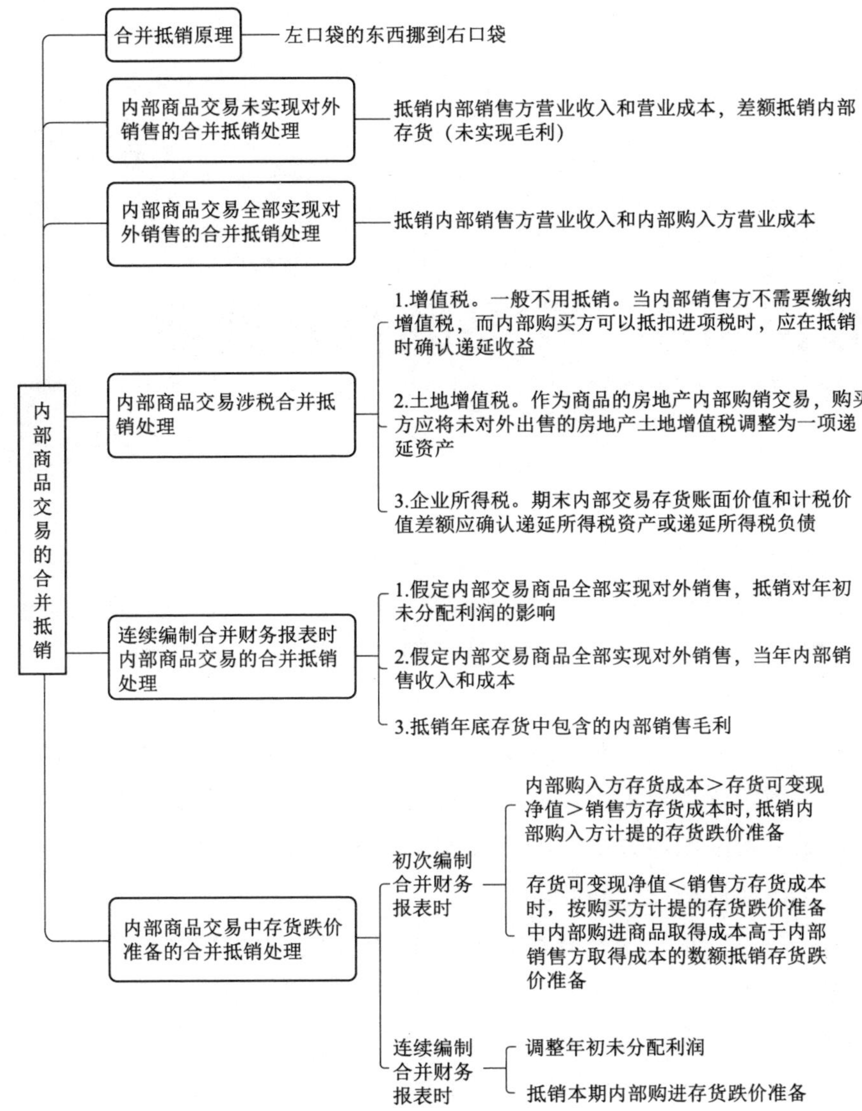

图 6-1　小结思维导图

第 7 章 内部长期资产交易的合并处理

学完了内部商品交易的合并抵销，可可产生了一些困惑：如果企业集团内部销售方销售给内部购买方的商品是固定资产，比如是风机，购买方买来是做固定资产用的，这时候该怎么处理呢？是不是也和内部商品交易的合并处理一样呢？如果购买方对购入的固定资产计提了折旧，该怎么抵销呢？如果购买方将固定资产处置了，又该怎么处理呢？

再如果，内部销售方销售给内部购买方的商品是无形资产如软件、专有技术等，又该如何进行合并处理呢？

汪姐：巧了，咱们今天正要解决你提的这些问题，内部长期资产交易的合并处理。

企业集团的内部长期资产交易包括母公司与子公司之间或子公司相互之间发生的固定资产、工程物资、在建工程、无形资产的购销业务和租赁业务。咱们今天主要讲讲内部固定资产和无形资产的合并处理。

可可：内部长期资产交易的合并抵销应该和内部商品交易的合并抵销很相似吧？感觉都是内部购销的关系，应该都需要抵销内部收益和损失。

汪姐：对，严格来说，内部长期资产交易属于内部商品交易。不过与普通内部商品交易相比，内部长期资产交易也有一些特殊之处，比如通常跨越期间比较长，可能长达5年、10年甚至更久。可能涉及固定资产折旧、无形资产摊销等问题，所以抵销处理也更为复杂。

7.1 内部固定资产交易

汪姐：内部固定资产交易就是企业集团内部发生的与固定资产有关的购销业务，分为三种类型。

第一种，企业集团内部成员把自身使用的固定资产变卖给集团内部其他企业作为固定资产使用。

比如，咱风妈集团的子公司风一公司有一台作为固定资产使用的风机。由于风一公司业务转型，风机用不上了，于是出售给风妈集团的另一个子公司风二公司作为固定资产使用。

第二种，企业集团内部成员把固定资产作为商品销售给集团内部的其他企业作为固定资产使用。比如风一公司把自己生产的风机销售给风二公司做固定资产用。

可可：这正是我内心困惑的问题呀。

汪姐：嗯，放心，你的困惑一会儿都能搞定。

第三种，企业集团内部成员把自身使用的固定资产变卖给集团内部的其他企业作为普通商品。

可可：这第三种也太奇怪了吧？难道这个内部购买方是专门收购二手固定资产的吗？怎么会买人家用过的固定资产，还是作为商品销售的？

汪姐：所以这种情况是非常少见的。咱们主要说说第一种情况和第二种情况下的合并处理。

7.1.1 内部固定资产交易当期未计提折旧的合并处理

汪姐：假设内部固定资产交易当期不需要计提折旧，来看看不同情况下的合并处理分别是什么样的。

1. 固定资产变卖给内部其他企业作为固定资产使用的合并处理

这种情况下，变卖固定资产一方的个别财务报表中应按固定资产处置进行会计处理，一方面冲减固定资产账面价值，另一方面将固定资产出售收入减去清理费用后的净收入与固定资产的账面价值的差额确认为资产处置损益。

购买方的个别财务报表中按照新增固定资产进行会计处理，固定资产成本中包含购入价格加上运杂费、安装费等。

在编制合并抵销分录时，需要将企业集团并不存在的内部损益进行抵销。

可可：比方说，如果风一公司把自用的固定资产卖给风二公司，这个固定资产的账面价值是 2 000 万元，售价为 2 100 万元，那么风一公司就会确认 100 万元的收益，可是实际上整个风妈集团是没有收益的，就是把左口袋的固定资产挪了个地方，挪到右口袋了。所以要把这 100 万元抵销掉，是不是这个意思？

汪姐：就是这意思。咱们再看案例。

【案例 7-1】风一公司和风二公司同为风妈集团的子公司。风一公司将自用的一台风机出售给风二公司作为固定资产使用。该风机原价 3 000 万元，风一公司已计提折旧 1 000 万元，不含税出售价格为 2 300 万元，增值税销项税额为 299 万元。风一公司向风二公司开具了增值税专用发票。风二公司向风一公司支付了银行存款 2 599 万元，并支付运费 10 万元，支付安装费 90 万元。风二公司当年未计提折旧。

风一公司出售风机的会计处理如下。

借：固定资产清理　　20 000 000
　　累计折旧　　10 000 000
　　贷：固定资产　　30 000 000

借：银行存款　　25 990 000
　　贷：应交税费——应交增值税　　2 990 000
　　　　固定资产清理　　23 000 000

借：固定资产清理　　3 000 000
　　贷：资产处置损益　　3 000 000

风二公司购买风机的会计处理如下。

借：固定资产　　24 000 000
　　应交税费——应交增值税　　2 990 000
　　贷：银行存款　　25 990 000
　　　　银行存款　　100 000

银行存款　　　　　　　　　　　　　　　　　　　　　　900 000

现在，从整个风妈集团看，你觉得有哪些是真实发生的，哪些是需要抵销的呢？

可可：风二公司支付给外部的费用，像运费啊，安装费啊，对于风妈集团来说都是真实发生的，钱都给外部了呀。

汪姐：确实如此。

可可：但是风一公司的资产处置收益对于风妈集团来说就不是真实的，固定资产只是从风一公司挪到了风二公司，不应该确认损益。

汪姐：是的，所以编制合并财务报表时的合并抵销分录如下。

借：资产处置收益　　　　　　　　　　　　　　　3 000 000

　　贷：固定资产——原价　　　　　　　　　　　　　　3 000 000

汪姐：为了方便咱们学习的时候能分辨出来固定资产的明细科目，我会在合并抵销分录中区分原价、累计折旧和固定资产净值，所以我这里用了“固定资产——原价”。

可可：好的。

2. 内部产品销售给其他内部企业作为固定资产使用的合并处理

汪姐：在这种情况下，出售固定资产一方个别财务报表中按产品销售进行会计处理，确认收入、成本，结转存货。

购买方个别财务报表中按照新增固定资产进行会计处理，按照固定资产购入价格加上运杂费、安装费等确认固定资产。

在编制合并抵销分录时，需要抵销企业集团并不存在的收入和成本。

可可：比方说，如果风一公司把自产的固定资产卖给风二公司，那么风一公司就会确认相应的收入和成本，可是实际上整个风妈集团是没有收入和成本的，就是把左口袋的固定资产挪了个地方，挪到右口袋了，所以要抵销掉。

汪姐：对，咱们看案例。

【案例 7-2】风一公司和风二公司同为风妈集团的子公司。风一公司将生产的一台风机出售给风二公司作为固定资产使用。该风机生产成本为 2 000 万元，该风机的不含税出售价格为 2 300 万元，增值税销项税额为 299 万元。风一公司向风二公司开具了增值税专用发票。风二公司向风一公司支付了银行存款 2 599 万元，并支付运费 10 万元，支付安装费 90 万元。风二公司当年未计提折旧。

①风一公司出售风机的会计处理如下。

借：银行存款　　25 990 000

　　贷：营业收入　　23 000 000

　　　　应交税费——应交增值税　　2 990 000

借：营业成本　　20 000 000

　　贷：库存商品　　20 000 000

②风二公司购买风机的会计处理如下。

借：固定资产　　24 000 000

　　应交税费——应交增值税　　2990 000

　　贷：银行存款　　25 990 000

　　　　银行存款　　100 000

　　　　银行存款　　900 000

可可：我觉得这种情况和普通的内部商品交易非常像，都是把商品销售给内部购买方。不一样的就是购买方的处理中，不是将购买的商品作为存货，而是作为固定资产处理。

汪姐：对，所以这种情况下的合并处理也和内部商品交易类似。一方面抵销风一公司的收入和成本，另一方面抵销风二公司固定资产里包含的未实现内部销售损益。

期末风妈集团编制合并工作底稿时抵销分录如下。

借：营业收入　　23 000 000

　　贷：营业成本　　20 000 000

　　　　固定资产——原价　　3 000 000

7.1.2　内部固定资产交易当期计提折旧的合并处理

汪姐：发生内部固定资产交易后，内部购买方通常会计提折旧。由于内部交易固定资产中包含了未实现内部交易损益，因此计提的折旧中也会包含一部分未实现内部交易损益，需要在编制合并财务报表时进行抵销。

比如风一公司销售给风二公司一台风机，确认了 120 万元的资产处置收益，风二公司按 10 年计提折旧。那每个月的折旧额中就包含了 120÷10÷12=1 万元的未实现内部交易损益。在编制合并财务报表时，120 万元的未实现内部交易损益要抵销，每个月折旧中包含的 1 万元未实现内部交易损益也要抵销。

可可：这意思就是说，从企业集团的角度看，风二公司购买的固定资产根本就没那么高的价值，所以这固定资产折旧也是虚高的，所以要把这虚高的部分抵销掉。

汪姐：是的，我们通过两个案例，看看不同情况下的合并处理。

【案例 7-3】沿用【案例 7-1】，风二公司从风一公司购入的风机在 20×1 年 3 月安装完成并投入使用。风二公司预计该风机还能使用 10 年，当年按 9 个月计提了折旧。

风妈集团编制合并财务报表时抵销分录如下。

（1）抵销风一公司的内部资产处置收益。

借：资产处置收益　　3 000 000

　　贷：固定资产——原价　　3 000 000

（2）抵销风二公司固定资产折旧中包含的损益金额：

借：固定资产——累计折旧（3 000 000÷10÷12×9）225 000

　　贷：管理费用（或生产成本等）　　225 000

【案例 7-4】沿用【案例 7-2】，风二公司从风一公司购入的风机在 20×1 年 3 月安装完成并投入使用。风二公司预计该风机还能使用 10 年，当年按 9 个月计提了折旧。

风妈集团编制合并财务报表时抵销分录如下。

（1）抵销风一公司的内部销售收入和成本。

借：营业收入　　2 300

　　贷：营业成本　　2 000

　　　　固定资产——原价　　300

（2）抵销风二公司固定资产折旧中包含的损益金额。

借：固定资产——累计折旧（3 000 000÷10÷12×9）225 000

　　贷：管理费用（或生产成本等）　　225 000

可可：在这两种情况下，折旧的合并处理是一样的。

汪姐：是的。

7.1.3　内部交易固定资产取得后至处置前的合并处理

汪姐：作为一项长期资产，固定资产在取得后至处置前的期间里会持续计提折旧，直到折旧期满或提前处置。

可可：所以以后每年都要在编制合并财务报表时抵销折旧中包含的未实现内部交易损益吧？

汪姐：对，这期间的抵销思路如下。第一，抵销内部交易的固定资产中包含的未实现内部交易损益，并调整期初未分配利润；第二，抵销以前会计期间内部交易固定资产累计折旧中包含的未实现内部交易损益；第三，抵销当期内部交易固定资产折旧中包含的未实现内部交易损益。

可可：这个思路和内部商品交易连续编制合并财务报表时的抵销思路还挺像的，都是先调整前期未实现内部交易损益对年初未分配利润的影响，然后再考虑未实现内部交易损益对本期的影响。不太一样的就是普通内部商品交易每年的内部交易商品数量是上下波动的，而且不用计提折旧。

汪姐：是的，内部固定资产交易本质上也属于内部商品交易嘛。

【案例 7-5】沿用【案例 7-4】，风二公司从风一公司购买的风机确认的固定资产原值为 2 400 万元，按照 10 年进行折旧。20×2 年和 20×3 年风二公司该风机分别计提折旧额 240 万元。

20×2 年，风妈集团编制合并财务报表时抵销分录如下。

（1）抵销风二公司固定资产原价中包含的未实现内部交易损益对年初未分配利润的影响。

借：年初未分配利润　　3 000 000

　　贷：固定资产——原价　　3 000 000

（2）抵销风二公司前期累计折旧中包含的未实现内部交易损益金额：

借：固定资产——累计折旧（3 000 000÷10÷12×9）225 000

　　年初未分配利润　　225 000

（3）抵销风二公司当年计提折旧中包含的未实现内部交易损益金额：

借：固定资产——累计折旧　　300 000

　　贷：管理费用（或生产成本等）　　300 000

20×3 年，风妈集团编制合并财务报表时抵销分录如下。

（1）抵销风二公司固定资产原价中包含的未实现内部交易损益对年初未分配利润的影响。

借：年初未分配利润　　3 000 000

　　贷：固定资产——原价　　3 000 000

(2) 抵销风二公司前期累计折旧中包含的未实现内部交易损益金额。

借：固定资产——累计折旧　　(225 000+300 000) 525 000

　　贷：年初未分配利润　　　　　　　　　　　　525 000

(3) 抵销风二公司当年计提折旧中包含的未实现内部交易损益金额。

借：固定资产——累计折旧　　　　　　　　　300 000

　　贷：管理费用（或生产成本等）　　　　　　　300 000

7.1.4 内部交易固定资产清理期间的合并处理

汪姐：回看【案例7-5】，有没有发现，随着累计折旧的增加，累计折旧中包含的未实现内部交易损益金额在逐年变大，固定资产项目整体抵销金额在逐年变小？

可可：还真是这样呢。比如20×3年，固定资产原价调整年初未分配利润的金额为300万元，而固定资产累计折旧抵销年初未分配利润52.5万元，也就是说抵销年初未分配利润的固定资产项目合计247.5（300－52.5）万元。比上年减少了30万元。随着当年继续抵销当期折旧30万元，抵销的固定资产金额还在继续减少。为什么会这样呢？

汪姐：内部固定资产交易发生时，整个集团产生了300万元的未实现内部交易损益。体现在风二公司个别财务报表上的，就是此项固定资产账面价值包含的300万元未实现内部交易损益。

随后，风二公司按10年计提折旧，每年的折旧额中，包含了十分之一的未实现内部交易损益。

随着每年累计折旧的增加，风二公司内部购买的这项固定资产净值逐年减少，包含的未实现内部交易损益也越来越少，直到最后，折旧计提完，所有的未实现内部交易损益都消化完了。

可可：也就是说，随着时间的流逝，未实现内部交易损益转化为购买方风二公司每年的折旧费用了。最终，当折旧计提完，对于整个风妈集团来说，未实现内部交易损益也消化完了，不需要再抵销了。

汪姐：对，理解了这一点，就不难掌握内部交易固定资产清理期间的合并处理了。咱们分三种情况来看：一是折旧刚好计提完就处置了，也就是期满清理；二是折旧还没计提完呢，就处置了，也就是提前清理；三是折旧早就计提完了，现在才处置，也就是超期清理。

1. 内部交易固定资产使用期满进行清理期间的合并处理

如果固定资产在计提完折旧的当期进行清理，固定资产、累计折旧在个别财务报表中的余额将都为零。但由于固定资产在当年计提了折旧，而折旧中包含一部分未实现内部交易损益，所以编制合并财务报表时要将这部分折旧费用进行抵销。

【案例 7-6】风一公司与风二公司同为风妈集团的子公司。20×1 年 12 月，风一公司以 500 万元的价格向风二公司出售成本为 400 万元的产品作为固定资产使用。风二公司按照 5 年进行折旧，每年计提折旧金额为 100 万元。20×6年 12 月，风一公司该项固定资产已全部计提折旧，并对该项资产进行了清理，清理收入为 10 万元。假定该项固定资产不存在资产减值，也不需要考虑税务问题。

(1) 20×6 年，风二公司个别财务报表中对该项固定资产的会计处理。

①计提固定资产折旧。

借：管理费用　　1 000 000

　　贷：累计折旧　　1 000 000

②固定资产处置。

借：累计折旧　　5 000 000

　　贷：固定资产——原价　　5 000 000

借：银行存款　　100 000

　　贷：固定资产清理　　100 000

借：固定资产清理　　100 000

　　贷：资产处置收益　　100 000

(2) 20×6 风妈集团编制合并财务报表时抵销分录如下。

①抵销风二公司固定资产原价中包含的未实现内部交易损益对年初未分配利润的影响。

借：年初未分配利润　　1 000 000

　　贷：固定资产——原价　　1 000 000

②抵销风二公司前期累计折旧中包含的未实现内部交易损益金额。

借：固定资产——累计折旧　　800 000

　　贷：年初未分配利润　　800 000

③抵销风二公司当年计提折旧中包含的未实现内部交易损益金额。

借：固定资产——累计折旧　　　　　　　　　　　200 000

　　贷：管理费用　　　　　　　　　　　　　　　　200 000

我们将以上三笔抵销分录合起来，得到如下分录：

借：年初未分配利润　　　　　　　　　　　　　　200 000

　　贷：管理费用　　　　　　　　　　　　　　　　200 000

可可：最后这笔分录应该怎么理解呢？为什么借方会是“未分配利润”项目呢？

汪姐：这笔分录我们可以这样理解，分录中的年初未分配利润，实际上是固定资产原值中包含的未实现内部交易损益和累计折旧中包含的未实现内部交易损益的差额。这个差额正好与当年计提折旧中包含的未实现内部交易损益相抵销。

或者说，风一公司的个别财务报表中在20×1年确认了对风二公司的100万元内部收益（即未实现内部交易损益），这个内部收益风二公司每年计提的折旧中都会包含一部分与之相抵销。因此在合并财务报表中风一公司的未实现内部交易损益和风二公司计提折旧中的未实现内部交易损益差额越来越小，直到计提折旧的最后一年，这个差额就只剩下当年折旧中包含的未实现内部交易损益了。因此，在计提折旧的最后一年，编制合并财务报表时只需要抵销剩余的未实现内部交易损益（包含在年初未分配利润项目中）和折旧费用就可以了。

可可：原来是这样，明白了。

2. 内部交易固定资产使用期限未满提前进行清理期间的合并处理

汪姐：如果固定资产在使用期未满时提前进行清理，这时固定资产原价中包含的未实现内部销售损益还有一部分未在折旧中抵销，因为折旧还没提完，对吧？所以这剩余的未实现内部销售损益就随着固定资产的清理实现，并包含在资产处置损益中了。因此，抵销分录包含对期初未分配利润的调整，一方面要抵销本期计提的折旧中包含的未实现损益；另一方面要抵销资产处置损益中包含的剩余未实现内部交易损益。

【案例7-7】沿用【案例7-6】，20×1年12月，风一公司以500万元的价格向风二公司出售成本为400万元的产品作为固定资产使用。风二公司按照5年进行折旧，每年计提折旧金额为100万元。20×5年12月，风二公司对该项资产进行了清理，清理收入为120万元。假定该项固定资产不存在资产减值，也不需要考虑税务问题。

（1）20×5 年，风二公司个别财务报表中对该项固定资产的会计处理。

①计提固定资产折旧。

借：管理费用　　1 000 000

　　贷：累计折旧　　1 000 000

②固定资产处置。

借：累计折旧　　4 000 000

　　固定资产清理　　1 000 000

　　贷：固定资产——原价　　5 000 000

借：银行存款　　1 200 000

　　贷：固定资产清理　　1 200 000

借：固定资产清理　　200 000

　　贷：资产处置收益　　200 000

（2）20×5 风妈集团编制合并财务报表时合并抵销分录如下。

①抵销风二公司固定资产原价中包含的未实现内部交易损益对年初未分配利润的影响。

借：年初未分配利润　　1 000 000

　　贷：固定资产——原价　　1 000 000

②抵销风二公司前期累计折旧中包含的未实现内部交易损益金额。

借：固定资产——累计折旧　　600 000

　　年初未分配利润　　600 000

③抵销风二公司当年计提折旧中包含的未实现内部交易损益金额。

借：固定资产——累计折旧　　200 000

　　贷：管理费用　　200 000

④抵销资产处置收益中包含的未实现内部交易损益金额。

借：固定资产　　（1 000 000－600 000－200 000）200 000

　　贷：资产处置收益　　200 000

我们将以上四笔抵销分录进行合并，得到如下分录。

借：年初未分配利润　　400 000

　　贷：管理费用　　200 000

　　　　资产处置收益　　200 000

可可：这笔分录又该怎么理解呢？

汪姐：可以这样理解——分录中的年初未分配利润金额是年初固定资产原值中包含的未实现内部交易损益（也就是风一公司的内部收益）和累计折旧中包含的未实现内部交易损益的差额。这个差额与当年计提折旧中包含的未实现内部交易损益及资产处置收益之和相抵销。

也就是说，风一公司的个别财务报表中在20×1年确认了对风二公司的100万元内部收益（未实现内部交易损益），而风二公司每年计提的折旧中都会包含一部分内部收益与之相抵销。到20×5年初，这个差额还剩下40万元。当年折旧中包含的未实现内部交易损益20万元，其余20万元随着固定资产的处置都体现在资产处置收益中了。因此，编制合并财务报表时需要抵销剩余的未实现内部交易损益（包含在年初未分配利润项目中）、折旧费用和资产处置收益。

可可：哦，有种恍然大悟的感觉呀。

3. 内部交易固定资产超期使用进行清理期间的合并处理

对于超期使用后进行清理的固定资产，固定资产折旧中包含的未实现内部交易损益已经在以前期间抵销完成了。因此当期不需要编制抵销分录。

需要说明的是，在固定资产清理之前，虽然固定资产净值已经为零，固定资产明细科目是有金额的。只是固定资产和累计折旧的金额相抵了。因此，如果在合并财务报表中需要列示固定资产原值和累计折旧，则仍需抵销这两项金额中包含的未实现内部销售损益。编制抵销分录如下。

借：累计折旧　　　　　　　　　　　　1 000 000

　　贷：固定资产原价　　　　　　　　　　1 000 000

7.1.5　内部交易固定资产减值准备的合并处理

汪姐：根据企业会计准则的规定，在资产负债表日，企业应对可能存在减值迹象的固定资产进行减值测试。如经减值测试确定固定资产的可回收价值低于账面价值，则需要计提固定资产减值准备，同时确认资产减值损失。

在这种情况下，编制合并财务报表时还需要考虑内部交易固定资产减值准备的合并处理。

可可：就是类似于存货跌价准备的合并处理吧？

汪姐：对，原理很相似。从内部购买方的角度，购入的固定资产在期末经测试发现可收回价值低于账面价值了，会进行如下会计处理。

借：固定资产——固定资产减值准备

　　贷：资产减值损失。

从合并财务报表看，又该如何呢？

可可：那得看这个减值对于企业集团来说是不是存在吧？

汪姐：对了，你说出了问题的关键。所以要比较合并抵销后的固定资产净值和可回收价值，如果合并抵销后的固定资产净值大于可回收价值，说明对于企业集团来说，并没有发生减值损失，就要把购买方计提的减值准备全部抵销。如果合并抵销后的固定资产净值小于可回收价值，说明对于企业集团来说，确实发生了减值损失，需要按照购买方个别财务报表中固定资产净值与合并抵销后的固定资产净值的差额抵销资产减值损失。

可可：越听越觉得和内部商品交易的存货跌价准备很像，都是要把实际价值（可变现净值和可回收价值等）和企业集团的资产账面价值做比较，如果实际价值比企业集团的资产账面价值高，那就要把计提的资产减值准备全部抵销掉。如果实际价值比企业集团的资产账面价值还低，就抵销个别财务报表中的资产账面价值和合并抵销后的企业集团资产账面价值的差额。

汪姐：没错。

【案例 7-8】沿用【案例 7-2】，20×1 年 12 月，风一公司将自产的一台风机出售给风二公司作为固定资产使用。该风机生产成本为 2 000 万元，不含税出售价格为 2 300 万元，增值税销项税额为 299 万元。风一公司向风二公司开具了增值税专用发票。风二公司向风一公司支付了银行存款 2 599 万元，并支付运费 10 万元，支付安装费 90 万元。风二公司当年未计提折旧。

风二公司从风一公司购买的风机确认的固定资产原值为 2 400 万元，按照 10 年进行折旧。20×2 年计提折旧额 240 万元。

20×2 年底，风二公司未计提减值准备前的个别财务报表中该风机的净值为：2 400－240＝2 160（万元）。

20×2 年底，风二公司对该风机进行了减值测试，确定风机的可回收金额为 2 000 万元。因此，风二公司计提了 160 万元资产减值准备，并确认了资产减值损失。

20×2 年底，风妈集团合并财务报表中该风机的净值为：2 160－（300－

30）＝1 890（万元）

1 890<2 000，即：对于风妈集团而言，该风机并未发生减值，因此在编制合并财务报表时，需抵销风二公司计提的资产减值损失。

借：固定资产——固定资产减值准备　　　　1 600 000

　　贷：资产减值损失　　　　　　　　　　　　1 600 000

7.1.6　内部固定资产交易相关所得税的合并处理

汪姐：我们知道，如果固定资产的账面价值和计税基础有差异，就需要确认递延所得税资产或递延所得税负债。所以，如果合并抵销导致合并财务报表和个别财务报表中的固定资产账面价值产生了差异，就可能产生所得税合并抵销问题。

可可：这个听起来也和内部商品交易的所得税合并抵销很相似。由于未实现内部交易损益的影响，合并财务报表中存货的账面价值相对于个别财务报表发生了变化，而计税基础没有变，因此需要确认递延所得税资产（或递延所得税负债）。

汪姐：没错。

【案例 7-9】沿用【案例 7-8】，20×1 年 12 月，风一公司将自产的一台风机出售给风二公司作为固定资产使用。该风机生产成本为 2 000 万元，不含税出售价格为 2 300 万元，增值税销项税额为 299 万元。风一公司向风二公司开具了增值税专用发票。风二公司向风一公司支付了银行存款 2 599 万元，并支付运费 10 万元，支付安装费 90 万元。风二公司当年未计提折旧。风一公司和风二公司的所得税税率均为 25%。

风二公司确认固定资产原值为 2 400 万元，按照 10 年进行折旧。20×2 年计提折旧额 240 万元。

20×2 年底，风二公司计提减值准备前的个别财务报表中该风机的净值为：2 400－240＝2 160（万元）。

20×2 年底，风二公司对该风机进行了减值测试，确定风机的可回收金额为 2 000 万元。因此，风二公司计提了 160 万元资产减值准备，并确认了资产减值损失。

20×2 年底，风妈集团编制合并财务报表时调整抵销分录如下。

（1）抵销风二公司固定资产原价中包含的未实现内部交易损益对年初未分配利润的影响。

借：年初未分配利润　　3 000 000

　　贷：固定资产——原价　　3 000 000

（2）抵销风二公司当年计提折旧中包含的未实现内部交易损益金额。

借：固定资产——累计折旧　　300 000

　　贷：管理费用（或生产成本等）　　300 000

（3）抵销风二公司计提的固定资产减值准备。

借：固定资产——固定资产减值准备　　1 600 000

　　贷：资产减值损失　　1 600 000

（4）确认风妈集团的递延所得税资产。

方法一：

20×2 年底，风妈集团合并财务报表中该风机的净值＝2 000（风二公司风机账面净值）－300（抵销的未实现内部交易损益）＋30（抵销折旧）＋160（抵销风妈集团计提的资产减值准备）＝1 890（万元）

或风妈集团合并财务报表中该风机的净值为：2 100（企业集团取得风机的成本）－210（按取得成本计算的折旧额）＝1 890（万元）。

合并财务报表中该风机的计税基础为风二公司的计税基础 2 160 万元。

因此，合并财务报表中的该风机相关的暂时性差异＝1 890－2 160＝－270（万元）

递延所得税资产为：270×25％＝67.50（万元）

由于风二公司已确认了 40［（2 160－2 000）×25％］万元的递延所得税资产，因此风妈集团还应确认递延所得税资产＝67.50－40＝27.50（万元）

合并抵销分录如下：

借：递延所得税资产　　275 000

　　贷：所得税费用　　275 000

可可：过程听懂了，但是觉得挺麻烦的。还得计算风二公司的递延所得税资产，然后用风妈集团总的递延所得税资产减去风二公司已经确认的递延所得税资产，再用差额去计算确定递延所得税合并抵销分录的金额。

汪姐：是的，所以还有一个简单的方法，我们可以直接通过固定资产账面价值的增减变动计算递延所得税资产（或递延所得税负债）。

方法二：

与风二公司个别财务报表相比，风妈集团合并财务报表中的该项风机账面价值的减少额为：300（购买固定资产时未实现内部交易损益）—30（折旧中包含的未实现内部交易损益）—160（抵销的固定资产减值损失）＝110（万元）。

应确认递延所得税资产为：110×25％＝27.50（万元）

可可：呀，怎么那么简单啊？分分钟就搞定啦？

汪姐：那你觉得这样做有没有道理呢？

可可：好像也很有道理。从合并抵销分录中固定资产的增减变动出发，以此为基数计算递延所得税资产。

但我还是有点不明白，这种方法没有考虑风二公司计提资产减值准备影响的递延所得税资产，但是最终结果却是一样的。

汪姐：方法一的思路是比较合并财务报表中固定资产账面价值和计税基础的差异，以此为基础计算递延所得税资产（或递延所得税负债），然后减去个别财务报表中已经确认的递延所得税资产（或递延所得税负债），这样需要考虑的事项就有很多。而方法二只考虑在合并中固定资产账面价值发生了什么变动。由于合并并不会导致计税基础发生变化，所以我们只需要通过账面价值变动计算递延所得税资产（或递延所得税负债）就够了。这样风二公司如何处理根本用不着考虑。

可可：哦，所以方法二用的是相对差异，把问题简化了。不错不错，这种思路真不错，我以后要用方法二，这个方法太简单了！

7.2 内部无形资产交易的合并处理

汪姐：内部无形资产交易的合并抵销与内部固定资产交易的合并抵销非常相似，都属于内部长期资产的交易，都可能有未实现内部销售损益抵销的问题，后期都有固定资产折旧或无形资产摊销的合并抵销问题，也都有资产清理的合并处理问题。

可可：听起来真的很像啊。看来这一部分的学习可以轻松些啦！

汪姐：嗯，还可以顺便复习一下内部固定资产合并处理知识。

可可：一举两得。

7.2.1 内部无形资产交易当期的合并处理

在内部无形资产交易中，转让无形资产一方的会计处理通常有两种：一是作为无形资产处置，冲减无形资产及其累计摊销并确认无形资产处置损益；二是作为商品销售确认收入和成本。

购买方按照新增无形资产进行会计处理，无形资产成本包括无形资产购入价格、相关税费及直接归属于该项资产达到预定使用用途所发生的其他支出。

在编制合并抵销分录时，一是要将对于企业集团来说不存在的收入、成本及购买方无形资产账面价值中包含的未实现内部销售损益进行抵销；二是要将以后期间无形资产摊销中包含的未实现内部损益进行抵销。

可可：比如，风妈集团的风一公司将一项无形资产销售给风二公司，这个无形资产的账面价值是 1 000 万元，售价为 1 100 万元，那么风一公司就会确认 100 万元的收益，可是实际上整个风妈集团是没有收益的，就是把左口袋的无形资产挪到右口袋了。所以编制合并财务报表时要把这 100 万元抵销掉，是不是这意思？

汪姐：就是这个意思。然后风二公司取得这个无形资产后，会按照 1 100 万元的原值进行摊销。那每一期的摊销数额中也包含了一部分未实现内部销售损益，所以也要进行合并处理。

【例 7-10】风一公司和风二公司同为风妈集团的子公司。20×1 年 4 月，风一公司以 300 万元的价格将一项无形资产转让给风二公司使用。该无形资产原价为 350 万元，风一公司已累计摊销 100 万元。风二公司向风一公司支付了银行存款 300 万元。风二公司对此无形资产按 5 年进行摊销。

(1) 个别财务报表的会计处理。

风一公司出售无形资产的会计处理如下。

	借方	贷方
借：银行存款	3 000 000	
累计摊销		1 000 000
贷：无形资产——原价		3 500 000
资产处置收益		500 000

风二公司购买无形资产的会计处理如下。

	借方	贷方
借：无形资产——原价	3 000 000	
贷：银行存款		3 000 000

风二公司无形资产摊销的会计处理如下。

借：管理费用　　　　　　　（3 000 000÷5÷12×9）450 000

　　贷：无形资产——累计摊销　　　　　　　　　　450 000

（2）20×1 年底合并财务报表的会计处理。

①抵销资产处置收益。

借：资产处置收益　　　　　　　　　　　　500 000

　　贷：无形资产——原价　　　　　　　　　　500 000

②抵销无形资产摊销中包含部分未实现内部销售损益。

借：无形资产——累计摊销　　（500 000÷5÷12×9）75 000

　　贷：管理费用　　　　　　　　　　　　　　75 000

7.2.2　内部交易无形资产持有期间的合并处理

汪姐：在内部交易无形资产后续持有期间，合并财务报表的合并处理如下：一是要抵销购买方购买价格中包含的未实现内部交易损益，并调整期初未分配利润；二是要抵销以前会计期间内部交易无形资产累计摊销中包含的未实现内部交易损益；三是抵销当期内部交易无形资产摊销中包含的未实现内部交易损益。

可可：这简直和内部交易固定资产持有期间的处理如出一辙呀。

汪姐：可不是嘛。

【例 7-11】沿用【案例 7-10】，20×2～20×5 年风妈集团编制合并财务报表时对此项无形资产相关的抵销分录如下。

20×2 年合并抵销分录。

（1）抵销风二公司无形资产原价中包含的未实现内部交易损益对年初未分配利润的影响。

借：年初未分配利润　　　　　　　　　　　500 000

　　贷：无形资产——原价　　　　　　　　　　500 000

（2）抵销风二公司前期累计摊销中包含的未实现内部交易损益金额。

借：无形资产——累计摊销　　　　　　　　75 000

　　贷：年初未分配利润　　　　　　　　　　75 000

（3）抵销风二公司当年计提折旧中包含的未实现内部交易损益金额。

借：无形资产——累计摊销　　　　　　　　100 000

贷：管理费用　　100 000

20×3 年合并抵销分录。

(1) 抵销风二公司无形资产原价中包含的未实现内部交易损益对年初未分配利润的影响。

借：年初未分配利润　　500 000

贷：无形资产——原价　　500 000

(2) 抵销风二公司前期累计摊销中包含的未实现内部交易损益金额。

借：无形资产——累计摊销　　(75 000+100 000) 175 000

贷：年初未分配利润　　175 000

(3) 抵销风二公司当年计提折旧中包含的未实现内部交易损益金额。

借：无形资产——累计摊销　　100 000

贷：管理费用　　100 000

20×4 年合并抵销分录。

(1) 抵销风二公司无形资产原价中包含的未实现内部交易损益对年初未分配利润的影响。

借：年初未分配利润　　500 000

贷：无形资产——原价　　500 000

(2) 抵销风二公司前期累计摊销中包含的未实现内部交易损益金额。

借：无形资产——累计摊销　　275 000

年初未分配利润　　275 000

(3) 抵销风二公司当年计提折旧中包含的未实现内部交易损益金额。

借：无形资产——累计摊销　　100 000

贷：管理费用　　100 000

20×5 年合并抵销分录。

(1) 抵销风二公司无形资产原价中包含的未实现内部交易损益对年初未分配利润的影响。

借：年初未分配利润　　500 000

贷：无形资产——原价　　500 000

(2) 抵销风二公司前期累计摊销中包含的未实现内部交易损益金额。

借：无形资产——累计摊销　　375 000

贷：年初未分配利润　　375 000

（3）抵销风二公司当年计提折旧中包含的未实现内部交易损益金额。

借：无形资产——累计摊销　　100 000

　　贷：管理费用　　100 000

7.2.3 内部无形资产交易抵销完毕期间的合并处理

在无形资产摊销的最后一年，合并财务报表应继续抵销未实现内部销售损益对期初未分配利润的影响，并抵销当年计提折旧中包含的部分未实现内部销售损益。

内部无形资产摊销完毕后，无形资产的账面价值为零。如果无形资产继续使用，则无形资产明细项目仍然有金额，只是无形资产原值与累计摊销金额相抵。因此，如果合并财务报表显示无形资产原值和累计摊销明细，仍需抵销明细项目中包含的未实现内部销售损益。

【例7-12】沿用【案例7-11】，20×6年风妈集团编制合并财务报表时对此项无形资产相关的抵销分录如下。

（1）抵销风二公司无形资产原价中包含的未实现内部交易损益对年初未分配利润的影响。

借：年初未分配利润　　500 000

　　贷：无形资产——原价　　500 000

（2）抵销风二公司前期累计摊销中包含的未实现内部交易损益金额。

借：无形资产——累计摊销　　475 000

　　贷：年初未分配利润　　475 000

（3）抵销风二公司当年计提折旧中包含的未实现内部交易损益金额。

借：无形资产——累计摊销　　（500 000－475 000）25 000

　　贷：管理费用　　25 000

20×7年，风妈集团编制合并财务报表时，该项无形资产的未实现内部销售损益已随着无形资产全部摊销转化为已实现损益，所以不需要对该无形资产再进行抵销。

如果合并财务报表显示无形资产原值和累计摊销明细，仍需抵销明细项目中包含的未实现内部销售损益，抵销分录如下。

借：累计摊销　　500 000

　　贷：无形资产原价　　500 000

7.2.4 内部无形资产交易相关所得税的合并处理

汪姐：如果合并抵销导致合并财务报表和个别财务报表中的无形资产账面价值产生了差异，就可能产生所得税合并抵销问题。

【例 7-13】 沿用【案例 7-10】，风一公司和风二公司的企业所得税税率均为 25%。

风妈集团编制合并财务报表时抵销资产处置收益。

借：资产处置收益　　500 000

　　贷：无形资产——原价　　500 000

抵销无形资产摊销：

借：无形资产——累计摊销　　(500 000÷5÷12×9) 75 000

　　贷：管理费用　　75 000

风一公司和风二公司的无形资产账面价值和计税基础是相同的，因此不存在递延所得税的问题。但风妈集团的无形资产账面价值在合并抵销后发生了变化，因此 20×1 年需要确认递延所得税资产。

借：递延所得税资产　　[(500 000−75 000)×25%] 106 250

　　贷：所得税费用　　106 250

20×2 年，递延所得税资产合并抵销分录为：

(1) 上年抵销递延所得税调整未分配利润。

借：递延所得税资产　　106 250

　　贷：年初未分配利润　　106 250

(2) 当年递延所得税资产合并抵销分录。

借：所得税费用　　(100 000×25%) 25 000

　　贷：递延所得税资产　　25 000

20×3 年，递延所得税资产合并抵销处理为

(1) 上年抵销递延所得税调整未分配利润。

借：递延所得税资产　　81 250

　　贷：年初未分配利润　　81 250

(2) 当年递延所得税资产合并抵销分录。

借：所得税费用　　25 000

　　贷：递延所得税资产　　25 000

20×4 年，递延所得税资产合并抵销处理。

(1) 上年抵销递延所得税调整未分配利润。

借：递延所得税资产　　56 250

　　贷：年初未分配利润　　56 250

(2) 当年递延所得税资产合并抵销分录。

借：所得税费用　　25 000

　　贷：递延所得税资产　　25 000

20×5 年，递延所得税资产合并抵销处理。

(1) 上年抵销递延所得税调整未分配利润。

借：递延所得税资产　　31 250

　　贷：年初未分配利润　　31 250

(2) 当年递延所得税资产合并抵销分录。

借：所得税费用　　(100 000×25%) 25 000

　　贷：递延所得税资产　　25 000

20×6 年，递延所得税资产合并抵销处理。

(1) 上年抵销递延所得税调整未分配利润。

借：递延所得税资产　　6 250

　　贷：年初未分配利润　　6 250

(2) 当年递延所得税资产合并抵销分录。

借：所得税费用　　6 250

　　贷：递延所得税资产　　6 250

可以看出，到 20×6 年，未实现内部销售损益全部转化为已实现损益。以后年度便不再需要编制递延所得税相关抵销分录了。

可可：递延所得税五年长跑，终于尘埃落定了，从此再无递延，哈哈。

本章小结

汪姐：好啦，内部长期资产交易的合并处理就讲完了。小结一下，如图 7-1所示。

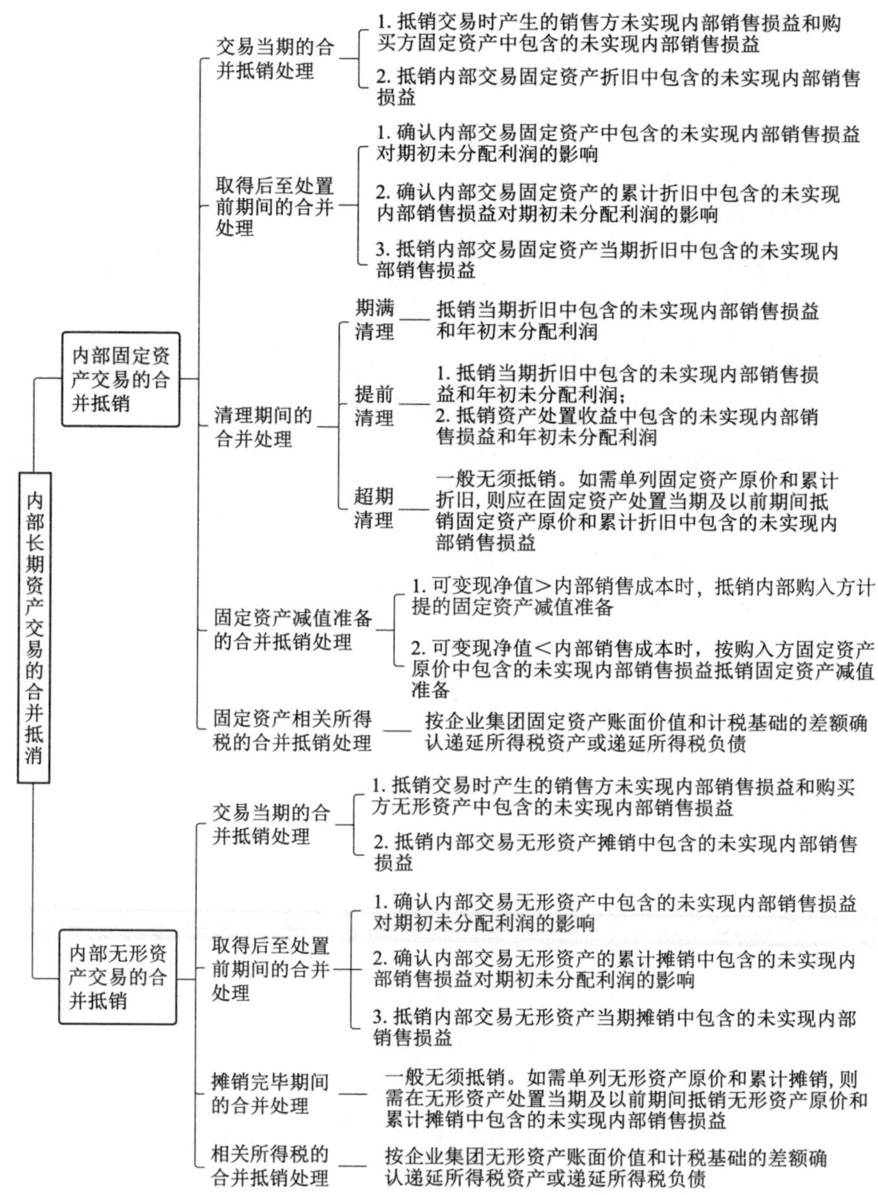
内部长期资产交易的合并抵消
内部固定资产交易的合并抵销
交易当期的合并抵销处理
1. 抵销交易时产生的销售方未实现内部销售损益和购买方固定资产中包含的未实现内部销售损益
2. 抵销内部交易固定资产折旧中包含的未实现内部销售损益
取得后至处置前期间的合并处理
1. 确认内部交易固定资产中包含的未实现内部销售损益对期初未分配利润的影响
2. 确认内部交易固定资产的累计折旧中包含的未实现内部销售损益对期初未分配利润的影响
3. 抵销内部交易固定资产当期折旧中包含的未实现内部销售损益
清理期间的合并处理
期满清理
抵销当期折旧中包含的未实现内部销售损益和年初未分配利润
提前清理
1. 抵销当期折旧中包含的未实现内部销售损益和年初未分配利润;
2. 抵销资产处置收益中包含的未实现内部销售损益和年初未分配利润
超期清理
一般无须抵销。如需单列固定资产原价和累计折旧，则应在固定资产处置当期及以前期间抵销固定资产原价和累计折旧中包含的未实现内部销售损益
固定资产减值准备的合并抵销处理
1. 可变现净值>内部销售成本时，抵销内部购入方计提的固定资产减值准备
2. 可变现净值<内部销售成本时，按购入方固定资产原价中包含的未实现内部销售损益抵销固定资产减值准备
固定资产相关所得税的合并抵销处理
按企业集团固定资产账面价值和计税基础的差额确认递延所得税资产或递延所得税负债
内部无形资产交易的合并抵销
交易当期的合并抵销处理
1. 抵销交易时产生的销售方未实现内部销售损益和购买方无形资产中包含的未实现内部销售损益
2. 抵销内部交易无形资产摊销中包含的未实现内部销售损益
取得后至处置前期间的合并处理
1. 确认内部交易无形资产中包含的未实现内部销售损益对期初未分配利润的影响
2. 确认内部交易无形资产的累计摊销中包含的未实现内部销售损益对期初未分配利润的影响
3. 抵销内部交易无形资产当期摊销中包含的未实现内部销售损益
摊销完毕期间的合并处理
一般无须抵销。如需单列无形资产原价和累计摊销，则需在无形资产处置当期及以前期间抵销无形资产原价和累计摊销中包含的未实现内部销售损益
相关所得税的合并抵销处理
按企业集团无形资产账面价值和计税基础的差额确认递延所得税资产或递延所得税负债

图 7-1　小结思维导图

第 8 章
特殊交易的合并处理

晚上，可可做了一个梦，梦见自己在编合并财务报表，检查几十家子公司的数据，一切都很顺利。可可正得意呢，忽然，她发现有一家子公司竟然持有风妈集团本部的股票。啊？这个，好像没遇到过，该怎么办呢？接着，她又看见一家子公司的持股比例降低了。这又怎么办呢？然后，另一家子公司的持股比例增加了……

一着急，可可醒了。怎么回事？还以为自己都学会了呢，竟然还有这么多状况是自己不会处理的，得赶紧问问汪姐才好。

来到单位，可可迫不及待地把自己梦到的问题一股脑儿地告诉了汪姐。

汪姐：今儿咱们把这些合并财务报表中的特殊事项都学一遍，以后就再不用做梦都发愁了。

可可：真的呀？那可太好了！

8.1　特殊交易在合并财务报表中的处理

汪姐：特殊交易的种类五花八门，包括追加投资、减少投资、处置投资、交叉持股等，在个别财务报表和合并财务报表的会计处理各不相同，容易让人眼花缭乱，相互混淆。因此，我做了一张表，列示了不同特殊交易在个别财务报表的和合并财务报表中的会计处理，方便我们查对运用，见表 8-1。

表 8-1　特殊交易在个别财务报表与合并财务报表中的处理方法

序号	事项	个别财务报表会计处理		合并财务报表调整处理
		核算方法	具体会计处理	
1	追加投资（购买少数股东权益）	新增投资按照《企业会计准则第 2 号——长期股权投资》的规定确定其入账价值	1. 以支付现金取得的长期股权投资，应当按照实际支付的购买价款作为初始投资成本； 2. 以发行权益性证券取得的长期股权投资，应当按照发行权益性证券的公允价值作为初始投资成本； 3. 投资者投入的长期股权投资，应当按照投资合同或协议约定的价值作为初始投资成本，但合同或协议约定价值不公允的除外； 4. 通过非货币性资产交换、债务重组等方式取得的长期股权投资，其初始投资成本应当按照《企业会计准则第 7 号——非货币性资产交换》和《企业会计准则第 12 号——债务重组》规定确定	1. 子公司资产、负债以购买日或合并日所确定的净资产价值开始持续计算的金额反映； 2. 因购买少数股东权益取得的长期股权投资与按照新增持股比例计算应享有子公司自购买日或合并日开始持续计算的净资产份额之间的差额，调整母公司个别财务报表中的资本公积，资本公积不足冲减的，调整留存收益
2	多次交易分步实现非同一控制下合并	公允价值计量或权益法转成本法	1. 初始投资成本为购买日为取得新的股份所支付对价的公允价值＋原股权账面价值； 2. 原公允价值计量下计入其他综合收益的累计公允价值变动结转为留存收益，不得计入当期损益； 3. 原权益法下的其他综合收益和资本公积暂不做处理，待出售时再做处理	1. 合并成本＝原持有股权投资的公允价值＋新增股权支付对价的公允价值； 2. 合并商誉＝合并成本－享有购买日被投资方可辨认净资产公允价值份额； 3. 原持有股权应按照购买日的公允价值重新计量，公允价值与账面价值的差额计入当期投资收益； 4. 原持有股权涉及权益法核算下的其他综合收益及除净损益、其他综合收益和利润分配以外的其他所有者权益变动的，转入购买日当期收益

续表

序号	事项	个别财务报表会计处理		合并财务报表调整处理
		核算方法	具体会计处理	
3	多次交易分步实现同一控制下合并	公允价值计量或权益法转成本法	1. 初始成本为持股比例计算的合并日应享有被投资方所有者权益在最终控制方合并财务报表中的账面价值份额； 2. 初始投资成本大于或小于（原股权账面价值＋新股份支付对价的现金、转让的非现金资产及所承担债务的账面价值），差额调整资本公积，不足冲减时调留存收益	1. 视同在最终控制方开始控制时即以目前的状态存在进行调整； 2. 从最终控制方控制时点起，将被合并方有关资产负债并入合并方合并财务报表的比较报表中，并将合并增加的净资产在比较报表中调整所有者权益项下相关项目； 3. 原股权取得股权日与同一最终控制方控制之日孰晚日起至合并日之间已确认有关损益、其他综合收益及其他净资产变动，应分别冲减比较报表期间的期初留存收益和当期损益
4	部分处置子公司长期股权投资而不丧失控制权	成本法转成本法	出售股权取得价款或对价的公允价值与处置投资的账面价值，确认处置损益	1. 仍纳入母公司合并范围； 2. 处置价款与处置长期股权投资相对应享有子公司自购买日或合并日开始持续计算的净资产份额之间的差额，调整资本公积，资本公积不足冲减的，调整留存收益
5	母公司处置对子公司长期股权投资而丧失控制权：出售股权	成本法转权益法或公允价值计量	1. 按处置比例结转终止确认的长期股权投资成本； 2. 收到对价与初始投资成本差额确认投资收益	调整个别财务报表中部分处置收益的归属期间

续表

序号	事项		个别财务报表会计处理		合并财务报表调整处理
			核算方法	具体会计处理	
5	母公司处置对子公司长期股权投资而丧失控制权	剩余股权		一、成本法转权益法： 1. 剩余股权采用权益法核算； 2. 剩余股权投资成本＞按原投资时持股比例应享有被投资方净资产公允价值份额，作为商誉，不调账面价值； 3. 反之，调整留存收益； 二、成本法转公允价值计量： 1. 按丧失控制权日公允价值重新计量； 2. 公允价值与账面价值差额计入当期损益	1. 视为全部出售并重新购买； 2. 剩余股权投资成本＝丧失控制权日的公允价值； 3. 确认的投资收益＝处置股权取得的对价＋剩余股权公允价值－（按原持股比例计算应享有原有子公司自购买日开始持续计算的净资产份额＋商誉）
		成本法转权益法特殊会计处理		1. 原取得投资后至转变为权益法核算之间被投资单位实现的净损益中应享有的份额，属于以前年度的，调整留存收益；属于当年的，调整当期损益； 2. 其他原因导致子公司所有者权益变动中享有的份额，计入“其他综合收益”或“资本公积”	其他综合收益采用与被投资单位直接处置相关资产或负债相同的基础进行会计处理
6	部分处置联营企业长期股权投资	出售股权	权益法转公允价值计量	出售价款与按出售比例计算的投资账面价值确认投资收益	—
		剩余股权		按公允价值确认成本，公允价值与原账面价值的差额计入当期损益	—
		其他会计处理		1. 其他综合收益采用与被投资单位直接处置相关资产或负债相同的基础进行会计处理； 2. 除净损益、其他综合收益和利润分配外的其他所有者权益变动确认的所有者权益全部转入当期损益	—

续表

序号	事项	个别财务报表会计处理		合并财务报表调整处理
		核算方法	具体会计处理	
7	增加持股比例，由公允价值计量转为重大影响	公允价值计量转权益法	1. 初始投资成本＝按原股权公允价值＋新取得股权支付对价的公允价值； 2. 比较初始成本和享有被投资单位可辨认净资产公允价值份额，差额为正时为商誉，不做处理；差额为负时确认营业外收入	—

可可：哇，这个表看起来就很厉害！很详细地列出了各种特殊情况下个别财务报表和合并财务报表会计处理要点，方便记忆和对比。您能详细解释一下这张表吗?

汪姐：那是必须的。为了全面反映股权投资不同情况下的会计处理，我在表中（第 6 项和第 7 项）增加了股权投资增减导致个别财务报表权益法与公允价值计量相互转换的会计处理，这两项不涉及合并财务报表的处理，后面就不再赘述了。下面咱们详细介绍表中第 1 项到第 5 项交易在个别财务报表和合并财务报表中的会计处理。

8.2 追加投资的会计处理

追加投资的会计处理主要包括：母公司购买子公司少数股权、因追加投资等原因能够对非同一控制下的被投资方实施控制、通过多次交易分步实现同一控制下的企业合并、本期增加子公司等情况下，合并财务报表的相关处理。

8.2.1 母公司购买子公司少数股东股权

汪姐：母公司购买子公司少数股权所形成的长期股权投资，应当按照《企业会计准则第 2 号——长期股权投资》的规定确定其投资成本。

可可：那是什么意思呢？是按照企业合并的初始投资成本确定吗?

汪姐：不是，购买子公司少数股权不属于企业合并，是母公司与少数股东之间的权益性交易，所以不能按照企业合并确定投资成本。

可可：那该怎么确定投资成本呢?

汪姐：《企业会计准则第 2 号——长期股权投资》规定：除企业合并形成的长期股权投资以外，其他方式取得的长期股权投资，应当按照下列规定确定其初始投资成本。

（1）以支付现金取得的长期股权投资，应当按照实际支付的购买价款作为初始投资成本。初始投资成本包括与取得长期股权投资直接相关的费用、税金及其他必要支出。

（2）以发行权益性证券取得的长期股权投资，应当按照发行权益性证券的公允价值作为初始投资成本。

（3）投资者投入的长期股权投资，应当按照投资合同或协议约定的价值作为初始投资成本，但合同或协议约定价值不公允的除外。

（4）通过非货币性资产交换取得的长期股权投资，其初始投资成本应当按照《企业会计准则第 7 号——非货币性资产交换》确定。

（5）通过债务重组取得的长期股权投资，其初始投资成本应当按照《企业会计准则第 12 号——债务重组》确定。

可可：这好像和对联营企业、合营企业投资的初始投资成本的确认方法是一样的。

汪姐：是的，在合并财务报表中，处理方法如下：

（1）子公司的资产、负债以购买日或合并日所确定的净资产价值开始持续计算的金额反映；

（2）因购买少数股东权益取得的长期股权投资与按照新增持股比例计算应享有子公司自购买日或合并日开始持续计算的净资产份额之间的差额，调整母公司个别财务报表中的资本公积，资本公积不足冲减的，调整留存收益。

可可：什么叫“资产、负债以购买日或合并日所确定的净资产价值开始持续计算的金额反映”？什么又叫“子公司自购买日或合并日开始持续计算的净资产”呢？这两个说法是相关的吧？

汪姐：是的，比如风一公司是风妈集团的子公司。风妈集团购买非同一控制下的风一公司之日，风一公司某项固定资产账面价值为 1 000 万元，公允价值为 1 100 万元。在风妈集团的合并财务报表中，购买日风一公司的这项固定资产价值应为 1 100 万元，其折旧、净值等也是以这 1 100 万元为基础持续计算的。假如增加投资之日，按照固定资产公允价值计算的折旧金额为 110 万元，那么“以购买日或合并日所确定的净资产价值开始持续计算的金额反映”的风一公司此项固定资产金额为990（1 100－110）万元。在确认“子公司自购买日或合并日开始持续计算的净资产”金额时，也要以这项固定资产自购买日开始持续计算的金额为基础。

举个例子：

【案例8-1】20×1年4月1日，风一公司从非关联方处取得风某公司60%的股份，能够对风某公司实施控制。风某公司净资产公允价值为5 000万元，账面价值为4 000万元。差额1 000万元为某无形资产公允价值与账面价值的差额。该无形资产按10年摊销。

20×2年3月30日，风一公司购买风某公司少数股东40%股权。风一公司支付的资产为：银行存款1 000万元；固定资产原价1 000万元，已计提折旧200万元，该项固定资产目前公允价值900万元；其他债权投资账面价值1 000万元，公允价值1 200万元。

20×1年4月1日至20×2年3月30日，风某公司账面净资产变化如下：净利润1 000万元，其他综合收益1 100万元。

20×2年3月30日风某公司净资产账面价值6 100万元，公允价值为7 500万元。不考虑相关税费。

分析：风一公司购买风某公司40%股权的交易属于购买子公司少数股东权益。

子公司自购买日或合并日开始持续计算的净资产＝购买日子公司净资产公允价值＋按购买日公允价值计算的购买日后子公司净资产变动金额＝5 000＋（1 000－1 000÷10）＋1 100＝7 000（万元）

因此，20×2年3月30日风一公司购买40%股权，享有的子公司自购买日或合并日开始持续计算的净资产份额为7 000×40%＝2 800（万元）

风一公司个别财务报表中新增股权投资的成本＝1 000＋900＋1 200＝3 100（万元）

编制合并财务报表时调整风一公司资本公积金额＝3 100－2 800＝300（万元）

可可：“1 000÷10”是因无形资产公允价值与账面价值差额增加的无形资产摊销额吧？

汪姐：是的。

可可：母公司个别财务报表中的新增投资成本为母公司支付对价的公允价值。

汪姐：没错。

可可：所以，母公司个别财务报表中的长期股权投资成本与享有子公司自购买日开始持续计算的净资产份额的差额就调整母公司的资本公积。

汪姐：完全正确。

可可：但是为什么是调整资本公积呢？不考虑调整商誉或损益吗？

汪姐：因为从购买日开始，母公司和子公司就是一家子了，从企业集团的角度看，一家子之间的交易没有损益、商誉之类的，所以只需要调整资本公积。

不过要注意，购买少数股东股权之前的商誉还是要继续在合并财务报表中体现的。

可可：而且母公司购买少数股东权益支付对价是按公允价值计量的。

汪姐：对，这时候相当于和少数股东之间的股权交易，是以市场价值为衡量标准的。

可可：明白了。

8.2.2 因追加投资等能够对非同一控制下的被投资方实施控制

汪姐：在学习这部分内容时，咱们需要先了解一个知识点——“一揽子交易”。

可可：什么是“一揽子交易”呢？

汪姐：一揽子交易就是大规模的或无区别的交易或行为。在多次交易中，各项交易的条款、条件以及经济影响符合以下一种或多种情况的，通常应作为“一揽子交易”进行会计处理。一是这些交易是同时或者在考虑了彼此影响的情况下订立的；二是这些交易整体才能达成一项完整的商业结果；三是一项交易的发生取决于至少一项其他交易的发生；四是一项交易单独看是不经济的，但是和其他交易一并考虑时是经济的。

可可：哦，大概意思明白了，就是这些交易是相互关联、整体筹划、捆绑在一起的。

汪姐：是的，企业通过多次交易分步实现非同一控制下企业合并，如果属于“一揽子交易”，要将各项交易都作为取得子公司控制权的交易进行会计处理。

如果不属于“一揽子交易”，应做如下处理。

（1）在个别财务报表中，应由权益法或公允价值计量转为成本法核算。会计处理的要点为

①对子公司投资的初始投资成本为购买日为取得新的股份所支付对价的

公允价值与原股份账面价值之和；

②原公允价值计量下计入其他综合收益的累计公允价值变动结转为留存收益，不得计入当期损益；原权益法下的其他综合收益和资本公积暂不做处理，待出售时再做处理。

可可：也就是说，在个别财务报表中，一方面要对新取得的股份按照支付对价的公允价值入账；另一方面要把原投资按账面价值转为新的长期股权投资。

汪姐：对。

（2）在合并财务报表中，一方面要视为出售原投资，也就是说要把原投资按购买日的公允价值重新计量，公允价值与账面价值的差额计入当期投资收益，原投资涉及权益法核算下的其他综合收益及除净损益、其他综合收益和利润分配外的其他所有者权益变动，转为购买日所属当期收益。另一方面，要把合并对价与享有的子公司可辨认净资产份额进行比较，二者的差额需要确认商誉或当期损益。具体要点如下。

①合并对价＝原持有股权投资的公允价值＋新增股权支付对价的公允价值；

②合并商誉＝合并对价－享有购买日被投资方可辨认净资产公允价值份额；

③原持有股权投资公允价值与账面价值的差额计入当期投资收益；

④原持有股权涉及权益法核算下的其他综合收益及除净损益、其他综合收益和利润分配以外的其他所有者权益变动的，转入购买日当期收益。由于被投资方重新计量设定收益计划净负债或净资产变动而产生的其他综合收益等不能重分类进损益的其他综合收益除外。

可可："由于被投资方重新计量设定收益计划净负债或净资产变动而产生的其他综合收益等不能重分类进损益的其他综合收益除外"这句话是什么意思呀？

汪姐：其他综合收益分为两类，一类是以后会计期间满足规定条件时将重分类进损益的其他综合收益，包括权益法下可转损益的其他综合收益、其他债权投资的公允价值变动、金融资产重分类计入其他综合收益的金额、其他债权投资信用减值准备、现金流量套期储备、外币财务报表折算差额和自用房地产转为公允模式计量的投资性房地产时，公允价值大于账面价值的差额记入的其他综合收益；另一类是以后会计期间不能重分类进损益的其他综合收益（转入留存收益），包括重新计量设定受益计划净负债或净资产导致的变动、权益法下不能转损益的其他综合收益、其他权益工具投资的公允价值变动和企业自身信用风险公允价值变动等。

可可：那些不能重分类进损益的其他综合收益就不能转入所属当期收益，对吗？

汪姐：是的，重新计量设定受益计划净负债或净资产导致的变动就是其中一项。

可可：什么是设定受益计划呢？

汪姐：设定受益计划简单说就是一种企业对职工的离职后福利计划。举个例子，企业为员工设定了一个受益计划，工作20年以上的员工退休后每年在社保养老保险外由企业额外发放一定金额的退休金。有兴趣的话，可以在《企业会计准则第9号——职工薪酬》中了解设定收益计划的相关规定。

可可：哦，明白了。

汪姐：那咱们继续。合并财务报表需要在个别财务报表会计处理的基础上进行调整。

可可：在个别财务报表中的长期股权投资初始投资成本＝原持有股权账面价值＋新增投资公允价值，而合并财务报表中的合并成本＝原持有股权公允价值＋新增投资公允价值。所以说，二者之间的差额就是原持有股权公允价值和账面价值的差额。对吧？

汪姐：对，这部分差额转入当期投资收益。我们看一个案例。

【案例8-2】20×1年4月1日，风一公司以2 000万元的价格从非关联方处取得风某公司40％的股份，能够对风某公司产生重大影响。风某公司当日可辨认净资产账面价值和公允价值为4 000万元。

20×2年3月30日，风一公司从其他股东处购买风某公司30％股权。风一公司支付的资产为：银行存款100万元；固定资产原价1 000万元，已计提折旧200万元，该项固定资产目前公允价值900万元；其他债权投资账面价值700万元，公允价值800万元。

20×1年4月1日至20×2年3月30日，风某公司净资产变化如下：净利润1 000万元，未分配现金股利。风某公司一项以公允价值计量且其变动计入其他综合收益的债权投资公允价值变动增加其他综合收益500万元。

20×2年4月1日，风某公司净资产公允价值为6 000万元，风一公司原持有40％股权的公允价值为2 800万元。

上述交易不属于“一揽子交易”，不考虑相关税费。

(1) 风一公司个别财务报表相关会计处理如下。

20×1 年 4 月 1 日，确认长期股权投资成本。

风一公司支付价款 2 000 万元，享有风某公司可辨认净资产公允价值份额＝4 000×40%＝1 600（万元）。2 000＞1 600，因此按照支付价款确认长期股权投资。

借：长期股权投资——投资成本　　20 000 000

　　贷：银行存款　　20 000 000

20×1 年 4 月 1 日至 20×2 年 3 月 30 日，风某公司所有者权益变化，风一公司会计处理：

借：长期股权投资——损益调整　（10 000 000×40%）4 000 000

　　贷：投资收益　　4 000 000

借：长期股权投资——其他综合收益

（5 000 000×40%）2 000 000

　　贷：其他综合收益　　2 000 000

20×2 年 3 月 30 日追加投资后，风一公司对风某公司由重大影响转为非同一控制下对子公司投资，个别财务报表由权益法转为成本法核算，新增投资成本为购买日为取得新的股份所支付对价的公允价值：100＋900＋800＝1 800（万元）

风一公司会计处理如下。

借：固定资产清理　　8 000 000

　　累计折旧　　2 000 000

　　贷：固定资产　　10 000 000

借：长期股权投资　　18 000 000

　　贷：银行存款　　1 000 000

　　　　固定资产清理　　8 000 000

　　　　资产处置损益　（9 000 000－8 000 000）1 000 000

　　　　其他权益工具投资　　7 000 000

　　　　投资收益　　1 000 000

将原持有长期股权投资由权益法转为成本法。

借：长期股权投资　　26 000 000

　　贷：长期股权投资——投资成本　　20 000 000

　　　　长期股权投资——损益调整　　4 000 000

长期股权投资——其他综合收益　　　　　　　2 000 000

（2）20×2 年 3 月 30 日，风一公司编制合并财务报表时相关会计处理如下。

①合并对价＝原持有股权投资的公允价值＋新增股权支付对价的公允价值＝2 800＋1 800＝4 600（万元）

②合并商誉＝合并对价－享有购买日被投资方可辨认净资产公允价值份额＝4 600－6 000×70%＝400（万元）

③原持有股权公允价值与账面价值的差额计入当期投资收益。

2 800－(2 000＋400＋200)＝200（万元）

借：长期股权投资　　　　　　　　　　2 000 000

　　贷：投资收益　　　　　　　　　　　　2 000 000

④购买日前持有股权涉及权益法核算下的其他综合收益 200 万元转入购买日当期收益。

借：其他综合收益　　　　　　　　　　2 000 000

　　贷：投资收益　　　　　　　　　　　　2 000 000

⑤合并工作底稿中编制母公司长期股权投资与子公司所有者权益项目抵销分录。

借：子公司所有者权益各项目　　　　　60 000 000

　　商誉　　　　　　　　　　　　　　　4 000 000

　　贷：长期股权投资　　　　　　　　　　46 000 000

　　　　少数股东权益　　　　　　　　　　18 000 000

8.2.3　通过多次交易分步实现同一控制下企业合并

汪姐：多次交易分步实现同一控制下企业合并在个别财务报表中怎么处理，还记得吗？

可可：记得。

（1）初始成本为持股比例计算的合并日应享有被投资方所有者权益在最终控制方合并财务报表中的账面价值份额。

（2）比较初始投资成本与原股权账面价值加上新股份支付对价的现金、转让的非现金资产及所承担债务的账面价值之和，差额调整资本公积，资本公积不足冲减时，调整留存收益。

（3）随着原持有股权确认的其他综合收益及除净损益、其他综合收益和利润分配以外的其他所有者权益变动的，暂不做处理，待出售时再转入处置当期损益。

汪姐：嗯，由于是同一控制下的企业合并，所以原持有股权的其他综合收益和其他所有者权益变动是不需要结转损益的，因为要视同从参与各方在最终控制方开始控制时就以目前状态存在。

那我们再看看合并财务报表的会计处理。因为个别财务报表中的长期股权投资就是按照持股比例计算的，所以在编制合并财务报表时，不需要再调整长期股权投资成本。但由于同一控制下企业合并应视同参与合并各方在最终控制方开始控制时即以目前的状态存在，所以需要处理的事项有：

（1）从最终控制方控制时点起，需要将被合并方有关资产负债并入合并方合并财务报表的比较报表中，并将合并增加的净资产在比较报表中调整所有者权益项下相关项目。

可可：这是什么意思？

汪姐：意思是说，从最终控制方对被投资方实施控制开始，我们就视同合并方已经像现在这样成为被合并方的母公司了。比如，从20×1年1月1日开始，风一公司和风二公司都是风妈集团的子公司。20×1年，风一公司持有风二公司20%的股份，对风二公司具有重大影响。20×2年1月1日，风一公司又购买风二公司80%的股权并成为风二公司的母公司。那么在期末编制合并财务报表时，应该合并风二公司全年的财务报表数据。同时，20×1年（比较期间）的比较报表中应该把风二公司的财务报表数据并入风一公司，就好像那时风一公司就已经是风二公司的母公司，持有风二公司100%的股权一样。

可可：那就要重新编制20×1年的合并财务报表了？

汪姐：可以这么说。需要说明的是，编制合并资产负债表时，视同20×1年1月1日风一公司就持有风二公司100%的股权，因此需要把风二公司20×1年1月1日的资产和负债数据并入风一公司。如此一来，合并财务报表的净资产会增加，增加的净资产冲减长期股权投资账面价值后，差额调整资本公积。具体分录如下。

借：风二公司资产、负债　（20×1年1月1日数额）×××

　贷：长期股权投资

　　（20×1年1月1日，20%长期股权投资账面价值）×××

　　资本公积　×××

(2) 为避免被合并方净资产的价值进行重复计算，原股权取得股权日与同一最终控制方控制之日孰晚日起至合并日之间已确认有关损益、其他综合收益及其他净资产变动，应分别冲减比较报表期间的期初留存收益和当期损益。

可可：这……为什么？

汪姐：咱们还是通过刚才这个案例来理解。假设风二公司 20×1 年实现了净利润 100 万元，风一公司当年确认了投资收益 20 万元（100×20%）。20×2年 1 月 1 日风一公司和风二公司合并后编制合并财务报表时，相当于已经把风二公司的净利润、所有者权益都合并进来了，所以原来权益法下反映的 20 万元投资收益就要抵销掉，不然这 20 万元的投资收益就重复计算了。抵销会计分录为

借：期初留存收益　　　　200 000

　　贷：长期股权投资　　　　200 000

如果合并不是在 1 月 1 日而是年中的某一天，那么还需要抵销当年合并前的投资收益。

8.2.4　本期增加子公司时的合并财务报表处理

1. 同一控制下企业合并增加子公司

汪姐：对于同一控制下的企业合并本期增加的子公司，应视同参与合并各方在最终控制方开始控制时即以目前的状态存在。

编制合并资产负债表时，一方面，应当调整合并资产负债表的期初数；另一方面，合并资产负债表的留存收益项目应当反映母子公司作为一个整体运行之合并日应实现的盈余公积和未分配利润情况。

编制合并利润表时，应当将该子公司自合并当期期初至报告期期末的收入、费用、利润纳入合并利润表，并单列“其中：被合并方在合并前实现的净利润”项目进行反映。

编制合并现金流量表时，应当将该子公司自合并当期期初至报告期期末的现金流量纳入合并现金流量表。

此外，还应当对比较报表的相关项目进行调整，视同合并后的报告主体自最终控制方开始控制时点起一直存在。

2. 非同一控制下企业合并增加子公司

汪姐：对于非同一控制下的企业合并本期增加的子公司，在编制合并资产负债表时，不需要调整合并资产负债表的期初数。但是为了提高会计信息的可比性，应在附注中披露本期取得的子公司对合并财务报表的财务状况的影响。

编制合并利润表时，应当将本期取得的子公司自购买日至报告期期末的收入、费用和利润纳入合并利润表中，并在相关附注中披露本期增加子公司对合并财务报表中的经营成果产生的影响。

编制合并现金流量表时，应将本期取得的子公司自购买日至报告期期末的现金流量信息纳入合并现金流量表中，并将取得子公司所支付的现金扣除子公司于购买日持有的现金及现金等价物后的净额，在有关投资活动产生的现金流量“取得子公司及其他营业单位支付的现金净额”项目中进行反映。

8.3　处置对子公司投资的会计处理

处置对子公司投资的会计处理主要包括：部分处置子公司长期股权投资但不丧失控制权、部分处置子公司长期股权投资并丧失控制权、本期减少子公司等情况。

8.3.1　部分处置子公司长期股权投资但不丧失控制权

汪姐：这种情况下，在母公司个别财务报表中，由于剩余股权没有发生变化，还是原来的核算方法，所以不需要考虑剩余股权的会计处理，只需要对出售股权按照处置长期股权投资进行相应会计处理，并按取得价款或对价的公允价值与处置股权的账面价值的差额确认投资损益。

在合并财务报表中，由于母公司并没有丧失控制权，所以子公司仍需要纳入母公司合并范围。并且，处置价款与处置长期股权投资相对应享有子公司自购买日或合并日开始持续计算的净资产份额之间的差额，调整资本公积，资本公积不足冲减的，调整留存收益。

可可：个别财务报表确认投资收益，而合并财务报表确认资本公积，就这点来说，在合并财务报表中肯定是需要抵销投资收益的。

汪姐：没错，由于没有丧失控制权，在合并财务报表中是不能确认投资收益的，只能调整资本公积。所以要把个别财务报表中确认的投资收益抵销。

此外，在个别财务报表处理下的“处置投资的账面价值”和在合并财务报表处理下的“处置长期股权投资相对应享有子公司自购买日或合并日开始持续计算的净资产份额”的含义也不相同。

“处置投资的账面价值”为成本法下的投资成本，可能包含购买日产生的一部分商誉（即出售股权中包含的商誉）。

“处置长期股权投资相对应享有子公司自购买日或合并日开始持续计算的净资产份额”是权益法下享有的子公司净资产份额，而子公司净资产包含从购买日到处置部分股权日的子公司净资产变动。二者的差异如图 8-1 所示。

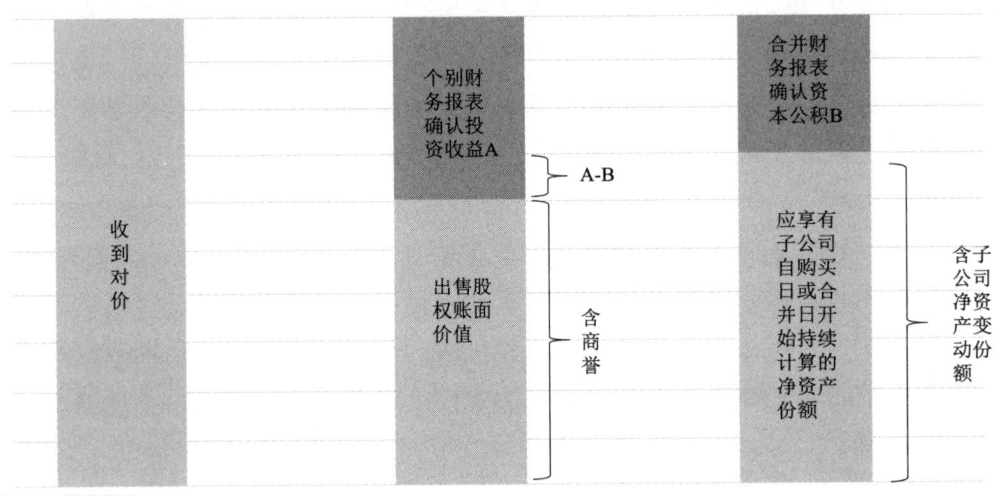

图 8-1　处置股权在个别财务报表和合并财务报表中的会计处理差异

可可：也就是说，“处置投资的账面价值”比“处置长期股权投资相对应享有子公司自购买日或合并日开始持续计算的净资产份额”多了商誉，少了享有的子公司净资产变动的份额。对吗?

汪姐：对，所以在合并财务报表中需要做调整分录，抵销投资收益，确认资本公积，同时确认个别财务报表和合并财务报表中长期股权投资的差额。调整分录如下。

借：投资收益　　　　　　　　　　　　　　×××

　　贷：资本公积　　　　　　　　　　　　　　×××

　　　　长期股权投资　　　　　　　　　　　　×××

【案例 8-4】 20×1 年 3 月 1 日，风妈集团投资风某公司 4 000 万元，持有风某公司 80%的股权，当日风某公司可辨认净资产公允价值 4 500 万元。风妈集团与风某公司之前无任何关联关系。

20×1 年，风某公司按可辨认净资产公允价值计算实现的净利润 1 500 万元。风某公司净资产无其他变动。

20×1 年 12 月 31 日，风妈集团以售价 700 万元出售风某公司 10%的股权，仍能对风某公司实施控制。

不考虑其他因素。

(1) 20×1 年 3 月 1 日（购买日），风妈集团个别财务报表会计处理如下。

借：长期股权投资　　40 000 000

　　贷：银行存款　　40 000 000

20×1 年 12 月 31 日出售 10%股权，风妈集团个别财务报表会计处理如下。

借：银行存款　　7 000 000

　　贷：长期股权投资　　(40 000 000÷80%×10%) 5 000 000

　　　　投资收益　　2 000 000

注意：出售的长期股权投资中实际包含了 50 万元商誉［(4 000－4 500×80%) ÷80%×10%］。

(2) 在 20×1 年 12 月 31 日，风妈集团合并财务报表中，“处置长期股权投资相对应享有子公司自购买日或合并日开始持续计算的净资产份额”为：(4 500＋1 500) ×10%＝600（万元），其中包含了子公司净利润份额，不包含商誉。应确认出售股权的资本公积＝［700－ (4 500＋1 500) ×10%］＝100（万元）；母公司个别财务报表中确认的投资收益为 200 万元。因此，应在合并财务报表中调增资本公积 100 万元，调减投资收益 200 万元，差额调增长期股权投资 100（200－100）万元。

同时，由于合并财务报表应按照权益法确认投资收益，因此也应该调整出售股权按权益法计算的投资收益。

具体分录如下：

①调整出售股权的投资收益。

借：长期股权投资　　(15 000 000×10%) 1 500 000

　　贷：投资收益　　1 500 000

②调整出售股权投资收益、资本公积及投资成本。

借：投资收益　　2 000 000

　　贷：资本公积

　　［7 000 000－ (45 000 000＋15 000 000) ×10%］1 000 000

　　　　长期股权投资　　1 000 000

可可：就是说，如果在不丧失控制权的前提下出售股权，那么在合并财务报表中的商誉应该保持最初的金额，不会随出售股权一起减少。

汪姐：对。

(3) 期末合并财务报表对剩余股权的调整抵销分录。

①成本法转权益法确认投资收益。

借：长期股权投资　　　　（15 000 000×70%）10 500 000

　　贷：投资收益　　　　　　　　　　　　　　10 500 000

②母公司长期股权投资与子公司所有者权益抵销。

借：子公司净资产各项目　　　　　　　　　60 000 000

　　商誉　　　（40 000 000−45 000 000×80%）4 000 000

　　贷：长期股权投资　（60 000 000×70%+4 000 000）46 000 000

　　　　少数股东权益　　　（60 000 000×30%）18 000 000

8.3.2 部分处置子公司长期股权投资并丧失控制权

1. 个别财务报表的会计处理

汪姐：部分处置子公司丧失控制权在投资方个别财务报表的会计处理为：对于处置股权，按处置比例结转终止确认的长期股权投资成本，收到对价与初始投资成本的差额确认为投资收益。对于剩余股权，应区分成本法转权益法和成本法转公允价值计量，采取不同的处理方法。

对于成本法转权益法，如果剩余股权投资成本大于按原投资时按剩余持股比例应享有被投资方可辨认净资产公允价值份额，作为商誉，不调整账面价值。如果剩余股权投资成本小于按持股比例计算应享有的被投资方可辨认净资产公允价值份额，则调整留存收益。对于原取得投资后至转变为权益法核算之间被投资单位实现的净损益中应享有的份额，属于以前年度的，调整留存收益。属于当年的，调整当期损益。其他原因导致子公司所有者权益变动中享有的份额，计入“其他综合收益”或“资本公积”。

对于成本法转公允价值计量，则视为重新购买，按丧失控制权日公允价值重新计算剩余股权成本，公允价值与账面价值差额计入当期损益。

2. 合并财务报表的会计处理

在合并财务报表中，应视为将所有股权全部出售并重新购买，剩余股权的投资成本为丧失控制权日的公允价值。因此：

确认的投资收益＝处置股权取得的对价＋剩余股权公允价值－（按原持股比例计算应享有原子公司自购买日开始持续计算的净资产份额＋商誉）

其他综合收益采用与被投资单位直接处置相关资产或负债相同的基础进行会计处理。具体案例见【案例 2-9】。

3. 多次交易分步处置子公司在合并财务报表下的会计处理

对于多次交易分步处置子公司的，如果不属于“一揽子交易”，则与一次性处置子公司股权的会计处理一致。

如果属于“一揽子交易”，则应将各项交易作为一项处置原子公司并丧失控制权的交易进行会计处理。对于丧失控制权之前的交易，处置价款与处置投资对应的享有该子公司自购买日开始持续计算的净资产账面价值份额之间的差额，在合并财务报表中计入其他综合收益，在丧失控制权时一并转入丧失控制权当期的损益。

8.3.3 本期减少子公司的合并财务报表相关处理

汪姐：企业在本期出售转让子公司部分或全部股权后，如果不再拥有对该子公司的控制权，就不需要再把该子公司纳入合并范围。

编制合并资产负债表时，不需要对该子公司的资产负债表进行合并。但需要在财务报表附注中披露该子公司丧失控制权日以及上年年末的资产和负债情况。

编制合并利润表时，需要对该子公司丧失控制权日之前的当年收入、费用、利润纳入合并利润表。同时，应在财务报表附注中披露该子公司自期初至丧失控制权日止的经营成果以及上年度的经营成果。

在合并编制现金流量表时，应对该子公司丧失控制权日前的当年现金流量信息纳入合并现金流量表，并将出售该子公司收到的现金扣除子公司持有的现金和现金等价物及相关处置费用后的净额，在有关投资活动类项目反映。

8.4 其他特殊事项的会计处理

除了追加投资和处置对子公司投资之外，合并财务报表的其他特殊事项还有：因子公司少数股东增资导致母公司股权稀释、母子公司交叉持股、子公司向母公司出售资产的逆流交易等。

8.4.1 因子公司少数股东增资导致母公司股权稀释

汪姐：当其他股东增资时，可能导致投资方的持股比例下降，也就是被动稀释。这时候，按照新的持股比例计算的子公司账面净资产份额与增资前的持股比例计算的子公司账面净资产份额会有差额，这个差额计入资本公积，资本公积不足冲减的，调整留存收益。举个例子如下。

【案例 8-5】风妈集团投资 3 000 万元购买风一公司 70%的股权，对风一公司有控制权。投资时风一公司可辨认净资产公允价值为 4 000 万元。

其后，风一公司其他股东增资 800 万元，风妈集团的持股比例稀释为 65%，仍有控制权。不考虑风一公司所有者权益其他变化。

其他股东增资前风一公司的所有者权益为 4 000 万元，风妈集团按持股比例享有的净资产账面价值为 2 800 万元（4 000×70%）；其他股东增资后风一公司的所有者权益为：4 000＋800＝4 800 万元，风妈集团持股比例变为 65%，因此其他股东增资后风一公司的长期股权投资金额为：4 800×65%＝3 120 万元。差额 120（3 120－3 000）万元在合并财务报表中调增资本公积。

可可：不考虑商誉问题吗？

汪姐：不考虑，商誉不变。

可可：那母公司个别财务报表应该怎么处理呢？

汪姐：因为没有丧失控制权，母公司个别财务报表中的投资成本没变，所以不需要处理。

8.4.2 交叉持股的合并处理

汪姐：有时候会有子公司持有母公司股票的情况。

可可：这也是我梦里遇到的情况之一呀。

汪姐：哈哈，那这部分你可要学得认真些，好在下次做梦遇到的时候能搞定。

可可：嘿嘿。

汪姐：这种交叉持股的情形下，子公司持有母公司的股票也需要做合并抵销。子公司持有母公司的股票，就好比妈妈给孩子 100 块钱，孩子又给了妈妈 100 块钱，是不是相当于还回来了？

可可：是呢。

汪姐：所以要按照子公司取得母公司股权日所确认的长期股权投资的初始成本转为库存股，作为所有者权益的减项，在合并资产负债表中的所有者权益项目下以“减：库存股”列示。

可可：哦，相当于把自己的股票收回来了。

汪姐：对，子公司持有母公司股权确认的投资收益，对于企业集团来说也是不存在的，所以也要抵销。如果子公司将持有的母公司股权分类为以公允价值计量且其变动计入其他综合收益的金融资产，应同时冲销子公司累计确认的公允价值变动。

可可：如果是子公司之间交叉持股呢？

汪姐：也是一样啊，把长期股权投资与其对应的所有者权益享有份额进行抵销。

可可：比如，风一公司持有风二公司20%的股权，不是控制关系，也要抵销吗？

汪姐：是的，对于合并财务报表来说，大家都是一家人，不应该对彼此有长期股权投资。

8.4.3 逆流交易的合并处理

如果母子公司之间发生逆流交易，也就是说子公司向母公司出售资产，产生的未实现内部交易损益，需要按照母公司对子公司持股比例在“归属于母公司所有者的净利润”和“少数股东损益”之间分配抵销。

可可：我记得您之前讲过内部商品交易的抵销，说过内部商品交易中未实现内部交易损益是要抵销的，但是我不知道竟然还要在母公司和少数股东之间进行分配。这是怎么回事儿啊？

汪姐：我们先回顾一下内部商品交易的合并抵销处理。

【案例 8-6】风妈集团本部持有风一公司 80%的股份，为风一公司的母公司。20×1 年风一公司向风妈集团本部销售一批商品，成本为 80 万元，售价为 100 万元（不考虑增值税），风妈集团本部已付款。年底，风妈集团该商品未对外销售。

风一公司会计处理如下：

借：银行存款　　　　　　　　　　　　1 000 000

　　贷：营业收入　　　　　　　　　　　　1 000 000

借：营业成本　　　　　　　　　　　　　　　　800 000

　　贷：存货　　　　　　　　　　　　　　　　　　800 000

风妈集团本部会计处理如下：

借：存货　　　　　　　　　　　　　　　　　1 000 000

　　贷：银行存款　　　　　　　　　　　　　　　1 000 000

风妈集团合并财务报表抵销分录：

借：营业收入　　　　　　　　　　　　　　　1 000 000

　　贷：营业成本　　　　　　　　　　　　　　　　800 000

　　　　存货　　　　　　　　　　　　　　　　　　200 000

可可：这个处理没问题，咱们之前就是这么学的嘛。

汪姐：没错，这笔抵销分录抵销了风一公司未实现的内部交易损益20万元，对吗？

可可：对啊。

汪姐：可是风一公司的股东并不只有风妈集团，还有20%的股权属于少数股东啊。那风一公司抵销的未实现内部交易损益中也有20%是少数股东的损益，对吧？

可可：哦，明白了。还要把属于少数股东的未实现内部交易损益摘出去。

汪姐：对了，所以合并工作底稿中还要编制抵销分录如下：

借：少数股东权益　　　　　　　　（200 000×20%）40 000

　　贷：少数股东损益　　　　　　　　　　　　　　40 000

可可：少数股东损益为什么在贷方？

汪姐：因为少数股东损益贷方表示减少少数股东的损益，而增加母公司的损益呀。

可可：哦，之前您讲过，我又忘了。

汪姐：正好温故知新。如果是子公司之间出售资产发生的未实现内部交易损益，也应当按照母公司对出售方子公司的持股比例在“归属于母公司所有者的净利润”和“少数股东损益之间”分配抵销。

本章小结

汪姐：我们用思维导图总结一下本章的内容，如图8-2所示。

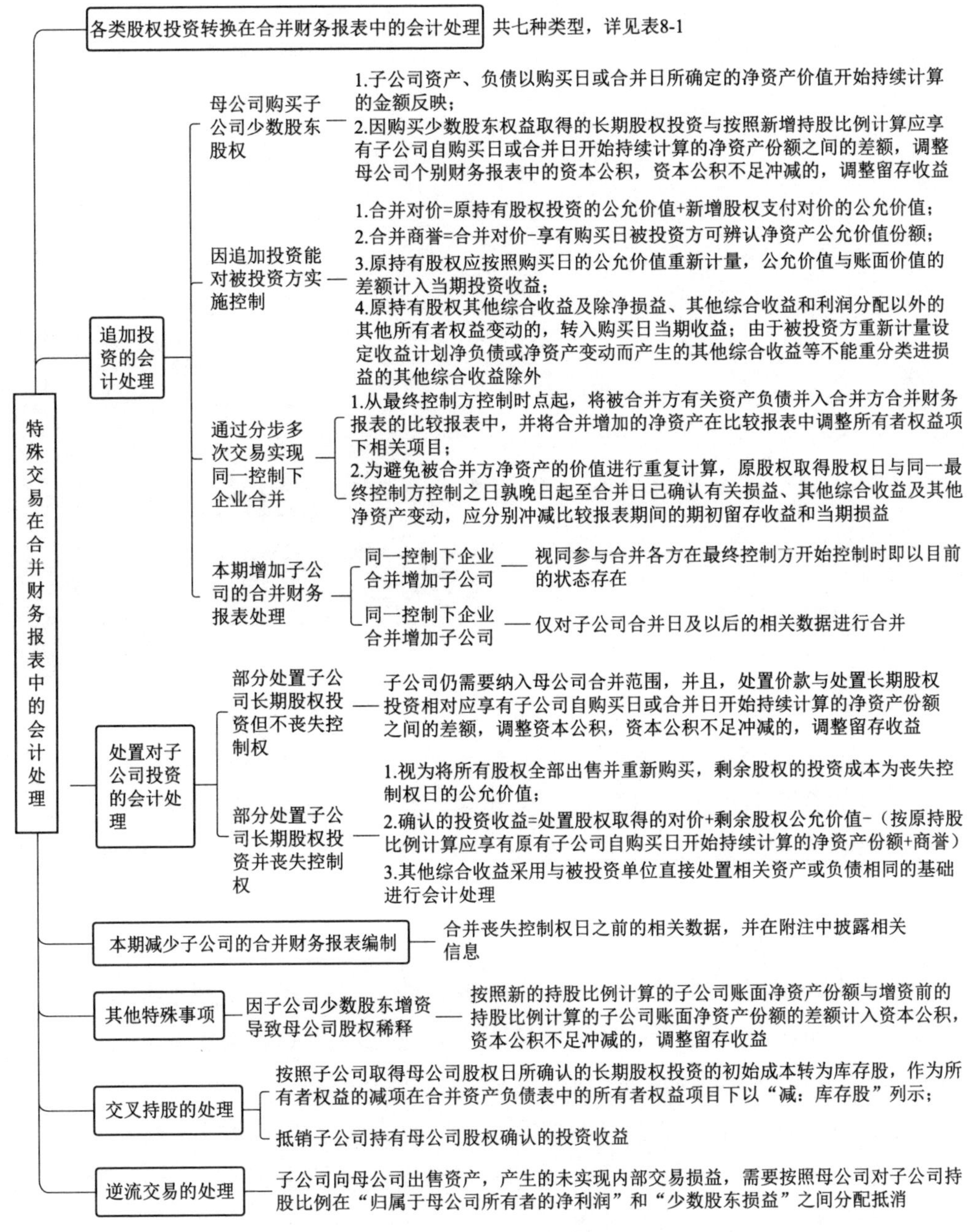
特殊交易在合并财务报表中的会计处理
各类股权投资转换在合并财务报表中的会计处理
共七种类型，详见表8-1
追加投资的会计处理
母公司购买子公司少数股东股权
1.子公司资产、负债以购买日或合并日所确定的净资产价值开始持续计算的金额反映；
2.因购买少数股东权益取得的长期股权投资与按照新增持股比例计算应享有子公司自购买日或合并日开始持续计算的净资产份额之间的差额，调整母公司个别财务报表中的资本公积，资本公积不足冲减的，调整留存收益
因追加投资能对被投资方实施控制
1.合并对价=原持有股权投资的公允价值+新增股权支付对价的公允价值；
2.合并商誉=合并对价-享有购买日被投资方可辨认净资产公允价值份额；
3.原持有股权应按照购买日的公允价值重新计量，公允价值与账面价值的差额计入当期投资收益；
4.原持有股权其他综合收益及除净损益、其他综合收益和利润分配以外的其他所有者权益变动的，转入购买日当期收益；由于被投资方重新计量设定收益计划净负债或净资产变动而产生的其他综合收益等不能重分类进损益的其他综合收益除外
通过分步多次交易实现同一控制下企业合并
1.从最终控制方控制时点起，将被合并方有关资产负债并入合并方合并财务报表的比较报表中，并将合并增加的净资产在比较报表中调整所有者权益项下相关项目；
2.为避免被合并方净资产的价值进行重复计算，原股权取得股权日与同一最终控制方控制之日孰晚日起至合并日已确认有关损益、其他综合收益及其他净资产变动，应分别冲减比较报表期间的期初留存收益和当期损益
本期增加子公司的合并财务报表处理
同一控制下企业合并增加子公司
视同参与合并各方在最终控制方开始控制时即以目前的状态存在
同一控制下企业合并增加子公司
仅对子公司合并日及以后的相关数据进行合并
处置对子公司投资的会计处理
部分处置子公司长期股权投资但不丧失控制权
子公司仍需要纳入母公司合并范围，并且，处置价款与处置长期股权投资相对应享有子公司自购买日或合并日开始持续计算的净资产份额之间的差额，调整资本公积，资本公积不足冲减的，调整留存收益
部分处置子公司长期股权投资并丧失控制权
1.视为将所有股权全部出售并重新购买，剩余股权的投资成本为丧失控制权日的公允价值；
2.确认的投资收益=处置股权取得的对价+剩余股权公允价值-（按原持股比例计算应享有原有子公司自购买日开始持续计算的净资产份额+商誉）
3.其他综合收益采用与被投资单位直接处置相关资产或负债相同的基础进行会计处理
本期减少子公司的合并财务报表编制
合并丧失控制权日之前的相关数据，并在附注中披露相关信息
其他特殊事项
因子公司少数股东增资导致母公司股权稀释
按照新的持股比例计算的子公司账面净资产份额与增资前的持股比例计算的子公司账面净资产份额的差额计入资本公积，资本公积不足冲减的，调整留存收益
交叉持股的处理
按照子公司取得母公司股权日所确认的长期股权投资的初始成本转为库存股，作为所有者权益的减项在合并资产负债表中的所有者权益项目下以“减：库存股”列示；
抵销子公司持有母公司股权确认的投资收益
逆流交易的处理
子公司向母公司出售资产，产生的未实现内部交易损益，需要按照母公司对子公司持股比例在“归属于母公司所有者的净利润”和“少数股东损益”之间分配抵消

图 8-2　小结思维导图

第 9 章
来一场合并财务报表的实战演练吧

可可的合并财务报表学习已接近尾声。汪姐已经详细讲解了从为什么编制合并财务报表、编制什么财务报表、如何编制、编制中的重点和难点，可可也对合并财务报表有了全面的理解，她越来越喜欢合并财务报表这个高难的“密室逃脱”游戏了。

接下来，汪姐将带着可可开始实战啦！他们将一起编制风妈集团的合并财务报表。可可太开心了，自己这是要出师了呀。想到这儿，可可不由地唱起了歌：“五星红旗迎风飘扬，胜利歌声多么响亮……”

汪姐看着这个聪明好学的小姑娘一步步地成长进步，也很欣慰。

汪姐：可可，今天是最后一课。咱们来做一个综合案例，作为我给你上的这堂合并财务报表课的结尾吧。

可可：好呀，正合我意。我也想看看，如果给我一个集团公司的资料，我到底能不能把合并财务报表做出来呢。

汪姐：那咱们就按照前面讲过合并财务报表的编制流程，结合风妈集团20×2 年度合并财务报表综合案例，一起编一遍合并财务报表吧。

可可：好嘞！

9.1 收集资料，开设工作底稿

汪姐：编制风妈集团 20×2 年合并财务报表前，首先要确定编制范围。咱们简化点，假设风妈集团有两家子公司，一家是上年控股的风一公司，另一家是本期增加的非同一控制下合并的子公司风二公司。

确定合并范围后，风妈集团通知各子公司做好前期准备工作：

（1）子公司将财务报表的会计政策、会计期间、记账本位币调整为与母公司一致。

（2）子公司提供编制合并财务报表的相关资料，包括：子公司个别财务报表；采用的与母公司不一致的会计政策及其影响金额；与母公司不一致的会计期间的说明；与母公司、其他子公司之间发生的所有内部交易的相关资料；所有者权益变动和利润分配资料；编制合并财务报表所需的其他有关资料等。

其中，编制合并财务报表所需的其他有关资料包括：合并资产负债表内部抵销调整补充资料表、合并利润表内部抵销调整补充资料表、合并现金流量表内部抵销调整补充资料表等。

资料收齐后，风妈集团就可以开设合并工作底稿，将母公司和子公司的个别财务报表数据过入合并工作底稿，并汇总得出个别资产负债表、个别利润表、个别所有者权益变动表及个别现金流量表各项目的合计数额。由于风二公司是 20×2 年 3 月 1 日新增的子公司，因此风二公司的利润表为 3 月 1 日至本期期末的收入、费用和利润；风二公司的现金流量表为 3 月 1 日至本期期末的现金流量。合并工作底稿见表 9-1。

表 9-1　合并工作底稿

编制单位：风妈集团　　　　20×2 年度　　　　单位：万元

项　目	风妈集团本部	风一公司	风二公司	合计数	调整抵消分录		少数股东权益	合并数
					借方	贷方		
资产负债表								
流动资产：								
货币资金	25 000	4 000	8 000	37 000	—	—	—	—
交易性金融资产	—	—	—	—	—	—	—	—

续表

项　　目	风妈集团本部	风一公司	风二公司	合计数	调整抵消分录		少数股东权益	合并数
					借方	贷方		
衍生金融资产	—	—	—	—				
应收票据	5 000	5 600	—	10 600				
应收账款	23 000	6 000	4 000	33 000				
预付款项	—	1 300	2 000	3 300				
其他应收款	50 000	3 800	2 000	55 800				
存货	10 000	3 000	2 000	15 000				
持有待售资产	—	—	—	—				
一年内到期的非流动资产	—	—	—	—				
其他流动资产	—	—	—	—				
流动资产合计	113 000	23 700	18 000	154 700				
非流动资产：								
债权投资	—	—	—	—				
其他债权投资	—	—	—	—				
长期应收款	—	—	—	—				
长期股权投资	85 000	—	—	85 000				
投资性房地产	—	—	—	—				
固定资产	300 000	47 000	35 000	382 000				
在建工程	68 000	5 000	12 000	85 000				
无形资产	2 000	700	300	3 000				
开发支出	—	—	—	—				
商誉	—	—	—	—				
长期待摊费用	—	—	—	—				
递延所得税资产	—	—	100	100				
其他非流动资产	—	—	—	—				
非流动资产合计	455 000	52 700	47 400	555 100				
资产总计	568 000	76 400	65 400	709 800				
流动负债：								
短期借款	50 000	2 300	5 000	57 300				
交易性金融负债	—	—	—	—				

续表

项　目	风妈集团本部	风一公司	风二公司	合计数	调整抵消分录		少数股东权益	合并数
					借方	贷方		
衍生金融负债	—	—	—	—				
应付票据	—	2 500	1 000	3 500				
应付账款	15 000	5 200	6 000	26 200				
预收款项	—	—	—	—				
应付职工薪酬	2 000	500	400	2 900				
应交税费	1 000	300	200	1 500				
其他应付款	20 000	1 000	1 500	22 500				
持有待售负债	—	—	—	—				
一年内到期的非流动负债	—	1 200	—	1 200				
其他流动负债	—	—	—	—				
流动负债合计	88 000	13 000	14 100	115 100				
非流动负债：								
长期借款	100 000	12 000	10 000	122 000				
应付债券	—	—	—	—				
长期应付款	—	—	—	—				
其他非流动负债	—	—	—	—				
非流动负债合计	100 000	12 000	10 000	122 000				
负债合计	188 000	25 000	24 100	237 100				
股东权益：								
股本	200 000	30 000	27 000	257 000				
资本公积	80 000	5 000	6 000	91 000				
盈余公积	20 000	6 400	3 300	29 700				
未分配利润	80 000	10 00	5 000	95 000				
归属于母公司股东权益	380 000	51 400	41 300	472 700				
少数股东权益	—	—	—	—				
股东权益合计	380 000	51 400	41 300	472 700				
负债和股东权益总计	568 000	76 400	65 400	709 800				

续表

项　　目	风妈集团本部	风一公司	风二公司	合计数	调整抵消分录		少数股东权益	合并数
					借方	贷方		
利润表								
一、营业收入	400 000	45 000	26 000	471 000				
减：营业成本	320 000	35 833.33	20 000	375 833.33				
税金及附加	6 200	1 000	400	7 600				
管理费用	15 280	4 700	2 700	22 680				
研发费用	4 000	—	—	4 000				
财务费用	10 000	1 000	800	11 800				
加：其他收益	—	—	—	—				
投资收益（损失以“—”号填列）	780	—	—	780				
信用减值损失（损失以“—”号填列）	100	—	—	100				
资产减值损失（损失以“—”号填列）	200	—	100	300				
资产处置收益（损失以“—”号填列）	3 000	200	—	3 200				
二、营业利润（亏损以“—”号填列）	48 000	2 666.67	2 000	52 666.67				
加：营业外收入	—	—	—	—				
减：营业外支出	—	—	—	—				
三、利润总额（亏损总额以“—”号填列）	48 000	2 666.67	2000	52 666.67				
减：所得税费用	12 000	666.67	500	13 166.67				
四、净利润（净亏损以“—”号填列）	36 000	2 000	1 500	39 500				
按所有权归属分类	—	—	—	—				
1. 归属于母公司股东的净利润（净亏损以“—”号填列）	—	—	—	—				

续表

项目	风妈集团本部	风一公司	风二公司	合计数	调整抵消分录		少数股东权益	合并数
					借方	贷方		
2. 少数股东损益（净亏损以“—”号填列）	—	—	—	—				
五、其他综合收益的税后净额	—	—	—	—				
六、综合收益总额	36 000	2 000	1 500	39 500				
（一）归属于母公司所有者的综合收益总额	—	—	—	—				
（二）归属于少数股东的综合收益总额	—	—	—	—				
股东权益变动表								
一、年初未分配利润	50 000	9 000	4 000	63 000				
二、本年增减变动金额	—	—	—	—				
其中：净利润	36 000	2 000	1 500	39 500				
三、利润分配		—	—	—				
1. 提取盈余公积	6 000	400	300	6 700				
2. 对股东的分配	—	600	200	800				
四、年末未分配利润	80 000	10 000	5 000	95 000				
现金流量表								
一、经营活动产生的现金流量	—	—	—	—				
销售商品、提供劳务收到的现金	380 000	43 000	23 000	446 000				
收到其他与经营活动有关的现金	20 000	4 000	1 500	25 500				
经营活动现金流入小计	400 000	47 000	24 500	471 500				

续表

项目	风妈集团本部	风一公司	风二公司	合计数	调整抵消分录		少数股东权益	合并数
					借方	贷方		
购买商品、接受劳务支付的现金	240 000	23 000	11 000	274 000				
支付给职工及为职工支付的现金	50 000	11 000	7 000	68 000				
支付的各项税费	28 000	2 800	1 500	32 300				
支付其他与经营活动有关的现金	30 000	3 800	2 000	35 800				
经营活动现金流出小计	348 000	40 600	21 500	410 100				
经营活动产生的现金流量净额	52 000	6 400	3 000	61 400				
二、投资活动产生的现金流量								
收回投资收到的现金	—	—	—	0				
取得投资收益收到的现金	780	—	—	780				
处置固定资产、无形资产和其他长期资产收回的现金净额	3 000	200	—	3 200				
处置子公司及其他营业单位收到的现金净额	—	—	—	—				
收到其他与投资活动有关的现金	—	—	—	0				
投资活动现金流入小计	3 780	200	0	3 980				
购建固定资产、无形资产和其他长期资产支付的现金	60 000	15 000	7 000	82 000				
投资支付的现金	—	—	—	—				

续表

项目	风妈集团本部	风一公司	风二公司	合计数	调整抵消分录		少数股东权益	合并数
					借方	贷方		
取得子公司及其他营业单位支付的现金净额	10 000	—	—	10 000				
支付其他与投资活动有关的现金	—	—	—	0				
投资活动现金流出小计	70 000	15 000	7 000	92 000				
投资活动产生的现金流量净额	−66 220	−14 800	−7 000	−88 020				
三、筹资活动产生的现金流量								
吸收投资收到的现金	—	—	10 000	10 000				
其中：子公司吸收少数股东投资收到的现金	—	—	—	0				
取得借款收到的现金	72 000	13 000	3 000	88 000				
收到其他与筹资活动有关的现金	—	—	—	0				
筹资活动现金流入小计	72 000	13 000	13 000	98 000				
偿还债务支付的现金	45 000	2 000	3 000	50 000				
分配股利、利润或偿付利息支付的现金	11 000	1 700	1 100	13 800				
其中：子公司支付给少数股东的股利、利润	—	—	20	20				

续表

项　　目	风妈集团本部	风一公司	风二公司	合计数	调整抵消分录		少数股东权益	合并数
					借方	贷方		
支付其他与筹资活动有关的现金	—	—	—	0				
筹资活动现金流出小计	56 000	3 700	4 120	63 820				
筹资活动产生的现金流量净额	16 000	9 300	8 880	34 180				
四、汇率变动对现金及现金等价物的影响								
五、现金及现金等价物净增加额	1 780	900	4 880	7 560				
加：期初现金及现金等价物余额	23 220	3 100	3 20	29 440				
六、期末现金及现金等价物余额	25 000	4 000	8 000	37 000				

9.2　调整抵销事项

汪姐：个别工作底稿数据过入合并工作底稿后，下一步要干吗了？

可可：自然是编制合并财务报表最重要最难的部分——编制调整抵销分录。

汪姐：没错，那我们就来看看调整抵销分录如何编。

9.2.1　母公司长期股权投资与子公司所有者权益合并抵销

汪姐：由各子公司分别填写“风妈集团长期股权投资明细表”中该公司所有者权益情况，然后由风妈集团本部汇总完成“风妈集团长期股权投资明细表”，见表 9-2。

表 9-2　风妈集团长期股权投资明细表

编制单位：风妈集团　　　　20×2 年度　　　　单位：万元

被投资方	投资日期	是否纳入合并	初始投资成本	商誉	持股比例	子公司所有者权益										母公司当年收到股利	当年少数股东收到股利
						期初数					当年变动金额						
						实收资本	资本公积	盈余公积	未分配利润	其他	净利润	盈余公积	分配股利	未分配利润	其他所有者权益变动		
风一公司	20×0—1—1	是	46 000	—	100%	30 000	5 000	6 000	9 000	—	2 000	400	600	1 000	—	600	—
风二公司	20×2—3—1	是	39 000	3 000	90%	27 000	6 000	3 000	4 000	—	1 500	300	200	1 000	—	180	20

根据风妈集团长期股权投资明细表，我们就可以编制调整抵销分录了。为了全面反映合并财务报表的全过程，我们用权益法进行合并抵销。

（1）风妈集团与风一公司的合并处理。

①假设风一公司成为风妈集团子公司至 20×1 年底之间实现净利润 4 000万元，无其他所有者权益变化。按权益法调整以前年度长期股权投资。

借：长期股权投资　　　　40 000 000

　　贷：年初未分配利润　　　　40 000 000

②按权益法调整当年长期股权投资和投资收益。

借：长期股权投资　　　　20 000 000

　　贷：投资收益　　　　20 000 000

借：投资收益　　　　6 000 000

　　贷：长期股权投资　　　　6 000 000

③编制风妈集团长期股权投资与风一公司所有者权益抵销分录。

借：股本　　　　300 000 000

　　资本公积　　　　50 000 000

　　盈余公积　　（60 000 000＋4 000 000）64 000 000

未分配利润　　　（90 000 000＋10 000 000）100 000 000

贷：长期股权投资

（460 000 000＋40 000 000＋20 000 000－6 000 000）514 000 000

④编制风妈集团本部投资收益与风一公司利润分配抵销分录。

借：投资收益　　　　　　　　　　　　　　　　20 000 000

年初未分配利润　　　　　　　　　　　　　　90 000 000

贷：提取盈余公积　　　　　　　　　　　　　　4 000 000

向股东分配利润　　　　　　　　　　　　　　6 000 000

年末未分配利润　　　　　　　　　　　　　　100 000 000

可可：我有点不理解，调整风妈集团对风一公司以前年度长期股权投资时，增加了年初未分配利润 4 000 万元。这 4 000 万元却没有体现在抵销分录中。这是为什么呢？

汪姐：这 4 000 万元相当于风妈集团以前年度按权益法核算的投资收益。在抵销风妈集团投资收益与风一公司利润分配时，已经在年初未分配利润科目抵销了。

可可：我还是不太明白。

汪姐：我们列表分析一下，见表 9-3。

表 9-3　风妈集团和风一公司上年投资收益抵销表　　　单位：万元

项目	风妈集团本部	风一公司		抵消金额	合并财务报表
		合计	归属于母公司		
年初未分配利润	4 000	9 000	4 000	9 000	4 000

按权益法调整上年未分配利润后，风妈集团本部的年初未分配利润（上年投资收益）增加了 4 000 万元。风一公司的年初未分配利润 9 000 万元中也包含了归属于风妈集团的 4 000 万元年初未分配利润。编制母公司投资收益与子公司利润分配抵销分录后，抵销年初未分配利润 9 000 万元，因此风妈集团上年投资收益对合并财务报表中的年初未分配利润的影响是 4 000 万元。

可可：正好是整个风妈集团年初未分配利润的增加额，明白啦！

汪姐：那我们再看看风妈集团长期股权投资和风二公司所有者权益的抵

销。假设风二公司在购买日的净资产账面价值与公允价值相同。这回你来试试。

可可：好嘞。

(2) 风妈集团与风二公司的合并处理。

可可：风二公司是当年投资的子公司，因此不需要考虑往年的情况。风二公司购买日的净资产账面价值和公允价值一致，因此也不需要调整净资产。

①按权益法调整当年长期股权投资和投资收益。

借：长期股权投资　　(15 000 000×90%) 13 500 000

　　贷：投资收益　　13 500 000

借：投资收益　　(2 000 000×90%) 1 800 000

　　贷：长期股权投资　　1 800 000

②编制风妈集团长期股权投资与风二公司所有者权益抵销分录。

借：股本　　270 000 000

　　资本公积　　60 000 000

　　盈余公积　　(30 000 000+3 000 000) 33 000 000

　　未分配利润

[(40 000 000+15 000 000−2 000 000−3 000 000)] 50 000 000

　　商誉　　30 000 000

　　贷：长期股权投资

　　　　(390 000 000+13 500 000−1 800 000) 401 700 000

　　　　少数股东权益

　　[(400 000 000+15 000 000−2 000 000) ×10%] 41 300 000

③编制风妈集团本部投资收益与风二公司利润分配抵销分录。

借：投资收益　　13 500 000

　　少数股东损益　　1 500 000

　　年初未分配利润　　40 000 000

　　贷：提取盈余公积　　3 000 000

　　　　向股东分配利润　　2 000 000

　　　　年末未分配利润　　50 000 000

汪姐：很好，完全正确。接下来我们把抵销分录填入“风妈集团抵销分录列表”中，见表 9-4。

表 9-4　风妈集团合并财务报表调整抵销分录列表（局部）

编制单位：风妈集团　　　　　　　　20×2 年度　　　　　　　　单位：万元

序号	摘要	报表项目	借方金额	贷方金额	关联公司
1	风妈集团长期股权投资与风一公司所有者权益抵销	长期股权投资	4 000	—	风妈集团与风一公司
2		年初未分配利润	—	4 000	风妈集团与风一公司
3		长期股权投资	2 000	—	风妈集团与风一公司
4		投资收益	—	2 000	风妈集团与风一公司
5		投资收益	600	—	风妈集团与风一公司
6		长期股权投资	—	600	风妈集团与风一公司
7		股本	30 000	—	风妈集团与风一公司
8		资本公积	5 000	—	风妈集团与风一公司
9		盈余公积	6 400	—	风妈集团与风一公司
10		未分配利润	10 000	—	风妈集团与风一公司
11		长期股权投资	—	51 400	风妈集团与风一公司
12		投资收益	2 000	—	风妈集团与风一公司
13		年初未分配利润	9 000	—	风妈集团与风一公司
14		提取盈余公积	—	400	风妈集团与风一公司
15		向股东分配利润	—	600	风妈集团与风一公司
16		年末未分配利润	—	10 000	风妈集团与风一公司
17	风妈集团长期股权投资与风二公司所有者权益抵销	长期股权投资	1 350	—	风妈集团与风二公司
18		投资收益	—	1 350	风妈集团与风二公司
19		投资收益	180	—	风妈集团与风二公司
20		长期股权投资	—	180	风妈集团与风二公司
21		股本	27 000	—	风妈集团与风二公司
22		资本公积	6 000	—	风妈集团与风二公司
23		盈余公积	3 300	—	风妈集团与风二公司
24		未分配利润	5 000	—	风妈集团与风二公司
25		商誉	3 000	—	风妈集团与风二公司
26		长期股权投资	—	40 170	风妈集团与风二公司

续表

序号	摘要	报表项目	借方金额	贷方金额	关联公司
27	风妈集团长期股权投资与风二公司所有者权益抵销	少数股东权益	—	4 130	风妈集团与风二公司
28		投资收益	1 350	—	风妈集团与风二公司
29		少数股东损益	150	—	风妈集团与风二公司
30		年初未分配利润	4 000	—	风妈集团与风二公司
31		提取盈余公积	—	300	风妈集团与风二公司
32		向股东分配利润	—	200	风妈集团与风二公司
33		年末未分配利润	—	5 000	风妈集团与风二公司
合计			1203 30	120 330	

汪姐：将母公司长期股权投资和子公司所有者权益填入抵销分录列表填好之后，我们先不做处理，等到内部债权债务、内部商品交易等其他抵销分录全部填完后再进行排序、分类汇总等工作。

可可：明白。

9.2.2　母公司与子公司内部债权债务合并抵销

汪姐：风妈集团应定期核对内部债权债务。一般是每月核对，确保母公司和子公司个别财务报表中的债权债务核对相符。

编制合并财务报表时，将母公司和子公司提交的内部债权债务调整抵销补充资料表进行汇总，形成风妈集团内部债权债务调整抵销补充资料表，见表 9-5。

表 9-5　风妈集团内部债权债务调整抵销补充资料表

编制单位：风妈集团　　　　20×2 年度　　　　单位：万元

提交单位	单位名称	应收票据	应收账款	其他应收款	应付票据	应付账款	其他应付款	合计	是否核对相符	差额	坏账准备		
								应收+/应付−			上年累计	本年新增	年末余额
风妈集团提交	风妈集团	—	1 500	—	—	—	—	1 500	是	—	20	10	30
	风一公司	—	—	—	—	1 000	—	−1 000	是	—	—	—	—
	风二公司	—	—	—	—	500	—	−500	是	—	—	—	—

续表

提交单位	单位名称	应收票据	应收账款	其他应收款	应付票据	应付账款	其他应付款	合计	是否核对相符	差额	坏账准备		
								应收+/应付−			上年累计	本年新增	年末余额
风一公司提交	风妈集团	—	1 000	—	—	—	—	1 000	是				
	风一公司	—	—	—	800	1 000	—	−200	是				
	风二公司	—	—	—	—	—	800	−800	是				
风二公司提交	风妈集团	—	500	—	—	—	—	500	是				
	风一公司	—	—	—	800	—	—	800	是				
	风二公司	—	—	—	—	500	800	−1 300	是				

将表 9-5 重新排序并按单位名称分类汇总，见表 9-6。

表 9-6　风妈集团内部债权债务调整抵销补充资料表分类汇总

编制单位：风妈集团　　　　20×2 年度　　　　单位：万元

单位名称	应收票据	应收账款	其他应收款	应付票据	应付账款	其他应付款	合计	是否核对相符	差额	坏账准备		
							应收+/应付−			上年累计	本年新增	年末余额
风二公司	—	—	—	—	500	—	−500	是	—	—	—	—
风二公司	—	—	—	—	—	800	−800	是	—	—	—	—
风二公司	—	—	—	—	500	800	−1 300	是	—	—	—	—
风二公司	0	0	0	0	1000	1 600	—	—	—	0	0	0

续表

单位名称	应收票据	应收账款	其他应收款	应付票据	应付账款	其他应付款	合计	是否核对相符	差额	坏账准备		
							应收+/应付−			上年累计	本年新增	年末余额
风妈集团	—	1 500	—	—	—	—	1 500	是	—	20	10	30
风妈集团	—	1 000	—	—	—	—	1 000	是	—	—	—	—
风妈集团	—	500	—	—	—	—	500	是	—	—	—	—
风妈集团	0	3 000	0	0	0	0	—	—	—	20	10	30
风一公司	—	—	—	—	1 000	—	−1 000	是	—	—	—	—
风一公司	—	—	800	—	1 000	—	−200	是	—	—	—	—
风一公司	—	—	800	—	—	—	800	是	—	—	—	—
风一公司	0	0	1 600	0	2 000	0	—	—	—	0	0	0
总计	0	3 000	1 600	0	3 000	1 600	—	—	—	20	10	30

筛选出汇总数额，分类汇总结果见表 9-7。

表 9-7 风妈集团内部债权债务调整抵销补充资料表分类汇总结果（过程）

编制单位：风妈集团　　20×2 年度　　单位：万元

单位名称	应收票据	应收账款	其他应收款	应付票据	应付账款	其他应付款	合计	是否核对相符	差额	坏账准备		
							应收+/应付−			上年累计	本年新增	年末余额
风二公司	0	0	0	0	1 000	1 600	—	—	—	0	0	0

续表

单位名称	应收票据	应收账款	其他应收款	应付票据	应付账款	其他应付款	合计	是否核对相符	差额	坏账准备		
							应收+/应付−			上年累计	本年新增	年末余额
风妈集团	0	3 000	0	0	0	0	—	—	—	20	10	30
风一公司	0	0	1 600	0	2 000	0	—	—	—	0	0	0

可可：这个结果好像不对呀。风妈集团的应收账款不是 1 500 万元吗？怎么变成 3 000 万元了呢？

汪姐：你说得特别对，因为这张表是债权债务双方都需要填列，所以在双方对账后核对相符的情况下，得到的结果是实际金额的两倍。因此，我们需要把汇总金额除以 2。注意坏账准备不用除以 2，因为这部分不存在重复的问题。最终结果见表 9-8。

表 9-8　内部债权债务整抵销补充资料表分类汇总结果（过程）

编制单位：风妈集团　　　　20×2 年度　　　　单位：万元

单位名称	应收票据	应收账款	其他应收款	应付票据	应付账款	其他应付款	合计	是否核对相符	差额	坏账准备		
							应收+/应付−			上年累计	本年新增	年末余额
风二公司	0	0	0	0	500	800	—	—	—	0	0	0
风妈集团	0	1 500	0	0	0	0	—	—	—	20	10	30
风一公司	0	0	800	0	1 000	0	—	—	—	0	0	0
合计	0	1 500	800	0	1 500	800	0	—	—	20	10	30

汪姐：你来试一下，编制债权债务的合并抵销分录吧。

可可：好的。

（1）编制债权债务抵销分录。

借：应付账款　　　　15 000 000

其他应付款　　　　　　　　　　　　　　　　8 000 000

贷：应收账款　　　　　　　　　　　　　　　　15 000 000

其他应收款　　　　　　　　　　　　　　8 000 000

（2）编制坏账准备抵销分录。

①抵销上年内部坏账准备余额对年初未分配利润的影响。

借：应收账款　　　　　　　　　　　　　　　　200 000

贷：年初未分配利润　　　　　　　　　　　　　200 000

②按本年内部坏账准备余额与上年坏账准备余额的差额抵销增加的坏账准备。

借：应收账款　　　　　　　　　　　　　　　　100 000

贷：信用减值损失　　　　　　　　　　　　　　100 000

③按上年内部递延所得税资产余额抵销递延所得税资产和年初未分配利润（假设风妈集团所有公司的企业所得税税率均为25%）。

借：年初未分配利润　　　　　（200 000×25%）50 000

贷：递延所得税资产　　　　　　　　　　　　　50 000

④按本年内部递延所得税资产余额与上年的差额抵销补记的递延所得税资产。

借：所得税费用　　　　　　　（100 000×25%）25 000

贷：递延所得税资产　　　　　　　　　　　　　25 000

汪姐：很好，咱们把这些抵销分录也加入抵销分录列表中去，见表9-9。

表9-9　风妈集团合并财务报表调整抵销分录列表（局部）

编制单位：风妈集团　　　　20×2年度　　　　单位：万元

序号	摘要	报表项目	借方金额	贷方金额	关联公司
1	风妈集团长期股权投资与风一公司所有者权益抵销	长期股权投资	4 000	—	风妈集团与风一公司
2		年初未分配利润	—	4 000	风妈集团与风一公司
3		长期股权投资	2 000	—	风妈集团与风一公司
4		投资收益	—	2 000	风妈集团与风一公司
5		投资收益	600	—	风妈集团与风一公司
6		长期股权投资	—	600	风妈集团与风一公司
7		股本	30 000	—	风妈集团与风一公司

续表

序号	摘要	报表项目	借方金额	贷方金额	关联公司
8	风妈集团长期股权投资与风一公司所有者权益抵销	资本公积	5 000	—	风妈集团与风一公司
9		盈余公积	6 400	—	风妈集团与风一公司
10		未分配利润	10 000	—	风妈集团与风一公司
11		长期股权投资	—	51 400	风妈集团与风一公司
12		投资收益	2 000	—	风妈集团与风一公司
13		年初未分配利润	9 000	—	风妈集团与风一公司
14		提取盈余公积	—	400	风妈集团与风一公司
15		向股东分配利润	—	600	风妈集团与风一公司
16		年末未分配利润	—	10 000	风妈集团与风一公司
17	风妈集团长期股权投资与风二公司所有者权益抵销	长期股权投资	1 350	—	风妈集团与风二公司
18		投资收益	—	1 350	风妈集团与风二公司
19		投资收益	180	—	风妈集团与风二公司
20		长期股权投资	—	180	风妈集团与风二公司
21		股本	27 000	—	风妈集团与风二公司
22		资本公积	6 000	—	风妈集团与风二公司
23		盈余公积	3 300	—	风妈集团与风二公司
24		未分配利润	5 000	—	风妈集团与风二公司
25		商誉	3 000	—	风妈集团与风二公司
26		长期股权投资	—	40 170	风妈集团与风二公司
27		少数股东权益	—	4 130	风妈集团与风二公司
28		投资收益	1 350	—	风妈集团与风二公司
29		少数股东损益	150	—	风妈集团与风二公司
30		年初未分配利润	4 000	—	风妈集团与风二公司
31		提取盈余公积	—	300	风妈集团与风二公司
32		向股东分配利润	—	200	风妈集团与风二公司
33		年末未分配利润	—	5 000	风妈集团与风二公司

续表

序号	摘要	报表项目	借方金额	贷方金额	关联公司
34	风妈集团债权债务抵销	应付账款	1 500	—	
35		其他应付款	800	—	
36		应收账款	—	1 500	
37		其他应收款	—	800	
38		应收账款	20	—	
39		年初未分配利润	—	20	
40		应收账款	10	—	
41		信用减值损失	—	10	
42		年初未分配利润	5	—	
43		递延所得税资产	—	5	
44		所得税费用	2.5	—	
45		递延所得税资产	—	2.5	
合计	—	—	122 667.5	122 667.5	

9.2.3 母公司与子公司内部商品交易的合并抵销

汪姐：接下来我们进行内部商品交易的合并抵销。我们要利用集团内部各个单位提供的辅助材料——内部商品交易合并补充资料表，见表 9-10。

表 9-10 风妈集团内部商品交易合并抵销补充资料表

编制单位：风妈集团　　20×2 年度　　单位：万元

提交单位	购销双方填写							购买方（按内部购买成本）填写							购销双方填写是否核对相符
								存货对外销售情况				存货减值情况			
	年月	存货名称	销售单位	销售方收入（不含税）	销售方成本	购买单位	购买方成本（不含税）	期初存货余额	本期新增存货	本期对外销售金额	本期期末存货余额	上期减值准备余额	本期增减	期末减值准备余额	
风妈集团	20×2 年	a 存货	风妈集团	500	400	风一公司	500	—	—	—	—	—	—	—	是

续表

提交单位	购销双方填写							购买方（按内部购买成本）填写							购销双方填写是否核对相符
	年月	存货名称	销售单位	销售方收入（不含税）	销售方成本	购买单位	购买方成本（不含税）	存货对外销售情况				存货减值情况			
								期初存货余额	本期新增存货	本期对外销售金额	本期期末存货余额	上期减值准备余额	本期增减	期末减值准备余额	
风妈集团	20×2年	b存货	风妈集团	400	340	风二公司	400	—	—	—	—	—	—	—	是
风一公司	20×2年	a存货	风妈集团	500	400	风一公司	500	100	500	200	400	—	—	—	是
风二公司	20×2年	b存货	风妈集团	400	340	风二公司	400	400	—	300	100	—	10	10	是

注：若购买方无法填写“销售方成本”列，则由母公司编制合并财务报表时统一填写。

汪姐：你再试试，按照表9-10编制合并抵销分录吧？

可可：好嘞！

(1) 风一公司购买风妈集团的a存货上年有100万元的余额，今年又购买了500万元，对外销售200万元，余额为400万元。a存货的内部销售毛利率＝（500－400）÷500×100%＝20%（假设a存货的本期内部销售毛利率与上期一致）。合并抵销分录如下：

①调整上年未实现对外销售的存货对年初未分配利润的影响。

借：年初未分配利润　　　　（1 000 000×20%）200 000

　　贷：营业成本　　　　　　　　　　　　　　200 000

②抵销内部营业收入和营业成本。

借：营业收入　　　　　　　　　　　　5 000 000

　　贷：营业成本　　　　　　　　　　　　　5 000 000

③抵销未实现对外销售的存货中包含的内部毛利。

借：营业成本　　　　　　　（4 000 000×20%）800 000

贷：存货　　800 000

④确认递延所得税资产。

借：递延所得税资产　　（800 000×25%）200 000

贷：所得税费用　　200 000

（2）风二公司购买风妈集团的 b 存货是当年购买了 400 万元，对外销售 300 万元，余额为 100 万元。b 存货的内部销售毛利率＝（400－340）÷400×100%＝15%。

b 存货计提存货跌价准备 10 万元，风二公司个别财务报表中的存货余额为 90（100－10）万元。风妈集团合并财务报表中 b 存货成本＝100×（1－15%）＝85（万元）。风二公司个别财务报表中的存货余额 90 万元大于整个风妈集团的存货成本 85 万元。因此对整个集团而言 b 存货不存在减值，合并财务报表应全额抵销存货跌价准备。

合并抵销分录如下：

①抵销内部营业收入和营业成本。

借：营业收入　　4 000 000

贷：营业成本　　4 000 000

②抵销未实现对外销售的存货中包含的内部毛利。

借：营业成本　　（1 000 000×15%）150 000

贷：存货　　150 000

③抵销风二公司计提的存货跌价准备。

借：存货　　100 000

贷：资产减值损失　　100 000

④确认递延所得税资产：

上述抵销分录导致存货项目的账面价值减少了 5（15－10）万元，因此需要确认递延所得税资产为：5×25%＝1.25（万元）

借：递延所得税资产　　12 500

贷：所得税费用　　12 500

汪姐：很棒哦！想得很全面。那我们接着把这些抵销分录加进抵销分录列表中去，见表 9-11。

表 9-11　风妈集团合并财务报表调整抵销分录列表（局部）

编制单位：风妈集团　　　　　　　　20×2 年度　　　　　　　　单位：万元

序号	摘要	报表项目	借方金额	贷方金额	关联公司
1	风妈集团长期股权投资与风一公司所有者权益抵销	长期股权投资	4 000	—	风妈集团与风一公司
2		年初未分配利润	—	4 000	风妈集团与风一公司
3		长期股权投资	2 000	—	风妈集团与风一公司
4		投资收益	—	2 000	风妈集团与风一公司
5		投资收益	600	—	风妈集团与风一公司
6		长期股权投资	—	600	风妈集团与风一公司
7		股本	30 000	—	风妈集团与风一公司
8		资本公积	5 000	—	风妈集团与风一公司
9		盈余公积	6 400	—	风妈集团与风一公司
10		未分配利润	10 000	—	风妈集团与风一公司
11		长期股权投资	—	51 400	风妈集团与风一公司
12		投资收益	2 000	—	风妈集团与风一公司
13		年初未分配利润	9 000	—	风妈集团与风一公司
14		提取盈余公积	—	400	风妈集团与风一公司
15		向股东分配利润	—	600	风妈集团与风一公司
16		年末未分配利润	—	10 000	风妈集团与风一公司
17	风妈集团长期股权投资与风二公司所有者权益抵销	长期股权投资	1 350	—	风妈集团与风二公司
18		投资收益	—	1 350	风妈集团与风二公司
19		投资收益	180	—	风妈集团与风二公司
20		长期股权投资	—	180	风妈集团与风二公司
21		股本	27 000	—	风妈集团与风二公司
22		资本公积	6 000	—	风妈集团与风二公司
23		盈余公积	3 300	—	风妈集团与风二公司
24		未分配利润	5 000	—	风妈集团与风二公司

续表

序号	摘要	报表项目	借方金额	贷方金额	关联公司
25	风妈集团长期股权投资与风二公司所有者权益抵销	商誉	3 000	—	风妈集团与风二公司
26		长期股权投资	—	40 170	风妈集团与风二公司
27		少数股东权益	—	4 130	风妈集团与风二公司
28		投资收益	1 350	—	风妈集团与风二公司
29		少数股东损益	150	—	风妈集团与风二公司
30		年初未分配利润	4 000	—	风妈集团与风二公司
31		提取盈余公积	—	300	风妈集团与风二公司
32		向股东分配利润	—	200	风妈集团与风二公司
33		年末未分配利润	—	5 000	风妈集团与风二公司
34	风妈集团债权债务抵销	应付账款	1 500	—	—
35		其他应付款	800	—	—
36		应收账款	—	1 500	—
37		其他应收款	—	800	—
38		应收账款	20	—	—
39		年初未分配利润	—	20	—
40		应收账款	10	—	—
41		信用减值损失	—	10	—
42		年初未分配利润	5	—	—
43		递延所得税资产	—	5	—
44		所得税费用	2.5	—	—
45		递延所得税资产	—	2.5	—
46	风妈集团与风一公司内部商品交易抵销分录	年初未分配利润	20	—	风妈集团与风一公司
47		营业成本	—	20	风妈集团与风一公司
48		营业收入	500	—	风妈集团与风一公司
49		营业成本	—	500	风妈集团与风一公司
50		营业成本	80	—	风妈集团与风一公司

续表

序号	摘要	报表项目	借方金额	贷方金额	关联公司
51	风妈集团与风一公司内部商品交易抵销分录	存货	—	80	风妈集团与风一公司
52		递延所得税资产	20	—	风妈集团与风一公司
53		所得税费用	—	20	风妈集团与风一公司
54	风妈集团与风二公司内部商品交易抵销分录	营业收入	400	—	风妈集团与风二公司
55		营业成本	—	400	风妈集团与风二公司
56		营业成本	15	—	风妈集团与风二公司
57		存货	—	15	风妈集团与风二公司
58		存货	10	—	风妈集团与风二公司
59		资产减值损失	—	10	风妈集团与风二公司
60		递延所得税资产	1.25	—	风妈集团与风二公司
61		所得税费用	—	1.25	风妈集团与风二公司
合计			123 713.75	123 713.75	

9.2.4　母公司与子公司长期资产交易的合并抵销

汪姐：接下来我们进行内部长期资产交易的合并抵销。仍然利用集团内部各个单位提供的辅助材料——集团内部长期资产合并抵销补充资料表，见表9-12。

表9-12　风妈集团内部长期资产交易合并抵销补充资料表

编制单位：风妈集团　　　　20×2年度　　　　单位：万元

提交单位	购销双方填写								购买方填写							
									资产折旧（摊销）情况				资产减值情况			
	购销时间	固定资产名称	销售单位	销售方售价（不含税）	销售方成本	销售收益科目	购买单位	购买方购买成本（不含税）	折旧年限	期初累计折旧	当期折旧	期末累计折旧	折旧科目	上期减值准备余额	本期增减	期末减值准备余额
风妈集团	20×1年6月	a固定资产	风妈集团	1 000	800	资产处置收益	风一公司	1 000								

续表

提交单位	购销双方填写								购买方填写							
									资产折旧（摊销）情况				资产减值情况			
	购销时间	固定资产名称	销售单位	销售方售价（不含税）	销售方成本	销售收益科目	购买单位	购买方购买成本（不含税）	折旧年限	期初累计折旧	当期折旧	期末累计折旧	折旧科目	上期减值准备余额	本期增减	期末减值准备余额
风妈集团	20×2年9月	b固定资产	风妈集团	2 000	1 900	营业收入	风二公司	2 000	—	—	—	—	—	—	—	—
风一公司	20×1年6月	a固定资产	风妈集团	1 000	800	资产处置收益	风一公司	1000	10	50	100	150	管理费用	—	—	—
风二公司	20×2年9月	b固定资产	风妈集团	2 000	1 900	营业收入	风二公司	2 000	10	—	50	50	管理费用	—	80	80

注：若购买方无法填写“销售方成本”和“销售收益科目”列，则由母公司编制合并财务报表时统一填写。

可可：合并抵销的补充材料好重要啊！一张表包含的信息就能帮助我们编制一类事项的抵销处理了。

汪姐：是呢，所以在子公司较多的情况下，一定要充分利用好这些补充材料，不然咱们合并财务报表的工作量就太大了！

可可：确实如此。

汪姐：现在你来试试，按照表9-12编制合并抵销分录吧？

可可：好的。

（1）风一公司是上期购买风妈集团的a固定资产，购买价格1 000万元，年初累计折旧50万元，当期折旧100万元。合并抵销分录如下。

①抵销风一公司固定资产原价中包含的未实现内部交易损益对年初未分配利润的影响。

借：年初未分配利润　　（10 000 000－8 000 000）2 000 000

　　贷：固定资产　　2 000 000

②抵销风一公司前期累计折旧中包含的未实现内部交易损益金额。

借：固定资产　　（2 000 000÷10÷12×6）100 000

贷：年初未分配利润　100 000

③确认前期未实现内部交易损益对递延所得税的影响。

借：递延所得税资产　[（2 000 000－100 000）×25%] 475 000

贷：年初未分配利润　475 000

④抵销风一公司当期计提折旧中包含的未实现内部交易损益金额。

借：固定资产　（2 000 000÷100 000）200 000

贷：管理费用　200 000

⑤确认当期折旧中包含的未实现内部交易损益转回的递延所得税资产。

借：所得税费用　（200 000×25%）50 000

贷：递延所得税资产　50 000

（2）风二公司是当期购买风妈集团的 b 固定资产，购买价格 2 000 万元，当期折旧 50 万元，期末资产减值准备为 80 万元。合并抵销分录如下。

①抵销风妈集团销售收入和风二公司固定资产原价中包含的未实现内部交易损益。

借：营业收入　20 000 000

贷：营业成本　19 000 000

固定资产　1 000 000

②抵销风二公司固定资产折旧中包含的损益金额。

借：固定资产　（1 000 000÷10÷12×3）25 000

贷：管理费用　25 000

③抵销风二公司计提的资产减值准备。

借：固定资产　80 000

贷：资产减值损失　80 000

④确认递延所得税资产。

借：递延所得税资产

[（1 000 000－25 000－800 000）×25%] 43 750

贷：所得税费用　43 750

汪姐：真棒！看来我们学过的抵销分录你基本都掌握了呢。那我们接着把这些抵销分录加进抵销分录列表中去，见表 9-13。

表 9-13　风妈集团合并财务报表调整抵销分录列表

编制单位：风妈集团　　　　20×2 年度　　　　单位：万元

序号	摘要	报表项目	借方金额	贷方金额	关联公司
1	风妈集团长期股权投资与风一公司所有者权益抵销	长期股权投资	4 000	—	风妈集团与风一公司
2		年初未分配利润	—	4 000	风妈集团与风一公司
3		长期股权投资	2 000	—	风妈集团与风一公司
4		投资收益	—	2 000	风妈集团与风一公司
5		投资收益	600	—	风妈集团与风一公司
6		长期股权投资	—	600	风妈集团与风一公司
7		股本	30 000	—	风妈集团与风一公司
8		资本公积	5 000	—	风妈集团与风一公司
9		盈余公积	6 400	—	风妈集团与风一公司
10		未分配利润	10 000	—	风妈集团与风一公司
11		长期股权投资	—	51 400	风妈集团与风一公司
12		投资收益	2 000	—	风妈集团与风一公司
13		年初未分配利润	9 000	—	风妈集团与风一公司
14		提取盈余公积	—	400	风妈集团与风一公司
15		向股东分配利润	—	600	风妈集团与风一公司
16		年末未分配利润	—	10 000	风妈集团与风一公司
17	风妈集团长期股权投资与风二公司所有者权益抵销	长期股权投资	1 350	—	风妈集团与风二公司
18		投资收益	—	1 350	风妈集团与风二公司
19		投资收益	180	—	风妈集团与风二公司
20		长期股权投资	—	180	风妈集团与风二公司
21		股本	27 000	—	风妈集团与风二公司
22		资本公积	6 000	—	风妈集团与风二公司
23		盈余公积	3 300	—	风妈集团与风二公司
24		未分配利润	5 000	—	风妈集团与风二公司
25		商誉	3 000	—	风妈集团与风二公司
26		长期股权投资	—	40 170	风妈集团与风二公司
27		少数股东权益	—	4 130	风妈集团与风二公司

续表

序号	摘要	报表项目	借方金额	贷方金额	关联公司
28	风妈集团长期股权投资与风二公司所有者权益抵销	投资收益	1 350	—	风妈集团与风二公司
29		少数股东损益	150	—	风妈集团与风二公司
30		年初未分配利润	4 000	—	风妈集团与风二公司
31		提取盈余公积	—	300	风妈集团与风二公司
32		向股东分配利润	—	200	风妈集团与风二公司
33		年末未分配利润	—	5 000	风妈集团与风二公司
34	风妈集团债权债务抵销	应付账款	1 500	—	—
35		其他应付款	800	—	—
36		应收账款	—	1 500	—
37		其他应收款	—	800	—
38		应收账款	20	—	—
39		年初未分配利润	—	20	—
40		应收账款	10	—	—
41		信用减值损失	—	10	—
42		年初未分配利润	5	—	—
43		递延所得税资产	—	5	—
44		所得税费用	2.5	—	—
45		递延所得税资产	—	2.5	—
46	风妈集团与风一公司内部商品交易抵销分录	年初未分配利润	20	—	风妈集团与风一公司
47		营业成本	—	20	风妈集团与风一公司
48		营业收入	500	—	风妈集团与风一公司
49		营业成本	—	500	风妈集团与风一公司
50		营业成本	80	—	风妈集团与风一公司
51		存货	—	80	风妈集团与风一公司
52		递延所得税资产	20	—	风妈集团与风一公司
53		所得税费用	—	20	风妈集团与风一公司
54	风妈集团与风二公司内部商品交易抵销分录	营业收入	400	—	风妈集团与风二公司
55		营业成本	—	400	风妈集团与风二公司
56		营业成本	15	—	风妈集团与风二公司

续表

序号	摘要	报表项目	借方金额	贷方金额	关联公司
57	风妈集团与风二公司内部商品交易抵销分录	存货	—	15	风妈集团与风二公司
58		存货	10	—	风妈集团与风二公司
59		资产减值损失	—	10	风妈集团与风二公司
60		递延所得税资产	1.25	—	风妈集团与风二公司
61		所得税费用	—	1.25	风妈集团与风二公司
62	风妈集团与风一公司内部固定资产交易抵销分录	年初未分配利润	200	—	—
63		固定资产	—	200	—
64		固定资产	10	—	—
65		年初未分配利润	—	10	—
66		递延所得税资产	47.5	—	—
67		年初未分配利润	—	47.5	—
68		固定资产	20	—	—
69		管理费用	—	20	—
70		所得税费用	5	—	—
71		递延所得税资产	—	5	—
72		营业收入	2 000	—	—
73		营业成本	—	1 900	—
74		固定资产	—	100	—
75		固定资产	2.5	—	—
76		管理费用	—	2.5	—
77		固定资产	80	—	—
78		资产减值损失	—	80	—
79		递延所得税资产	4.375	—	
80		所得税费用	—	4.375	—
合计			126 083.125	126 083.125	—

9.2.5 合并现金流量表项目的合并抵销

汪姐：接下来我们进行合并现金流量表的合并抵销。我们利用集团内部各个单位提供的辅助材料——集团内部现金流量合并抵销补充资料表，见表 9-14。

表 9-14　风妈集团内部长期资产交易合并抵销补充资料表

编制单位：风妈集团　　　　20╳2 年度　　　　单位：万元

项　目	提交单位											
	风妈集团本部提交			风一公司提交			风二公司提交			合计A	实际抵销额B=A/2	是否核对相符
	风妈集团	风一公司	风二公司	风妈集团	风一公司	风二公司	风妈集团	风一公司	风二公司			
一、经营活动产生的现金流量												
销售商品、提供劳务收到的现金	2 577	—	—	365	—	—	2 212	—	—	5 154	2 577	是
收到其他与经营活动有关的现金	—	—	—	—	—	800	—	—	800	1 600	800	是
购买商品、接受劳务支付的现金	—	365	2212	—	365	—	—	—	2 212	5 154	2 577	是
支付其他与经营活动有关的现金	—	—	—	—	800	—	—	—	800	1 600	800	是
二、投资活动产生的现金流量										0		
收回投资收到的现金	—	—	—	—	—	—	—	—	—	0	—	—
取得投资收益收到的现金	780	—	—	600	—	—	180	—	—	1 560	780	是
处置固定资产、无形资产和其他长期资产收回的现金净额	—	—	—	—	—	—	—	—	—	0	—	—
处置子公司及其他营业单位收到的现金净额	—	—	—	—	—	—	—	—	—	0	—	—
收到其他与投资活动有关的现金	—	—	—	—	—	—	—	—	—	0	—	—

续表

项　目	提交单位											
	风妈集团本部提交			风一公司提交			风二公司提交			合计A	实际抵销额B=A/2	是否核对相符
	风妈集团	风一公司	风二公司	风妈集团	风一公司	风二公司	风妈集团	风一公司	风二公司			
购建固定资产、无形资产和其他长期资产支付的现金	—	—	—	—	—	—	—	—	—	0		
投资支付的现金	—	—	—	—	—	—	—	—	—	0		
取得子公司及其他营业单位支付的现金净额	10 000	—	—	—	—	—	10 000	—	—	20 000	10 000	是
三、筹资活动产生的现金流量										0		是
吸收投资收到的现金	—	—	10 000	—	—	—	—	—	10 000	20 000	10 000	是
取得借款收到的现金	—	—	—	—	—	—	—	—	—	0	—	—
收到其他与筹资活动有关的现金	—	—	—	—	—	—	—	—	—	0	—	—
偿还债务支付的现金	—	—	—	—	—	—	—	—	—	0	—	—
分配股利、利润或偿付利息支付的现金	—	600	180	—	600	—	—	—	180	1 560	780	是
支付其他与筹资活动有关的现金	—	—	—	—	—	—	—	—	—	—	—	—
现金流量合计	−6 643	−965	7 608	965	−1 765	800	−7 608	−800	8 408	0	0	是

注：由于每笔与现金流量相关的内部交易都由相关双方各自记录，因此实际合并抵销的现金流量为数据合计数的1/2。

9.2.6 分类汇总调整抵销分录列表

汪姐：把调整抵销分录全部录入到调整抵销分录列表（合并现金流量表的调整抵销单独处理，不包含在内）中后，就可以按报表项目进行排序、分类汇总。结果见表 9-15。

表 9-15 风妈集团合并财务报表调整抵销分录列表数据汇总

编制单位：风妈集团　　20×2 年度　　单位：万元

报表项目	借方金额	贷方金额
存货 汇总	10	95
递延所得税资产 汇总	73.125	12.50
股本 汇总	57 000	0
固定资产 汇总	112.50	300
管理费用 汇总	0	22.50
年初未分配利润 汇总	13 225	4 077.50
年末未分配利润 汇总	0	15 000
其他应付款 汇总	800	0
其他应收款 汇总	0	800
商誉 汇总	3 000	0
少数股东权益 汇总	0	4 130
少数股东损益 汇总	150	0
所得税费用 汇总	7.50	25.625
提取盈余公积 汇总	0	700
投资收益 汇总	4 130	3 350
未分配利润 汇总	15 000	0
向股东分配利润 汇总	0	800
信用减值损失 汇总	0	10
应付账款 汇总	1 500	0
应收账款 汇总	30	1 500

续表

报表项目	借方金额	贷方金额
盈余公积 汇总	9 700	0
营业成本 汇总	95	2 820
营业收入 汇总	2 900	0
长期股权投资 汇总	7 350	92 350
资本公积 汇总	11 000	0
资产减值损失 汇总	0	90
合计	126 083.125	126 083.125

9.2.7 完成合并工作底稿

汪姐：按照表 9-15 中各调整抵销项目的汇总结果和表 9-14 中各现金流量合并抵销数据，我们就可以填入合并工作底稿中，得到合并财务报表相关数据了，见表 9-16。

表 9-16 合并工作底稿

编制单位：风妈集团　　20×2 年度　　单位：万元

项　目	风妈集团本部	风一公司	风二公司	合计数	调整抵消分录		少数股东权益	合并数
					借方	贷方		
资产负债表								
流动资产：								
货币资金	25 000	4 000	8 000	37 000	—	—	—	37 000
交易性金融资产	—	—	—	—	—	—	—	—
衍生金融资产	—	—	—	—	—	—	—	—
应收票据	5 000	5 600	—	10 600	—	—	—	10 600
应收账款	23 000	6 000	4 000	33 000	30	1 500	—	31 530
预付款项	—	1 300	2 000	3 300	—	—	—	3 300
其他应收款	50 000	3 800	2 000	55 800	—	800	—	55 000

续表

项　　目	风妈集团本部	风一公司	风二公司	合计数	调整抵消分录		少数股东权益	合并数
					借方	贷方		
存货	10 000	3 000	2 000	15 000	10	95		14 915
持有待售资产	—	—	—	—	—	—	—	—
一年内到期的非流动资产	—	—	—	—	—	—	—	—
其他流动资产	—	—	—	—	—	—	—	—
流动资产合计	113 000	23 700	18 000	154 700	40	2 395		152 345
非流动资产：								
债权投资	—	—	—	—	—	—	—	—
其他债权投资	—	—	—	—	—	—	—	—
长期应收款	—	—	—	—	—	—	—	—
长期股权投资	85 000	—	—	85 000	7 350	92 350	—	0
投资性房地产	—	—	—	—	—	—	—	—
固定资产	300 000	47 000	35 000	382 000	112.5	300	—	381 812.50
在建工程	68 000	5 000	12 000	85 000	—	—	—	85 000
无形资产	2 000	700	300	3 000	—	—	—	3 000
开发支出	—	—	—	—	—	—	—	—
商誉	—	—	—	—	3 000	—	—	3 000
长期待摊费用	—	—	—	—	—	—	—	—

续表

项目	风妈集团本部	风一公司	风二公司	合计数	调整抵消分录		少数股东权益	合并数
					借方	贷方		
递延所得税资产	—	—	100	100	73.125	12.5	—	160.63
其他非流动资产	—	—	—	—	—	—	—	—
非流动资产合计	455 000	52 700	47 400	555 100	10 535.625	92 662.50	—	472 973.13
资产总计	568 000	76 400	65 400	709 800	10 575.625	95 057.50	—	625 318.13
流动负债：								
短期借款	50 000	2 300	5 000	57 300	—	—	—	57 300
交易性金融负债	—	—	—	—	—	—	—	—
衍生金融负债	—	—	—	—	—	—	—	—
应付票据	—	2 500	100	3 500	—	—	—	3 500
应付账款	15 000	52 00	6 000	26 200	1 500	—	—	24 700
预收款项	—	—	—	—	—	—	—	—
应付职工薪酬	2 000	500	400	2 900	—	—	—	2 900
应交税费	1 000	300	200	1 500	—	—	—	1 500
其他应付款	20 000	1 000	1 500	22 500	800	—	—	21 700
持有待售负债	—	—	—	—	—	—	—	—
一年内到期的非流动负债	—	1 200	—	1 200	—	—	—	1 200

续表

项目	风妈集团本部	风一公司	风二公司	合计数	调整抵消分录		少数股东权益	合并数
					借方	贷方		
其他流动负债	—	—	—	—	—	—	—	—
流动负债合计	88 000	13 000	14 100	115 100	2 300	—	—	112 800
非流动负债：								
长期借款	100 000	12 000	10 000	122 000	—	—	—	122 000
应付债券	—	—	—	—	—	—	—	—
长期应付款	—	—	—	—	—	—	—	—
其他非流动负债	—	—	—	—	—	—	—	—
非流动负债合计	100 000	12 000	10 000	122 000	—	—	—	122 000
负债合计	188 000	25 000	24 100	237 100	2 300	—	—	234 800
股东权益：								
股本	200 000	30 000	27 000	257 000	57 000	—	—	200 000
资本公积	80 000	5 000	6 000	91 000	11 000	—	—	80 000
盈余公积	20 000	6 400	3 300	29 700	9 700	—	—	200 000
未分配利润	80 000	10 000	5 000	95 000	35 357.50	26 895.625	150	86 388.13
归属于母公司股东权益	380 000	51 400	41 300	472 700	113 057.50	26 895.625	150	386 388.13
少数股东权益	—	—	—	—	—	—	4 130	4 130
股东权益合计	380 000	51 400	41 300	472 700	113 057.50	26 895.625	3 980	390 518.13

续表

项目	风妈集团本部	风一公司	风二公司	合计数	调整抵消分录		少数股东权益	合并数
					借方	贷方		
负债和股东权益总计	568 000	76 400	65 400	709 800	115 357.50	26 895.625	3 980	625 318.13
利润表								
一、营业收入	400 000	45 000	26 000	471 000	2 900	—	—	468 100
减：营业成本	320 000	35 833.33	20 000	375 833.33	95	2 820	—	373 108.33
税金及附加	6 200	1 000	400	7 600	—	—	—	7 600
管理费用	15 280	4 700	2 700	22 680	—	22.5	—	22 657.50
研发费用	4 000	—	—	4 000	—	—	—	4 000
财务费用	10 000	1 000	800	11 800	—	—	—	11 800
加：其他收益	—	—	—	—	—	—	—	—
投资收益（损失以“—”号填列）	780	—	—	780	4 130	3 350	—	—
信用减值损失（损失以“—”号填列）	100	—	—	100	—	10	—	90
资产减值损失（损失以“—”号填列）	200	—	100	300	—	90	—	210
资产处置收益（损失以“—”号填列）	3 000	200	—	3 200	—	—	—	3 200
二、营业利润（亏损以“—”号填列）	48 000	2 666.67	2 000	52 666.67	7 125	6 292.5		51 834.17

续表

项目	风妈集团本部	风一公司	风二公司	合计数	调整抵消分录		少数股东权益	合并数
					借方	贷方		
加：营业外收入	—	—	—	—	—	—	—	—
减：营业外支出	—	—	—	—	—	—	—	—
三、利润总额（亏损总额以“—”号填列）	48 000	2 666.67	2000	52 666.67	7 125	6 292.5	—	51 834.17
减：所得税费用	12 000	666.67	500	13 166.67	7.5	25.625	—	13 148.545
四、净利润（净亏损以“—”号填列）	36 000	2 000	1 500	39 500	7 132.5	6 318.125	—	38 685.625
按所有权归属分类	—	—	—	—	—	—	—	—
1. 归属于母公司股东的净利润（净亏损以“—”号填列）	—	—	—	—	—	—	—	38 535.625
2. 少数股东损益（净亏损以“—”号填列）	—	—	—	—	—	—	150	150
五、其他综合收益的税后净额	—	—	—	—	—	—	—	—
六、综合收益总额	36 000	2 000	1 500	39 500	7 132.5	6 318.125	—	38 685.625

续表

项　　目	风妈集团本部	风一公司	风二公司	合计数	调整抵消分录		少数股东权益	合并数
					借方	贷方		
（一）归属于母公司所有者的综合收益总额	—	—	—	—	—	—	—	38 685.625
（二）归属于少数股东的综合收益总额	—	—	—	—	—	—	—	150
股东权益变动表								
一、年初未分配利润	50 000	9 000	4 000	63 000	13 225	4 077.50	—	53 852.50
二、本年增减变动金额	—	—	—	—	—	—	—	—
其中：净利润	36 000	2 000	1 500	39 500	7 132.50	6 318.125	—	38 685.625
三、利润分配	—	—	—	—	—	—	—	—
1. 提取盈余公积	6 000	400	300	6 700	—	700	—	6 000
2. 对股东的分配		600	200	800	—	800	—	—
四、年末未分配利润	80 000	10 000	5 000	95 000	15 000 35 357.5	15 000 26 895.625	150	86 388.125
现金流量表								
一、经营活动产生的现金流量								

续表

项　目	风妈集团本部	风一公司	风二公司	合计数	调整抵消分录		少数股东权益	合并数
					借方	贷方		
销售商品、提供劳务收到的现金	380 000	43 000	23 000	446 000	2 577	—	—	443 423
收到其他与经营活动有关的现金	20 000	4 000	1 500	25 500	800	—	—	24 700
经营活动现金流入小计	400 000	47 000	24 500	471 500	3377	—	—	468 123
购买商品、接受劳务支付的现金	240 000	23 000	11 000	274 000	—	2 577	—	271 423
支付给职工及为职工支付的现金	50 000	11 000	7 000	68 000	—	—	—	68 000
支付的各项税费	28 000	2 800	1 500	32 300	—	—	—	32 300
支付其他与经营活动有关的现金	30 000	3 800	2 000	35 800	—	800	—	35 000
经营活动现金流出小计	348 000	40 600	21 500	410 100	—	3 377	—	406 723
经营活动产生的现金流量净额	52 000	6 400	3 000	61 400	3 377	3 377	—	61 400
二、投资活动产生的现金流量								
收回投资收到的现金	—	—	—	—	—	—	—	—
取得投资收益收到的现金	780	—	—	780	780	—	—	—

续表

项　目	风妈集团本部	风一公司	风二公司	合计数	调整抵消分录		少数股东权益	合并数
					借方	贷方		
处置固定资产、无形资产和其他长期资产收回的现金净额	3 000	200	—	3 200	—	—	—	3 200
处置子公司及其他营业单位收到的现金净额	—	—	—	—	—	—	—	—
收到其他与投资活动有关的现金	—	—	—	—	—	—	—	—
投资活动现金流入小计	3 780	200	—	3 980	780	—	—	3 200
购建固定资产、无形资产和其他长期资产支付的现金	60 000	15 000	7 000	82 000	—	—	—	82 000
投资支付的现金	—	—	—	—	—	—	—	—
取得子公司及其他营业单位支付的现金净额	10 000	—	—	10 000	—	10 000	—	—
支付其他与投资活动有关的现金	—	—	—	—	—	—	—	—
投资活动现金流出小计	70 000	15 000	7 000	92 000	—	10 000	—	82 000

续表

项　　目	风妈集团本部	风一公司	风二公司	合计数	调整抵消分录		少数股东权益	合并数
					借方	贷方		
投资活动产生的现金流量净额	−66 220	−14 800	−7 000	−88 020	780	10 000	—	−78 800
三、筹资活动产生的现金流量								
吸收投资收到的现金	—	—	10 000	10 000	10 000	—	—	0
其中：子公司吸收少数股东投资收到的现金	—	—	—	—	—	—	—	—
取得借款收到的现金	72 000	13 000	3 000	88 000	—	—	—	88 000
收到其他与筹资活动有关的现金	—	—	—	—	—	—	—	—
筹资活动现金流入小计	72 000	13 000	13 000	98 000	10 000	—	—	88 000
偿还债务支付的现金	45 000	2 000	3 000	50 000	—	—	—	50 000
分配股利、利润或偿付利息支付的现金	11 000	1 700	1 100	13 800	—	780	—	13 020
其中：子公司支付给少数股东的股利、利润	—	—	20	20	—	—	—	20

续表

项目	风妈集团本部	风一公司	风二公司	合计数	调整抵消分录		少数股东权益	合并数
					借方	贷方		
支付其他与筹资活动有关的现金	—	—	—	0	—	—	—	—
筹资活动现金流出小计	56 000	3 700	4 100	63 800	—	780	—	63 020
筹资活动产生的现金流量净额	16 000	9 300	8 900	34 200	10 000	780	—	24 980
四、汇率变动对现金及现金等价物的影响	—	—	—	—	—	—	—	—
五、现金及现金等价物净增加额	1 780	900	4 900	7 580	—	—	—	7 580
加：期初现金及现金等价物余额	23 220	3 100	3 100	29 420	—	—	—	29 420
六、期末现金及现金等价物余额	25 000	4 000	8 000	37 000	—	—	—	37 000

9.3 完成合并四大财务报表

汪姐：合并工作底稿完成后，我们就可以填写四大合并财务报表了。

可可：激动呀，马上就要大功告成啦！

汪姐：先不要太激动哦，定下心来做好最后这项工作，把数据都填准确。

咱们把合并底稿中的合并数据填入合并财务报表中，形成合并资产负债表见表 9-17；合并利润表见表 9-18；合并所有者权益变动表，见表 9-19；合并现金流量表，见表 9-20。

表 9-17　合并资产负债表　　　　**会合 01 表**

编制单位：风妈集团　　　　20×2 年度　　　　单位：万元

资　　产	期末余额	年初余额（略）	负债和所有者权益（或股东权益）	期末余额	年初余额（略）
流动资产：			流动负债：		
货币资金	37 000.00		短期借款	57 300.00	
交易性金融资产	—		交易性金融负债		
衍生金融资产	—		衍生金融负债		
应收票据	10 600.00		应付票据	3 500.00	
应收账款	31 530.00		应付账款	24 700.00	
应收款项融资	—		预收款项		
预付款项	3 300.00		合同负债		
其他应收款	55 000.00		应付职工薪酬	2 900.00	
存货	14 915.00		应交税费	1 500.00	
持有待售资产	—		其他应付款	21 700.00	
一年内到期的非流动资产	—		持有待售负债		
其他流动资产	—		一年内到期的非流动负债	1 200.00	
流动资产合计	152 345.00		其他流动负债		
非流动资产：			流动负债合计	112 800.00	
债权投资			非流动负债：		
其他债权投资			长期借款	122 000.00	
长期应收款			应付债券		
长期股权投资			租赁负债		
其他权益工具投资			长期应付款		

续表

资　　产	期末余额	年初余额（略）	负债和所有者权益（或股东权益）	期末余额	年初余额（略）
其他非流动金融资产	—		预计负债		
投资性房地产	—		专项应付款		
固定资产	381 812.50		递延收益		
在建工程	85 000.00		递延所得税负债		
生产性生物资产	—		其他非流动负债		
油气资产	—		非流动负债合计	122 000.00	
使用权资产	—		负债合计	234 800.00	
无形资产	3 000.00		股东权益：		
开发支出	—		股本	200 000.00	
商誉	3 000.00		其他权益工具	—	
长期待摊费用	—		其中:优先股	—	
递延所得税资产	160.63		永续债	—	
其他非流动资产	—		资本公积	80 000.00	
非流动资产合计	472 973.13		减:库存股	—	
			其他综合收益	—	
			专项储备	—	
			盈余公积	20 000.00	
			未分配利润	86 388.13	
			归属于母公司股东权益合计	386 388.13	
			少数股东权益	4 130.00	
			股东权益合计	390 518.13	
资产总计	625 318.13		负债和股东权益总计	625 318.13	

表 9-18　合并利润表　　　　会合 02 表

编制单位：风妈集团　　　　20×2 年度　　　　单位：万元

项　　目	本期金额	上期金额（略）
一、营业收入	468 100.00	
减：营业成本	373 108.33	
税金及附加	7 600.00	
管理费用	22 657.50	
研发费用	4 000.00	
财务费用	11 800.00	
加：其他收益	—	
投资收益（损失以“－”号填列）	—	
净敞口套期收益（损失以“－”号填列）	—	
公允价值变动收益（损失以“－”号填列）	—	
信用减值损失（损失以“－”号填列）	90.00	
资产减值损失（损失以“－”号填列）	210.00	
资产处置收益（损失以“－”号填列）	3 200.00	
二、营业利润（亏损以“－”号填列）	51 834.17	
加：营业外收入	—	
减：营业外支出	—	
三、利润总额（亏损总额以“－”号填列）	51 834.17	
减：所得税费用	13 148.54	
四、净利润（净亏损以“－”号填列）	38 685.63	
（一）按经营持续性分类		
1. 持续经营净利润（净亏损以“－”号填列）	38 685.63	
2. 终止经营净利润（净亏损以“－”号填列）	—	
（二）按所有权归属分类	—	
1. 归属于母公司股东的净利润（净亏损以“－”号填列）	38 535.63	
2. 少数股东损益（净亏损以“－”号填列）	150.00	
五、其他综合收益的税后净额	—	
（一）归属于母公司所有者的其他综合收益的税后净额	—	
（二）归属于少数股东的其他综合收益的税后净额	—	
六、综合收益总额	38 685.63	
（一）归属于母公司所有者的综合收益总额	38 535.63	
（二）归属于少数股东的综合收益总额	150.00	
七、每股收益	—	
（一）基本每股收益	—	
（二）稀释每股收益	—	

表 9-19 合并所有者权益变动表

会合 04 表

编制单位：风妈集团　　20×2 年度　　单位：万元

项目	本年金额														上年金额（略）													
	归属于母公司所有者权益												少数股东权益	所有者权益合计	归属于母公司所有者权益												少数股东权益	所有者权益合计
	实收资本（或股本）	其他权益			资本公积	减：库存股	其他综合收益	专项储备	盈余公积	一般风险准备*	未分配利润	小计			实收资本（或股本）	其他权益			资本公积	减：库存股	其他综合收益	专项储备	盈余公积	一般风险准备*	未分配利润	小计		
		优先股	永续债	其他												优先股	永续债	其他										
一、上年年末余额	200 000	—	—	—	80 000	—	—	—	14 000	—	53 852.50	347 852.50	—	347 852.50														
加：会计政策变更	—	—	—	—	—	—	—	—	—	—	—	—	—	—														
前期差错更正	—	—	—	—	—	—	—	—	—	—	—	—	—	—														
其他	—	—	—	—	—	—	—	—	—	—	—	—	—	—														
二、本年年初余额	200 000	—	—	—	80 000	—	—	—	14 000	—	53 852.50	347 852.50	—	347 852.50														
三、本年增减变动金额（减少以“—”号填列）	—	—	—	—	—	—	—	—	6 000	—	32 535.63	38 535.63	4 130	42 665.63														

续表

项目	本年金额														上年金额（略）													
	归属于母公司所有者权益												少数股东权益	所有者权益合计	归属于母公司所有者权益												少数股东权益	所有者权益合计
	实收资本（或股本）	其他权益			资本公积	减：库存股	其他综合收益	专项储备	盈余公积	一般风险准备*	未分配利润	小计			实收资本（或股本）	其他权益			资本公积	减：库存股	其他综合收益	专项储备	盈余公积	一般风险准备*	未分配利润	小计		
		优先股	永续债	其他												优先股	永续债	其他										
（一）综合收益总额	—	—	—	—	—	—	—	—	—	—	38 535.63	38 535.63	150	38 685.63														
（二）所有者投入和减少资本	—	—	—	—	—	—	—	—	—	—	—	—	4 000	4 000														
1. 所有者投入的普通股	—	—	—	—	—	—	—	—	—	—	—	—	—	—														
2. 其他权益工具持有者投入资本	—	—	—	—	—	—	—	—	—	—	—	—	—	—														
3. 股份支付计入所有者权益的金额	—	—	—	—	—	—	—	—	—	—	—	—	—	—														
4. 其他	—	—	—	—	—	—	—	—	—	—	—	—	—	—														

续表

项目	本年金额														上年金额（略）													
	归属于母公司所有者权益												少数股东权益	所有者权益合计	归属于母公司所有者权益												少数股东权益	所有者权益合计
	实收资本（或股本）	其他权益			资本公积	减：库存股	其他综合收益	专项储备	盈余公积	一般风险准备*	未分配利润	小计			实收资本（或股本）	其他权益			资本公积	减：库存股	其他综合收益	专项储备	盈余公积	一般风险准备*	未分配利润	小计		
		优先股	永续债	其他												优先股	永续债	其他										
（三）利润分配	—	—	—	—	—	—	—	—	6 000	—	6 000	—	20	20														
1. 提取盈余公积	—	—	—	—	—	—	—	—	6 000	—	6 000	—	—	6 000														
2. 提取一般风险准备*	—	—	—	—	—	—	—	—	—	—	—	—	—	—														
3. 对所有者（或股东）的分配	—	—	—	—	—	—	—	—	—	—	—	—	20	20														
4. 其他	—	—	—	—	—	—	—	—	—	—	—	—	—	—														
（四）所有者权益内部结转	—	—	—	—	—	—	—	—	—	—	—	—	—	—														
1. 资本公积转增资本（或股本）	—	—	—	—	—	—	—	—	—	—	—	—	—	—														

续表

项目	本年金额														上年金额（略）													
	归属于母公司所有者权益												少数股东权益	所有者权益合计	归属于母公司所有者权益												少数股东权益	所有者权益合计
	实收资本（或股本）	其他权益：优先股	其他权益：永续债	其他权益：其他	资本公积	减：库存股	其他综合收益	专项储备	盈余公积	一般风险准备*	未分配利润	小计			实收资本（或股本）	其他权益：优先股	其他权益：永续债	其他权益：其他	资本公积	减：库存股	其他综合收益	专项储备	盈余公积	一般风险准备*	未分配利润	小计		
2. 盈余公积转增资本（或股本）	—	—	—	—	—	—	—	—	—	—	—	—	—	—														
3. 盈余公积弥补亏损	—	—	—	—	—	—	—	—	—	—	—	—	—	—														
4. 设定受益计划变动额结转留存收益	—	—	—	—	—	—	—	—	—	—	—	—	—	—														
5. 其他综合收益结转留存收益	—	—	—	—	—	—	—	—	—	—	—	—	—	—														
6. 其他	—	—	—	—	—	—	—	—	—	—	—	—	—	—														
四、本期期末余额	200 000	—	—	—	80 000	—	—	—	20 000	—	86 388.13	386 388.13	4 130	390 518.13														

表 9-20　合并现金流量表　　　　**会合 03 表**

编制单位：风妈集团　　　　20×2 年度　　　　单位：万元

项　　目	本期金额	上期金额（略）
一、经营活动产生的现金流量		
销售商品、提供劳务收到的现金	443 423	
收到其他与经营活动有关的现金	24 700	
经营活动现金流入小计	468 123	
购买商品、接受劳务支付的现金	271 423	
支付给职工及为职工支付的现金	68 000	
支付的各项税费	32 300	
支付其他与经营活动有关的现金	35 000	
经营活动现金流出小计	406 723	
经营活动产生的现金流量净额	61 400	
二、投资活动产生的现金流量		
收回投资收到的现金	—	
取得投资收益收到的现金	—	
处置固定资产、无形资产和其他长期资产收回的现金净额	3 200	
处置子公司及其他营业单位收到的现金净额	—	
收到其他与投资活动有关的现金	—	
投资活动现金流入小计	3 200	
购建固定资产、无形资产和其他长期资产支付的现金	82 000	
投资支付的现金	—	
取得子公司及其他营业单位支付的现金净额	—	
支付其他与投资活动有关的现金	—	
投资活动现金流出小计	82 000	
投资活动产生的现金流量净额	－78 800	
三、筹资活动产生的现金流量		
吸收投资收到的现金	—	
其中：子公司吸收少数股东投资收到的现金	—	
取得借款收到的现金	88 000	
收到其他与筹资活动有关的现金	—	

续表

项　　目	本期金额	上期金额
筹资活动现金流入小计	88 000	
偿还债务支付的现金	50 000	
分配股利、利润或偿付利息支付的现金	13 020	
其中：子公司支付给少数股东的股利、利润	20	
支付其他与筹资活动有关的现金	—	
筹资活动现金流出小计	63 020	
筹资活动产生的现金流量净额	24 980	
四、汇率变动对现金及现金等价物的影响	—	
五、现金及现金等价物净增加额	7 580	
加：期初现金及现金等价物余额	29 420	
六、期末现金及现金等价物余额	37 000	

汪姐：报表数据填好后，注意核对每张报表的勾稽关系，保证数据的准确性。

可可：好的。

汪姐：还要注意一点，由于风二公司是本期增加的子公司，因此需要在财务报表附注中披露风二公司对合并财务报表的财务状况的影响，即披露风二公司在购买日的资产和负债金额，包括流动资产、长期股权投资、固定资产、无形资产及其他资产和流动负债、长期负债的金额；披露风二公司对合并财务报表的经营成果的影响，以及对前期相关金额的影响，即披露风二公司自 20×2 年 3 月 1 日至本期期末止的经营成果，包括营业收入、营业利润、利润总额、所得税费用和净利润等。

可可：明白。

汪姐：好了，到这里，咱们的合并财务报表课就全部结束啦。你出师了！

可可：太棒了！以后我就可以自信地编制合并财务报表了。我都想跳支舞了！

汪姐：哈哈，恭喜你！

可可：特别感谢您这么耐心地指导。关键是您教的确实通俗易懂，深入浅出，我真的受益匪浅。真希望您能一直当我的老师！以后咱们能常联系吧？

汪姐：当然能了。我相信你一定能在这个新岗位上做出更棒的成绩。加油哦！

可可：加油！